思库文丛
汉译精品

社会中的国家

国家与社会如何相互改变与相互构成

Joel S.Migdal

State
in
Society

[美] 乔尔·S.米格代尔　著
李杨　郭一聪　译　张长东　校

江苏人民出版社

图书在版编目(CIP)数据

社会中的国家:国家与社会如何相互改变与相互构成/(美)乔尔·S. 米格代尔著;李杨,郭一聪译. ——南京:江苏人民出版社,2022.11(2023.2 重印)
(思库文丛·汉译精品)
ISBN 978-7-214-25261-6

Ⅰ.①社… Ⅱ.①乔… ②李… ③郭… Ⅲ.①国家理论-研究 ②社会学-研究 Ⅳ.①D03②C91

中国版本图书馆 CIP 数据核字(2020)第 118505 号

This is a Simplified Chinese edition of the following title published by Cambridge University Press:State in Society by Joel S. Migdal
ISBN: 978-0521797061 © Cambridge University 2001

This Simplified Chinese edition for the People's Republic of China (excluding Hong Kong, Macau and Taiwan) is published by arrangement with the Press Syndicate of the University of Cambridge, Cambridge, United Kingdom.

© Cambridge University Press and Jiangsu People's Publishing House 2013

This simplified Chinese edition is authorized for sale in the People's Republic of China (excluding Hong Kong, Macau and Taiwan) only. Unauthorised export of this simplified Chinese edition is a violation of the Copyright Act. No part of this publication may be reproduced or distributed by any means, or stored in a database or retrieval system, without the prior written permission of Cambridge University Press and Jiangsu People's Publishing House.

Copies of this book sold without a Cambridge University Press sticker on the cover are unauthorized and illegal.

本书封面贴有 Cambridge University Press 防伪标签,无标签者不得销售。
江苏省版权局著作权合同登记号:图字 10-2007-229 号

书　　　名	社会中的国家:国家与社会如何相互改变与相互构成
著　　　者	[美]乔尔·S. 米格代尔
译　　　者	李　杨　郭一聪
审　　　校	张长东
责 任 编 辑	刘　焱　朱晓莹
特 约 编 辑	都　健
装 帧 设 计	潇　枫
责 任 监 制	王　娟
出 版 发 行	江苏人民出版社
地　　　址	南京市湖南路 1 号 A 楼,邮编:210009
照　　　排	江苏凤凰制版有限公司
印　　　刷	南京爱德印刷有限公司
开　　　本	890 毫米×1240 毫米　1/32
印　　　张	11.625　插页 4
字　　　数	250 千字
版　　　次	2022 年 11 月第 1 版
印　　　次	2023 年 2 月第 2 次印刷
标 准 书 号	ISBN 978-7-214-25261-6
定　　　价	68.00 元

(江苏人民出版社图书凡印装错误可向承印厂调换)

鸣　谢

　　本书中的内容在过去的三十年里已经受到来自特拉维夫大学、哈佛大学以及华盛顿大学的同事和学生们的严厉批判。其他大学的同仁也多次参与讨论并提出了富有个性的异议。我认为，正是他们尖锐的批评迫使我无数次对这些内容进行彻底检查和研究。这本书在我看来是对之前内容的改进。很多同事值得我特别感谢：迈伦·阿罗诺夫、米奇·格雷泽、佩尼娜·米格代尔·格雷泽、雷塞特·卡萨巴、阿图·科利、本·史密斯、罗伯特·维塔利斯以及帕特莉西娅·伍兹。查德尼·古普塔、卡美乐·施耐德、蒂娜·史密斯、凯茜·王、佐伊·斯黛姆在辅助研究和准备工作中提供了无私的帮助。简·迈耶丁在手稿的最后阶段提供了帮助。本书的成稿还应感谢来自华盛顿大学的罗伯特·F.菲利浦教授讲席(professorship)的鼎力支持。此外，我的众多亲属这些年来给予我的温暖和支持，对我来说弥足珍贵。我热忱满怀地将本书献给我的兄弟姐妹们,感谢他们一直以来的关爱与支持。他们是:阿亚拉与尤迪,佩尼娜与米奇,史蒂夫与南希。

目 录

第一部分 导论

第一章 "社会中的国家"研究路径:一个新的国家定义及超越狭义建构的严谨 3

　　社会中的国家:作为一种研究支配与变革的分析路径 4

　　国家的一个新定义 20

　　比较研究的方法 29

　　老问题的新答案:使用"社会中的国家"路径的研究 35

　　结论 46

第二部分 重新思考社会和政治变革

第二章 国家与社会的关系模型 51

　　绪论:国家影响社会的观念 51

通过社会的二分选择模型解释秩序和变革　54

国家和社会：机构混合体　59

国家受到的制约　65

结论：研究的新方向　69

第三章　强国家，弱国家——权力和妥协　72

国家的两种形象　72

国家领导者的困境　78

高层：生存政治　89

行政管理的政治　107

地方层面的政治：相互妥协和国家被俘获　113

结论　117

第三部分　一种过程导向的研究路径：建构国家和社会

第四章　国家人类学——争夺支配地位的斗争　123

国家　141

国家与社会的作用　158

第五章　为何大多数国家没有分裂？　171

国际环境对国家的赋权　174

组织理论对国家的解释　181

无效率国家的存续　188

建构国家　191

结论　215

第六章　社会和政治变迁中的个体变迁　219
　　丹尼尔·勒纳和个体变迁模型的肇始　221
　　个体变迁的问题性与遴选性:白鲁恂和麦克里兰的理论　227
　　振聋发聩的新发现　231
　　从传统人到现代人:理解个体变迁的另一种尝试　237
　　走向对个人和个体变迁的新认识　242

第七章　发展和变迁的政治研究:当前的发展状况　244
　　发展和变迁研究的路径　246
　　三种主要的研究潮流　254
　　回归历史　266
　　加入国际视角　276
　　回到最初的原则　284

第八章　国家研究　293
　　关于现代国家的夸大之词与现实　294
　　解释国家是如何构成的　300
　　结论　334

附录　社会中的国家与历史中的学者:米格代尔教授访谈录　337
译后记　359

第一部分

导 论

第一章 "社会中的国家"研究路径①：一个新的国家定义及超越狭义建构的严谨

此导论包含了过去二十年里始终占据我心头的想法，也即在这一时期我完成了本书余下的篇章。在这里我有四个主要的目标：第一，我试图用简洁的文字展示"社会中的国家"这一研究路径——这是本文的中心——尤其是考虑到我所引用及所发现的尚有不足的文献。我的第二个目标也是本章的主要内容：我提出了一个关于国家的新的定义以取代过去得到广泛使用的马克斯·韦伯(Max Weber)给出的定义，我认为他的定义使得学者丧失了再创造的能力。我希望新的定义可以为社会科学家提供一个更好、更坚实的方法来构想国家，并且能够为他们提出新的、富有创新思想的研究思路。第三，这本著作含蓄地拒绝采用在政治科学及相

---

① 英文原文是 approach，有不同译法，如方法，但容易和 method 相混淆。Approach 和 method 的区分在于前者更关注思路、研究视角，而后者则关注技术，故本书翻译成研究路径，能更好地传达原意。Method 则翻译为方法。——译者注

关社会科学学科中既有的标准方法。我想详细说明如何更好地做比较研究,并阐述为何我认为政治学者应该摒弃那些限制自己思考的东西。最后,我希望通过详细介绍一些使用此方法的年轻学者的著作,来展示"社会中的国家"的视角是如何为那些在比较研究里已被深入探讨的问题提供新鲜和令人振奋的答案的。

社会中的国家:作为一种研究支配与变革的分析路径

本书的文章中所探讨的主题——支配与变革(Domination and Change)——决非原创。支配模型是以往经常出现的研究方法,它依靠暴力、威胁和其他方法使得他人只能依令行事,而不可有其他选择。识别和分析这些模型以及何时与为何模型会发生变化,这些问题已经吸引了各个时期和几乎所有不同文化背景下的思想家,并在过去的两个世纪里占据了现代社会科学的中心。

对我而言,初次察觉这些问题是在喧闹的20世纪60年代,那时我还在上大学。我目睹了周围这个混乱的世界。我以及千万个如我一般的大学生哄闹、静坐和游行,都是为了改变美国对越政策,最终改变美国当局在国内和国际政坛上的行为方式。我想我绝不能低估越南战争给我带来的永久性冲击,尤其在权威和权力是如何建立、维持和转化等方面,它使我对这些问题先入为主地产生了成见。

从一个更久远的视角来看,我在高中和大学期间目睹了一场世界范围内可称为史诗般的革命。大欧洲帝国的瓦解催生了非洲和亚洲数十个新的国家政权。新的政治领导人对于国内社会变革的前景做出各种明确承诺,并声称将打破国际上那些过时的且对自身不利的权力模式。那是一个令人非常乐观的时期。即使处在无休止的、喧嚣的冷战背景之下,用来反映世界权力的政府控制和个体脆弱性的信息本身并不那么精确,越南战争和更大的非殖民化进程却都在一定程度上让我看清了支配模式,并使我对能够推翻更有害的模式充满信心。

那些年我所读的书都关注着如下问题:谁为他人的行为制定规则,谁将他或她的意志强加于别人,以及这些模式是何时转化的。这种关注有时是显性的,但大多数时候是隐性的。当这些作者们试图去触摸新的战后世界的脉搏时,他们的思路可以分为几个不同的阵营或流派。截止到现在,最流行但可能也是最难令人满意的是引自帕森斯(Talcott Parsons)社会系统理论①的文献。帕森斯的研究方法将国家和社会归入一个宽泛的所谓社会系统概念中,这一系统的各个部分都被一套无所不包的统一的价值所规制。最终,根据这一社会系统方法,这套价值在对权力、结构和变化的分析中占据了核心地位。帕森斯强调对政治结构和程序的研究是基于"将社会整体看成一个社会系统的一般性理论分析"②。他强调:"作为一个系统,一个社会的核心是规范性的秩序,通过它,人们的生活才得以共同组织起来。"③他的分析依赖于一套单一

---

① Talcott Parsons, *The Social System* (Glencoe, IL: Free Press, 1951).
② Talcott Parsons, "The Political Aspect of Social Structure and Process," in David Easton (ed) *Varieties of Political Theory* (Englewood Cliffs, N.J.: Prentice-Hall, 1966),p.71.
③ Talcott Parsons, *Societies: Evolutionary and Comparative Perspectives* (Englewood Cliffs, N.J.: Prentice-Hall, 1966),p.10.

的社会价值和规范的概念,在他看来,这些概念已被社会成员内在化了。① 其他学者跟随他的引导并对韦伯做出了某种带有倾向性的解读,他们看到这些规范和价值将社会、政治、综合和经济领域中的精英及制度有效地整合在了一起。

在美国以及有时在欧洲,学者们将这些力量——诸如控制性的价值和它们同精英及社会制度的联系——的运行称为多元主义,即指一个具有竞争性的利益群体和地位群体的协调运行。这里帕森斯再次阐释了这一时期多元主义理论的基本原理:"没有一个社会在面对紧急形势和压力时能够维持稳定,除非社会成员中的利益群体是建立在团结、内在的忠诚和责任感基础上的。"②

而对于世界其他部分,尤其是对于在亚非新建立的国家,这种标准化的团结可能是不存在的。它们关注的是发展一套足够强大的道德规范来改变不同的(不协调的)规范和制度(往往被视为传统的和次级的)。影响(合意)变革的核心是要把一种可称为社会系统中心或引擎的规范的同意黏合在一起。这看起来是一项令人畏惧的任务——毕竟,在所有的这些不同的规范中,哪种会胜出呢——这一问题在主观上已被忽略,因其在学术上假定了现代的西方价值必将最终胜利。

帕森斯是他所处时代的领军社会学家,但是他的影响已超越他的学科而延伸至其他社会科学领域。作为大学中政治科学专业的研究者,我最初是通过变体的社会系统或简单的"系统"理论进

---

① Parsons, *Societies*, p. 14.
② Parsons, *Societies*, p. 14.

入支配与变革这一问题的。加布里埃尔·A.阿尔蒙德和戴维·伊斯顿(David Easton)①是这一领域最杰出的政治科学家。对我而言,在新的国家推动支配与变革这一想法上最清晰与最深刻的思想家当属爱德华·希尔斯,他是帕森斯重要的合作者,同时我也总能够从他的著作中发现无穷的魅力和与现实极大的相关性。② 而尽管希尔斯有着超人的洞见,反复指出了西方世界之外"尚未崛起"的发展中心,却仍然陷入了目的论的陷阱。

希尔斯似乎对许多其他作者无法摸透的实体的和飘渺的权威来源有种本能的直觉。他抓住了难以捉摸的要点,即社会不是也不可能仅仅通过物质和工具性关系而被束缚。人们的相互联系在根本上仅仅是建立在一种形而上学的观念基础之上:他们在相互关系中追求和创造强有力的共同理念和意义,形成一种强大的关系,将他们黏在一起。对于他而言,一个"社区不仅仅是一群具体和特定的人,更根本地说,它是一群通过超越自身的价值体现和对他们赖以获得尊严的标准和规则的遵从来获取自身意义的人"③。我很羡慕希尔斯作为一个世俗标准上的学者没有逃避那些超验的因素。我吸收了他分析中的核心要素,即人们如何在生活中和相

---

① Gabriel A. Almond and G. Bingham Powell, Jr., *Comparative Politics: System, Process, and Policy* (Boston: Little, Brown, and Company, 1978); David Easton, *The Political System: An Inquiry into the State of Political Science* (Chicago: University of Chicago Press, 1981).
② Edward Shils, *Center and Periphery: Essays in Macrosociology* (Chicago: the University of Chicago Press, 1975); Talcott Parsons and Edward Shils, *Toward a General Theory of Action* (Cambridge, Harvard University Press, 1951).
③ Shils, *Center and Periphery*, p.138.

互关系中寻求更大的意义。我开始认为社会联系不能够靠情感因素来认知,也不能仅仅用情感来衡量。① 我始终认为社会科学忽视了许多现象,例如启示和救赎等,它们都在人类历史上扮演了中心角色。仅有少数主要的学者,如著名法学家罗伯特·科弗(Robert Cover),将启示作为他们思考的重要部分。② 韦伯曾提到过救赎的中心地位,但他并没有在现代国家中继续强调它的重要性。对于希尔斯及其他研究共享意义的创造,以及人们对社会目标和他们在社会中的位置的感知的学者而言,存在这样一个共识,即通过非工具主义方式形成社会纽带的过程既排除又包含了对谁是以及谁不是社会中的一部分的界限设定。

对于希尔斯和其他学者,我的一个困惑在于他们使用系统路径及相似分析路径时模糊了权威之所在。例如,在他那篇关于中心与边缘的著名论文里,希尔斯认为权威和变革的来源本质上属于巫婆对于精英、制度以及共同价值的谋划。③ 但是这种谋划尤其是这种共同价值的来源和相关性似乎太神秘化了。不知怎么的,它和价值一起出现,然后用它强大的观念、资源和人力来向外渗透,将那些遵从其他规则系统的不那么强大的人们并入它的道路

---

① 关于情感在分析中的角色(在这里,指国家主义的分析),详见 Kenneth Gregory Lawson, "War at the Grassroots: The Great War and the Nationalization of Civic Life," 华盛顿大学博士论文,2000 年。
② Robert Cover, "Nomos and Narrative," in Martha Minow, Michael Ryan, and Austin Sarat (eds), *Narrative, Violence, and the Law: The Essays of Robert Cover* (Ann Arbor: The University of Michigan Press, 1993), p. 108. 科弗引人入胜地论及了"一元意义的想象时刻"("imagined instant of unified meaning")。
③ Shils, *Center and Periphery*, p. 4.

之下。这些都令我难以理解。

1967年我进入研究生院后,开始与另一个学派有了联系。该学派的领军人物是日后成为我论文导师的塞缪尔·亨廷顿。亨廷顿及20世纪60年代的一些学者,如J. P. 内特尔斯(J. P. Nettles),认定规制秩序的权力来源特定地存在于政治制度中。依附论和世界体系理论均强调国际权力关系对于理解任何一个单一社会的支配与变革的重要性。在这两种理论上走了些弯路之后,亨廷顿在20世纪70年代末和80年代开始重新关注社会科学理论。学者们开始认为国家应该被视为一个维持特殊、自治状态的组织;这其实一直是变革的所在。① 事实上,直至今日,这一前提仍然是社会学和政治学理论的重要组成部分,它表现在国家主权说、结构主义、理性选择理论、新现实主义以及其他理论中。支配与变革经常被认作一个进程中的一部分,在这一进程中国家是一个支点。这些理论进而认为,现代国家通过法律、官僚、暴力和其他工具重塑了人们的行为,并将这种影响延伸至他们对自身的认知中。

最新的国家主义文献针对社会系统模型和马克思主义理论所提出的最重要的批评是:它们无法清晰地区分国家——它似乎在塑造社会关系和个人身份中扮演着中心角色——与社会其他部门。相反,批评者们则认为国家的权力和自主性决定了行为模式

---

① Peter B. Evans, Dietrich Rueschemeyer and Theda Skocpol, *Bringing the State Back In* (Cambridge: Cambridge University Press, 1985).

与分层。① 国家理论者的观点在于国家并不是单纯地融入一系列精英支配的机构当中——如同帕森斯曾描述过的那样，政治"必须系统性地与其他亚系统相接合"②——而是凭借自身身份作为自主的、高度强权的组织凸显出来的。这一论述是为了让研究者将注意力从总体的社会系统转向国家在制定规则和影响社会变革方面的独特地位。这样一来，国家理论者就致力于将过去强调中心的和谐或合意转向强调专横的国家和社会其他团体之间的冲突。像系统理论者一样，国家导向的学者主要也得益于马克斯·韦伯的思想。但是这次他们所追随的是强调利用不同寻常的手段支配的自主组织。

1974年，完成学位论文几年后，我在以色列特拉维夫大学为五名研究生上研讨课，那是我的第一份教职。这门课考察了历史上在更大的社会和政治变革中的城市以及它所扮演的角色。我们检视了城市在大众臆想，以及直接或间接地在各种关乎变革和支配的社会科学理论中的中心地位。我认为，在以色列的那些岁月，包括充满创伤的犹太赎罪日战争的三星期及其长久、痛苦的后续期，还有我在被占领的西岸村庄中写书③的几个月，我不经意地对先前

---

① Peter B. Evans, Dietrich Rueschemeyer and Theda Skocpol, *Bringing the State Back In* (Cambridge: Cambridge University Press, 1985). 国家中心理论将主要矛头指向另一类文献，虽然这类文献的观点在美国远没有那么流行，但它们却是战后几十年许多社会科学著作的源头。这就是新马克思主义。国家理论者利用系统论方法指责新马克思主义流派的文献没有能够对国家与社会权力（这里尤指社会统治阶层的自主性）加以说明。
② Parsons, "The Political Aspect of Social Structure and Process," p. 104.
③ Joel S. Migdal, et al., *Palestinian Society and Politics* (Princeton, N. J.: Princeton University Press, 1980).

关于权力是如何行使又是如何改变的种种假设产生了怀疑。

尽管以色列拥有近乎神奇的力量,尤其是在1967年其针对三个阿拉伯国家的战争之后,但是我发现,它所占领的巴勒斯坦农村的形势与其谨慎制定的政策并不一致。1973年战争期间及之后,国家领袖主观意愿与其政策实际效果之间发生的背离同样给人留下了深刻的印象。那时我在特拉维夫主要靠收音机获取信息,后来又访问了战争的双方:戈兰高地和苏伊士运河。美国的对越政策结果也同样糟糕。几乎也在那时,我听了系里的访问学者西摩尔·曼(Seymour Mann)的讲座,他认为尽管美国的"模范城市项目"(Model Cities program)确实在内城区引发了社会和政治的巨大变革,但其结果仍然与政策制定者的计划和期望相去甚远。

随着犹太赎罪日战争的进行,我逐渐开始对自己在研讨课上所教授的东西感到不满。在一堂课上,令我吃惊的是不同学派的社会科学文献竟然都在以一种无益的方式设问。它们隐含地发问哪里可以找到一个中心或国家或是特殊的一类机构,它能够拥有一套自己的管理民众的模式,能够有效地制定和推行日常生活规则,并且以此塑造人们的自我认知。一旦这样一个神奇的存在被发现,它就将揭开这些谜团,无论是物质上的还是文化上的——这取决于它可以告诉我们支配模型是如何建立和变化的。这里的假设在于这一城市(或中心/核心/国家/主导的社会阶层)——一些权威的集中所在——拥有优质资源和观念并借此来将其自身的意志贯穿到整个社会。

那些被控制的对象在这种理论中几乎不发挥任何作用,他们是被改变者,是其他规则的被动接受者。更多时候,他们被假设为懒散的大众。对于这些观点,只有随后的南亚贱民理论(subaltern theories)和诸如斯科特(James C. Scott)等学者的著作提出了挑战。1974年,西方社会科学家似乎对轻视大众积极作用的支配和变革机制达成了一致认同。此外,他们询问为何有的地区权威取得的成就多或者少[①],为何一些国家接受诸如民主等特定的治理模式,而其他国家则不接受[②],等等。(甚至各种马克思主义的异见者似乎也都只在激烈的革命中才使较低阶层发挥作用,却不是在日常的支配模式中。)

我向研讨课的参加者指出,我们不能像这些理论一样,从目的明确且富有资源和想法的权力所在地,如国家实施规则的结果来理解支配与变革。也许,我们应该用多重视角来理解支配与变革,来看待不符合任何党派既定政策的结果。我告诉学生,社会中关于谁的规则应占上风、哪些想法应占主导地位等各种冲突的意外结果,可能比现有理论更能解释清楚支配与变革。[③] 国家(或其他

[①] 例如,Samuel P. Huntington, *Political Order in Changing Societies* (New Haven, CT: Yale University Press, 1968); 更近的一个例子是 David Waldner, *State Building and Late Development* (Ithaca, NY: Cornell University Press, 1999)。

[②] Barrington Moore, Jr., *Social Origins of Dictatorship and Democracy: Lord and Peasant in the Making of the Modern World* (Boston: Beacon Press, 1966); Guillermo O'Donnell and Philippe C. Schmitter, *Transitions from Authoritarian Rule* (Baltimore, MD: Johns Hopkings University Press, 1986); Samuel P. Huntington, *The Third Wave: Democratization in the Late Twentieth Century* (Norman: University of Oklahoma Press, 1991)。

[③] 近来,一位学者撰文赞同这一观点,他认为:"任何试图保持特定霸权的阶级、性别、团体……都被时刻存在的争论所打断。"Leela Fernandes, *Producing Workers: the Politics of Gender, Class, and Culture in the Calcutta Jute Mills* (Philadelphia: University of Pennsylvania Press, 1997), p. xiii.

任何拥有资源和想法的综合体)与其他顽固(以某种方式行事)且强势的人物或群体发生激战。有时,这些别的社会结构的力量是明显的,比如它们储备丰厚,不需借贷;而有时,它们则是隐蔽的,好像放逐在一个小的群体里。不论在哪种情形下,针对国家税收和其他物品以及何种思想应当占据主导地位的斗争都是激烈且真实的。

在1967年和1973年战后的以色列,这种冲突紧张而又普遍。学生们目睹了各种不同的形式,包括每日自发的大罢工,一夜之间在西岸地区建立的非法居住区,许多夫妇对国家强令的宗教婚礼的抗拒,所谓"黑豹党人"(Black Panthers)针对德系犹太人统治的抗议游行,以及巴勒斯坦人在被占领区的分散反抗行动,等等。以色列时值骚乱,两次战役前难以发觉的种种冲突在此时浮出水面并且引起了注意。我不知道这些行动背后隐藏的冲突以及人们形成的联盟是否能够向我们揭示更多关于支配和变革模型的东西,而非关于单一的却显然很有影响力的地点或人物的设计和目标。的确,坚如磐石的以色列在经历了如此艰难的国内动乱后是否仍然能够在根本上保持之前的状态?(答案不久即将明朗:它无法保持。[1])

当然,我并没有想到在研讨课上向我的学生提出的那些问题会引导我在接下来四分之一世纪里思考并写下这些论文。实际上,正是课上形成的那些想法为之后论文中发展出的"社会中的国

---

[1] 参见 Joel S. Migdal, *Through the Lens of Israel: Explorations in State and Society* (Albany: State University of New York Press, 2001)。

家"的研究路径及国家定义的修正——我将在后文中加以介绍——播下了种子。在这本书中,我的重点在于过程,即研究在变化着的联盟中针对日常行为规则的持续斗争。这些过程决定着社会与国家如何创造和保持各种不同的日常生活的建构方式——即统治人们行为的规则之本质:他们使哪些人受益,又使哪些人受损,哪些因素使人团结,哪些使人分离,人们秉持何种共同价值来处理与他人关系以及看待他们自身在这个世界中的位置。这些过程也注定了支配和被支配的规则和模式将受到挑战,并发生变化。

我关于支配与变革的核心思想始于一条定律,即不会有单独集成的一套规则能够放之四海而皆准,无论它们被编入国家法律中或是被尊为宗教圣典,再或是被奉为日常行为的礼仪规范。很简单,任何社会都不会有毫无争议的普遍准则——无论在法律、宗教还是在任何其他制度中——能够引导人们的生活。由社会中不同的单元共同促成的多种正式或非正式的行为准则之间冲突密布,社会中的国家模型在这里就是用来将这些冲突归零的。① 这些社会单元包括松散的非正式的人群组合以及拥有并可支配多种资源的高度结构化的组织,他们使用微妙或并不微妙的奖惩——有时包括彻头彻尾的暴力——试图达到自身目的。简而言之,所有社会中都存在不同群体,它们试图用不同的方式来塑造人们的行为模式,而这些群体之间必然存在持续不断的斗争。这些斗争的

---

① Yoav Peled and Gershon Shafir, "The Roots of Peacemaking: The Dynamics of Citizenship in Israel, 1948 – 93," *International Journal of Middle East Studies* 28 (1996), pp. 391 – 413. "他们将此定律描述为解构公民的多元互竞概念的观念系统。"(p. 392)

本质和结果就赋予了社会迥然不同的结构和特征。

国家在这一层面与其他任何正式或非正式的社会组织没有什么不同。国家的法律和规范必须处理其他各种不同的违规行为(sanctioned behavior),甚至常常要处理完全无法预料到的一些结果,这些结果往往是由国家意欲支配的社会以及国家自身所带来的。米歇尔·德·塞尔托(Michel de Certeau)捕捉到了南美土著对于西班牙殖民者的暗中反抗。

> 这些印第安人虽然屈服乃至臣服于殖民者的统治,但仍然常常将强加于他们的宗教仪式、象征和法律大加改变,以至与殖民者所希望的大相径庭;他们破坏殖民者的统治不是通过对殖民者的拒绝或改变,而是通过怀着对这些他们别无选择而必须接受的体系的尊敬,来运用这些仪式和法律(无意中破坏)。①

国家政策的失败或有得有失的结果并非单纯缘于设计欠佳的政策、不合格的官员或资源不足。国家必须与反对派做斗争,这些反对派中的一部分是在悄然、间接地进行着反抗,比如德·塞尔托所引述的印第安人的例子,而另一部分则是选择公开对抗。反对派的这些不同部分又相互联合以强化他们的立场,而正是他们直接插入了国家的结构之中。这种联合斗争造成了损害:国家政策的实施和在社会中的政策效果往往以迥异于国家初衷的形式告终。如同斯科特在他关于现代主义设计的讨论中所证明的那样,

---

① Michel de Certeau, *The Practice of Everyday Life* (Berkeley: University of California Press, 1984), p. xiii.

即使是最雄心勃勃的国家计划也会沦为一场灾难性的行动。①

要认知国家的种种局限性存在诸多困难,这些困难部分地来源于关于国家的流行观点和社会科学对国家是什么的传统理解。在出版物和日常演说中,国家似乎代表着一个具有凝聚力的、综合性的目标导向的实体。新闻报道强调国家的整体凝聚力和单一的思维取向。不仅如此,国家领袖们强烈支持这样一个观点,即国家作为一个有目的性、有凝聚力的实体,其实是希尔斯在论文中所指的形而上的代表者:国家是民族或者人民的化身,而规则——法律——具有特殊的神圣意义。② 一位埃及活动家曾抨击当局逮捕一名社会学家,逮捕的理由仅仅是"想当然地"认为其在一篇文献中披露选举作弊,"诋毁"了埃及。正如这名埃及活动家所指出的,"政府已使人民相信埃及与政府是同一个东西"③。虽然这一观点时有争议(例如,人们对高级法效忠的宣言),但它仍对大众思维(popular thinking)产生了有力的影响。事实上,人们依靠他人在单一法(singular law)中的整体定位来划分人群,比如:"她是一个守法之人,而他是个违法者。"法律(The law)的形而上特性不仅表现在联结人们、使人们成为"人民"中,也体现在其作为正确行为法则的基本道德特性上。

许多在大众思维中能被发现的元素也同样地出现在社会科学

---

① James C. Scott, *Seeing Like a State : How Certain Schemes to Improve the Human Condition Have Failed* (New Haven: Yale University Press, 1998).
② 希尔斯认识到中心并不具有对权威的垄断性,竞争性的权威具有多重来源。但是他认为一个富有挑战性的中心能够通过"它所塑造的社会图景"来对社会加以整合。(Shils, *Center and Periphery*, pp.75-6)
③ Gasser Abdel Razik quoted in *The New York Times*, July 10, 2000, p. A10.

文献之中,仅略有变化。作为深刻影响整个 20 世纪社会科学的学者,韦伯提出了国家的新古典定义。这一定义作为理解当代国家的方式仍非常流行。首先,韦伯认为:"现代国家是一个施行支配的必要组织。"①在他看来:"国家就是一种人支配人的关系,一种由合法的(即被认定为合法的)暴力支撑的关系。"②在他被最广泛引用的一则表述中,"国家是在给定疆域中(成功地)垄断暴力的合法使用权的人类共同体"③。韦伯起初假设国家是目标导向的组织,但由于不同的国家常持有不同的目标,韦伯于是选择了根据他们的手段(对暴力的使用)来定义国家。在他看来,国家是拥有不同目标却使用相同手段的目标性组织。

尽管韦伯将"成功地"这个单词小心翼翼地放在上文最后引述部分的括号内,实际上各种类型的国家——包括成功垄断暴力和未能成功的——在社会科学的视域看上去都像是关系密切、有目的的组织,它们有着自主的目标,把使用暴力和合法性作为成功的工具来保持社会控制和政策执行。较之他所假设的众多追随者,韦伯要更加严谨精确。他认真地提醒:成功集中并垄断了暴力手段的国家何其稀缺。而其他人不幸地扭曲延伸了这一基本假设,他们认为在拥有巨量可供支配资源的前提下,所有的国家都会去使用暴力以及其他手段来促使人民在他们所处疆域中屈从于甚至

---

① 参见 *Max Weber: Essays in Sociology*,由 H. H. Gerth 与 C. Wright Mills 编译(New York: Oxford University Press, 1958),p.82。
② Ibid., p.78。
③ Ibid.。

拥护一系列几乎无穷尽的法律和规范。① 这些规则被赋予了特殊性(也就是法律),而国家的作用则是构建法治秩序(Rule of Law)。②

当人们试图去分析个别国家和特定的支配模式时,关于学者如何使用韦伯定义的严肃问题就涌现出来了。对垄断的强调掩盖了权威存在分离和争议的情形。而定义中的一个诸如"合法的"这样的词语也能将人们的注意力从富有争议的权威形式或权威的统治模式转移开。学者们阳奉阴违地认为韦伯肯定不是指向所有的国家,而是仅仅试图创造一个富有启发意义的、理想型的国家。但是韦伯所描绘的理想型国家——垄断合法暴力并通过理性法治国——给了其他学者弥足珍贵的启示来探讨其实并不符合这种理想型的现实国家。真正的国家是偏离理想型或是受损的各种版本的理想型。

韦伯的定义描述的是一个加足了马力的国家,尽管他显然并不认为理想型的国家就等同于一个正常的国家,但这种误解却在他之后的学界发生了。当然,在真实的人类社会,没有国家能够像一个理想型国家那样全能,这点韦伯已非常明确地点明了。不同的国家存在着巨大的变异,这表现在许多方面,包括国家领袖和官

---

① "法律存在的条件是存在这样一种可能性,即秩序的维护能够依靠一个特殊的人群,他们利用身体或心理的强制力来获得秩序的协调或者对侵犯秩序的人施加制裁。"参见 *Max Weber*, p. 180。
② "只有官僚机构建立了用理性法律治理国家的基础,而这套理性法律在概念上的系统化则是以罗马帝国末期首次创立的具有高度技术含量的法规为基础的。在严格正式的概念基础上建立的对法律的'理性'阐释是与那种基本依赖于宗教传统的判决相对立的。"参见 *Max Weber*, p. 216。

员为获取资源和完成对经济(和其他)机会的偏态分布所使用的杠杆；国家通过税收、援助、掠夺、征召等调动资源的绝对量；国家在保证资源按计划消耗方面的效力；国家在决定受惠人群和施惠方面所展现的内在的连贯性；以及国家在完成对奖金的选择性分配中所使用的方法。国家间的这些变异是极为重要的(对于研究国家的学者来说，这些变异正是比较政治学研究的对象)。

然而，以韦伯的定义作为起点，上述变异仅能作为与理想型国家的差距而被概念化和量化。只要这一国家观点始终一致且不变，那么国家的上述变异——即使是一些国家的失败——仍然只能按照距离标准的偏差来表述。如果现实中的国家不符合标准，学者们便会发明出一些新词来表达真实状况和理想预期之间的鸿沟。诸如腐败、弱点(weakness)和相对能力(relative capacity)等术语均隐晦地表明，事物运转的方式是莫名外生于一套关于国家及其与社会关系是什么、应该是什么的标准模式的。这种比较来源于对背离规范化或理想化的明确指认和量化。国家能力最终由一把量尺测量，量尺的端点是韦伯理想化国家的变异体。

只有国家能够和应该创造规则且只有国家能够和应该保有暴力手段以使人们屈从并遵守规则——这一假设简化了发生于每个人类社会多重规则体系中的大量谈判、沟通与抗争。这一假设炮制了这样一个人类社会，即一个极其连贯复杂的组织针对其他所有与之分庭抗礼的社会组织施行了一套极端的思想和行动的霸权统治。简而言之，韦伯所提出的理想型国家——当被视为正常国家模式时——就通过不断衡量现实国家与理想国家的差异而模糊了所有它能够阐明的东西。

国家的一个新定义

这里和下文所说的社会中的国家研究方法提出了一个不同于韦伯的国家的定义。国家是**一个权力的场域，其标志是使用暴力和威胁使用暴力，并为以下两个方面所形塑：(1) 一个领土内具有凝聚性和控制力的、代表生活于领土之上的民众的组织的观念；(2) 国家各个组成部分的实际实践。**

真实的国家是由两种元素塑造的，即观念和实践。① 这二者之间会交互重叠并加强，也可能会相互排斥甚至相互毁灭。国家的想象，尤其是根源于15世纪至17世纪、并在20世纪后半叶席卷全球的现代国家的想象，往往趋于相同。相反，实践则趋于异质，尽管即使有可辨识的比较模式，但尚未进行认真分类。

首先来看观念。我所使用的这个词源自希尔斯，他用这一术语描述"中心"而非国家。他解释道："观念将各种机构融为一个单一的支配性的社会中心，在这些机构中，建立者也即为其成员，他们代表这些机构行使职权。"② 在此定义中，国家的观念是一个富有统治力的、经过整合的、自主的实体，它在一定疆域内控制所有规

---

① Akhil Gupta, "Blurred Boundaries: The Discourse of Corruption, the Culture of Politics, and the Imagined State," *American Ethnologist* 22 (May 1995): pp. 375-402. 在这篇才华横溢的文章中，古普塔通过观察国家的"日常实践"和它的话语建构来尝试进行一种国家人种学研究。我初读该文草稿是在20世纪80年代，我认为它无意中对我推演出现在的国家定义起到了主要作用。然而，他的"话语构建"有别于我印象中的理解，这篇论文明确指出，必须"充分考虑到[国家]通过一系列纵横交错的代表和实践而实行的规制"(p.377)。这些观点在下文将再次论及。

② Shils, *Center and Periphery*, p.74.

则的制定,或者直接通过其所设机构或是间接依靠向其他权威组织——企业、家庭、俱乐部及其他——授权,而制定某种限定性的规则。①

观念意味着感知。这里,对国家的感知存在于那些生活在其领土内外的合法的规则制定者和各色头脑中。在这种情况下,这一感知假设出一个单一的实体,它相对自治、统一且集权。虽然每个人都认识到这一组织的复杂和懒散——它的各部分并不总是能协调运转,它的"观念"是一幅不会展现所有缺陷的肖像——但国家的这种观念仍然诱使人们去感知其各个机构之间的高度整合以及彼此间行为的高度一致性。

这里谈到的观念包含两种意义上的边界:(1) 一国与其他国家之间的边界;(2) 国家——尤其是(公共的)人员和机构——与服从于其所制定规则的(私人的)群体间的社会边界。对于一些特定的群体,如游牧部落,地域界限就显得较为模糊,而对于其他大部分群体而言,从旅者到商人,地图上的线条代表着对这个世界地理结构的明确的界定。韦伯也曾有过类似表述:"'疆域'是一国的特征之一。"②

不仅如此,国家间用以划分控制范围的"疆界"的形象还因一种常识性的观点而强化,即"率土之滨,莫非王臣",国家是其所辖民众的代言人。这正是我在本节开始的定义中所指的代表一词的

---

① 韦伯写道:"其他机构或个人使用暴力的权利只有在国家允许的情况下才成为可能。国家被认为是使用暴力之'权利'的唯一来源。"参见 *Max Weber*,p. 78。
② 韦伯写道:"其他机构或个人使用暴力的权利只有在国家允许的情况下才成为可能。国家被认为是使用暴力之'权利'的唯一来源。"参见 *Max Weber*,p. 78。

含义。因此,当报纸上有主管者宣称代表"人民"时,并不会有什么不妥,如同国家的疆界显示了一国国土内人们潜在的同一性一样。就观念而言,国家尽管与所统辖疆域中的人民相分离(这点随后会加以论述),但仍然是其所辖民众的具体代言者,从联合国投票、国家间外交以及其他日常活动,这种代表意味着领土边界同时充当国家控制界限和相邻民族的界限。我稍后会回到民众间的联系这一主题。

除领土边界外,国家观念包含的第二种边界是社会边界,它将国家与其他非国家的或私人的成员、社会力量区分开来。韦伯指出公共和私有的分离——他格外关注公法和私法——是现代官僚制国家的标志。公法和私法的抽象化分离"预设了'国家'作为统治特权的抽象持有人及'法律规范'的创立者与所有个体的私人'授权'之间分离"①。

国家不仅是分离(于社会)的,而且是居高临下的。它对于人民的代表性使其区别于其他所有在印象中只涉及特殊利益的实体。只有国家是人民公共利益的总代表者,这源于他们之间潜在的关联性。

除观念之外,国家定义的第二个核心层面是实践(practices),国家人员与机构的常规工作,即他们的实践,能够强化或削弱国家的观念;它们可以支撑或削弱有关领土与公私界限的观念。

无数的国家实践强化了一个观念,即地图上的领土标记是真实且有效力的。一国领导人使用签证、护照、界标、警戒线、电网、

---

① 参见 *Max Weber*,p. 239。

边防警察、军队、地图、教科书以及其他很多方式来对国家所统辖的领土进行标记。这个清单表明国家诸多行为背后都存在暴力的使用和威慑。此外,来自国家实体之外的行为也同样能够加强和证实地图上线条的真实性。例如,联合国会给予对某一领土拥有控制权的国家相应席位。

同样,这种实践也有助于认知、加强和证实许多东西,不仅是国家控制的领土元素,也包括在许多方面国家与其他社会组成的社会分界(公私分界)。各种仪式,如加冕礼、就职仪式等,就庄严地确认了这一分界的存在。同样,作为国家事务的代理机构的办公场所,法院、市政大厦或联邦大楼等也具有这样的功能。在上述这些例子以及其他数不尽的方式的推动下,国家作为一个特殊的甚至高高在上的社会体的形象更加突显出来了。

福柯(Foucault)曾试图对观念与实践间的异常关系进行探究,即使行为倾向于强化国家形象或曰神话:

> 但是,国家早已不胜往昔,失掉了团结、个性、基本功能,以及坦白地说,重要性;也许,毕竟国家已经不再是一个复合的实体和一个神化的抽象,其重要性已经远不如我们的料想……正是政府的战术和策略使得诸如什么属于国家能力而什么不属于这一范畴,以及公共与私有等有了持续的被定义和再定义的可能性。因此,国家应被置于政府的总体战略基础上去理解其生存和局限。[①]

[①] *The Foucault Effect: Studies in Governmentality*, edited by Graham Burchell, Colin Gordon, and Peter Miller (Chicago: The University of Chicago Press, 1991), p. 103.

尽管福柯将实践（他亦称之为政府策略）与观念区分开来，他仍倾向于把那些行为视为对神化抽象、国家能力的可接受定义以及公与私的显见差别的一种加强。然而，实践同样有可能与这些观念相抵触。我所提出的国家定义捕捉的正是这些实践——日常的行为活动。它们击碎了一个内聚的、有很强社会控制力的国家观念，消除了领土及公私之间的界限，从而使得新的理论研究得以呈现。实践常是与观念相抵触的。伯特兰·罗素（Bertrand Russell）恰到好处地捕捉到了观念与实践间的差别："事实上，我们有两种并列的道德体系，一种是我们鼓吹而不去实践的，另一种则相反。"[①]罗素在他对于道德体系的强调中指出了实践与观念间的裂痕。国家观念隐示了一种单一的道德体系，一种标准模式，一种做事的正确方法；而实践则意指多种表现类型，以及可能包含许多关于什么是正确行为方式的观点。

这些实践并不仅仅是与国家法规所设定的合乎规范的、良好的行为方式有偏离。它们本身作为一种道德规范，与那些国家在控制招募公职人员、资源分配及适用规则的决定权以及其他众多方面所表现出的道德规范也是不同的。让-弗朗西斯·贝亚特（Jean-Francois Bayart）、斯蒂芬·埃利斯（Stephen Ellis）、贝阿特里丝·伊布（Béatrice Hibou）在其最近出版的一本关于非洲的颇有新意的书中突出了许多类似的行为，书名为《非洲国家的犯罪

[①] Bertrand Russell, "Eastern and Western Ideals of Happiness," in *Sceptical Essays* (New York: W. W. Norton, 1928).

化》①。虽然作者们严格地给出了一个关于犯罪的具体定义,我仍旧认为在这里的语境中,犯罪这个词语的使用并不妥当,因为它隐含了行为不仅是非法的,而且在道德上也是错误的。从一个分析视角出发,它赋予以上提到的国家观念(或广义上的所有国家)的法律和规范以特权——而在实践中,这些法律和规范只是互相冲突的不同部门的一种规范而已——使得它们成为研究者的分析标准。例如像裙带关系或走私这些易于被裁定为腐败或犯罪的行为,可以得到不同的阐释:裙带关系也可以被视为一种相比于任人唯贤更偏好于亲属关系的社会道德(morality),而走私则是主张一种人与货物可在国家法任意划定的边界间自由流动的权利。②

人们如何能够理解行为多重性的现象?这些行为中许多都与国家观念(以及道德)的规定不符。国家机构往往尾大不掉,还与各种与其价值不同的社会群体接触并冲突,国家官员往往受改变国家规则以强化个人或其效忠的群体的权力或者谋求私利的诱惑,都使得国家的实践呈现碎片化的特征。

国家的各部分之间以及各部分与外部组织之间都相互联合,以促成其目标的实现。而正是这些行为与联合一道,形成一整套的与国家官方颁布的法规差异很大的规范。而这些联合和联盟模糊了国家所试图建立的明确的领土和社会边界,也同样模糊了作为卓越的规则创制者的国家与作为这些规则接受者的社会之间的

---

① Jean-François Bayart, Stephen Ellis, and Béatrice Hibou, *The Criminalization of the State in Africa* (Bloomington: Indiana University Press, 1999).
② "与将腐败视为国家机构的一种功能失调不同,我将之视为一种机制,通过这种机制'国家'本身就被松散地建构。"Gupta, "Blurred Boundaries," p. 376.

明确的界限。

与此相关的例子首推国家官员利用办公场所处理私事,因而悄无声息地对公私界限造成冲击。有人曾给我详述过一个极好的例子,一位非洲官员就曾将他的牛带到他工作的政府大楼草地上吃草。古普塔关于"模糊边界"的文章分析了相反的例子,即私人空间被用于公务。他讲述了关于夏尔马吉(Sharmaji)的案例,他是一位持有创记录的五千块土地的印度土地官员。夏尔马吉将自家房子的底层当做"办公室"。"经常能够在这个办公室找到他,并且他总是被各种客户、马屁精以及同事包围着。"①一名助手这样评价。这名助手主要负责协助他去与那些变更或注册土地名称的人们打交道,并且帮助他搞清楚"把事情搞定"需要多少时间。另一名助手则是同时在协助他料理公务和家务活。私人空间与公共空间、私人事务与公共事务之间以及私人费用与公共费用之间的区别几乎消失。

埃利斯关于南非种族隔离(以及后种族隔离时期)的描述展现出许多更趋复杂的弥合国家与社会裂痕的实例。

> 一些猖狂的犯罪团伙与保安部队之间建立了紧密的关系。这就使得一些部队对一定类型的犯罪产生了某种暧昧的态度。在游击战的最后阶段,一些警察和军队官员甚至自己组建带有犯罪性质的企业,从事贩卖武器、宝石、象牙以及大麻等营生。所获的利润一部分收入私囊,另一部分则用来为反对向非洲国民议会(African National Congress)和南非共产

---

① Gupta,"Blurred Boundaries," p. 379.

党(South African Communist Party)的非正式民兵组织提供兵员和资金。国家批准的违法行为的范围包括了技术先进的走私活动和金融欺诈,这使得政府原有的秘密产业与主要的走私财团——意大利黑手党洗钱组织和其他国际黑社会犯罪组织建立了商业联系。①

同样,地域界限也面临着各种侵袭。尼克尔·瓦特(Nicole Watts)展示了自由的土耳其官员与库尔德激进分子的联合是如何削弱土耳其政府和库尔德人边界的观念,并由此打开了通向其竞争观念——库尔德斯坦国的观念——的大门。② 事实上,瓦特认为,促进库尔德人权利组织与欧洲人权激进分子组成的跨国联盟创制了一个新的想象体。

> 在虚拟的西库尔德斯坦国包括德国、法国、瑞典、英国和其他欧洲国家的部分……信息技术和廉价机票允许一个新的游牧部落再创造一个库尔德社会。尽管未能获得正式承认,虚拟的西库尔德斯坦仍在土耳其具体事务中扮演重要的角色,在涉及库尔德人以及他们与欧洲关系中尤为如此。③

该联盟质疑了土耳其国家观念所具有的道德基础和代表性。

---

① Bayart, Ellis, and Hibou, *The Criminalization of the State in Africa*, pp. 61—2.
② Nicole Watts, "Virtual Kurdistan West: State and Supra-territorial Communities in the Late 20th and Early 21st Centuries," Ph. D. dissertation, University of Washington, forcecoming.
③ Nicole Watts, "Kurdish Rights, Human Rights: Boundaries of Transnational Activism," paper presented to the Workshop on Boundaries and Belonging, July 1999, p. 2.

伊斯梅尔·贝斯克西（Ismail Besikci）曾耗费数年之力在监狱中记述库尔德人的相关问题，以此挑战那种排他性的国家道德："社会现实被官方意识形态（即道德）所否定。在这里，官方意识形态不仅是一种意识形态，更意味着法律的制裁。居于官方意识形态之外的人将被投入牢狱。"尽管危险重重，土耳其的国家官员与民间有志之士仍然建立了各种联盟，以挑战其国家观念中所包含的道德基础和代表性，他们采取了众多行动以否定和反抗土耳其官方塑造的道德合理性和国家意识形态的排他性。

借用（并改编）了布尔迪厄的"场域"概念，我给国家下的定义包含了观念和实践两个方面。布尔迪厄提出"场域"强调了一个多面向的空间中的（社会）关系：包含了同样重要的象征性因素和物质性（他称之为实质性）因素。"关键的因素是，"布尔迪厄说，"可以极好地表现社会。"最核心的现象就表现为冲突。"每个场域的背后都或多或少地存在定义合法分配场域的原则的公开斗争。"将国家定义为被赋予权力概念的场域，我想强调的是在布尔迪厄所定义的"多维世界的位置"中，他用"权力"一词来指代争夺支配权的斗争。

简而言之，国家是一个与自身相矛盾的实体。为理解支配这一概念，要有两个不同层面的分析，一个层面是关注全体的、统一维度的国家——强调其整体性——这点在国家观念中可以体现出来；另一种分析方式是对这种整体性的解构，它更偏好于检视互相强化的、矛盾的实践以及各个不同部分之间的联合。"社会中的国家"模型关注的正是国家的这一矛盾性；它要求学习"支配与变革"的学生在观察国家时能够具有双重视角。视角一应把国家视为一种强大的观念，它界定清晰、高度统一，且能够被单一的措辞所言说(例如,一个标题性的说明,"以色列接受巴勒斯坦的要求"),就如同国家是一个单独、积极的演员在以高度集中的方式展示其在明确疆域上的统治术;视角二则是将国家视为一系列松散联系的实践碎片,在这里,国家与其他境内外的组织之间的边界往往未能清晰界定,且后者常常会创制出相互冲突或直接与国家法律相冲突的规范。所有的理论,如果不能兼顾上述国家矛盾的两面性,则势必要么因将国家能力过度理想化而误将虚夸的言辞当做高效的政策,要么便是将国家视为一群以自我为中心的腐败官僚组成的混杂体。

比较研究的方法

"社会中的国家"这一方法还有一个重要的维度,即它提供了比较研究的方法。本书所阐述的模型重点不在于描述各种群体及他们的固有目标和规则体系——它们产生确定的结果——的静态画面。我们所讲的方法侧重于过程,而不是最终结果。它不是一种类似于职业拳击赛的模型,需要赛场上的每一个选手在每一回合的比赛中保持不变,并坚定不移地追求打倒敌人的目标。相反,"社会中的国家"这一方法使研究者注意国家和社会彼此之间分组整合及其合纵连横等互动过程,以及国家同其试图控制、影响的社会群体之间的互动过程。这是一个重要的区分点。动态过程改变着分组整合本身和其目标,并最终改变其提倡的规则。对这一方法的这种描述类似于伍迪·艾伦(Woody Allen)的西力(Zelig)①,

---

① 伍迪·艾伦导演的电影《西力传》的主人公。——译者注

他在与他人互动的过程中不断地改变自己。与其他群体或组织一样,国家既以整体的形式又通过其组成部分与其他因素互动,并在这种互动中被构建或重构,被发明或重新发明。它不是一个固定的主体;随着它联合或反对其领域内的其他因素,其组织、目标、手段、伙伴(partners)以及运作规则都发生着变化。国家永不停止改变。

这是 20 世纪伟大的社会学家诺贝特·伊莱亚斯(Norbert Elias)的看法。他指出,我们审视人类现象的方法"使我们觉得一个人没办法把握观察到的事情,继而把它们看做发生于言语和思想中的流动事件"。对于那些把变化的或动态的事物与静态的事物联系起来看待的现象,伊莱亚斯很不屑,更把它叫做 Zustandsreduktion。① 他争论说,我们不能只把社会视为现存的状态,而应将它看做"变化的过程——过去它是一个变化的过程,现在它正在变化着,未来可能处于另一种变化之中"②。

本书所收录的论文反映了我个人观点的变化,即改变了与伊莱亚斯 Zustandsreduktion 概念关联很大的严密因果论(hard causality),转而发展出一种注重无止境的变化过程的方法。我欣然地从政治科学和其他社会科学学科中汲取养分,但与此同时也对根植于其标准方法中的种种局限渐渐感到厌烦。在社会科学的

---

① 这个词没有对应的英语,很难翻译成中文。在一次访谈中,伊莱亚斯说这个词侧重的不是描述性的"是"而是动态的"成为"(becoming)。——译者注
② 引文来自诺贝特·伊莱亚斯 1969 年在阿姆斯特丹的一篇采访。John Goudsblom and Stephen Mennell(eds.), *The Norbert Elias Reader* (Oxford: Blackwell, 1998), p. 143.

研究中，理性选择、经验主义/量化理论、结构主义和其他风行一时的理论所使用的方法严谨准确（rigor），从而一度创造了许多可喜的理论成果。但是我发现这种严谨虽然启发了社会科学研究，却同样程度地限制了它。这些方法以高度风格化的方式呈现出一幅幅国家社会的画卷，在那些画卷中行为如冰冻般一成不变，为我们提供带有严重因果论倾向的静态的独立变量（譬如，固定的偏好或结构或制度性安排）。此种描述无疑为许多研究比较支配和变革的学生扎上了厚厚的蒙眼布，使他们的视野大受限制。

这样的方法能把社会和政治生活禁锢于一个严谨的世界（a world of rigor）之中。达到这一目的的方法之一是通过追寻所谓的"原罪时刻"——"原罪"指可以以现在为起点来回溯历史的事件、条件或交错点——考察事物是如何以现有状态存在的。正是对某个固定不变时刻的追索决定着之后的发展（what is to follow）。用瓦尔德内尔（Waldner）的话说，那是一个"关键时刻"[1]。杰弗里·埃莱（Geoffrey Eley）和戴维·布莱克本（David Blackburn）明智地批评了这种史料编纂法（historiography）。他们指出，这种方法试图定位能够解释德国产生纳粹主义的历史转折点，最终却只是徒劳无功。[2] 同样，对发展或缺少发展的解释在其初期阶段也涉及伊莱亚斯所说的静态，即精英冲突的决定性结构条件。

---

[1] Waldner, *State Building and Late Development*.
[2] Geoffrey Eley and David Blackburn, *Reshaping the German Right: Radical Nationalism and Political Change after Bismarck* (New Haven, CT: Yale University Press, 1980).

问题是,此种严密因果论从多种方面决定了当前的事态(present state of affairs),并从迎合其自身假设的目的出发预测历史。流行的严谨方法,通过寻求一种在一个特定时刻开始的单一因果联系,可能过度地强行灌输给读者一些制约性假设。在政治经济学、理性选择和结构分析理论中流行的方法可能会过分强调自变量(independent variables)——例如特殊的制度性安排——的解释能力。通过在时间中定位这些变量,它们忽略了它们可能产生的后果如何反过来改变了其自身。

对严密性的现有理解可能会将观察者的注意力从持续的动态上分散开来;科弗称这种持续动态为叙事(narrative)——它出人意料,不稳定,并回应日常生活(reactive to daily life)。科弗并未排除硬性变量(hard variables)——他称之为 nomos,即规范性世界的结构——但是与此同时,他还注意到 nomos 不断地变化,而其变化产生于"它如何能使我们服从、欣喜、挣扎、堕落、嘲讽、受辱、羞辱或保持尊严……一种规范性力量强加于某一事态的要求(例如,由于精英冲突而产生的迎合下层阶级的倾向,或者强大参与者的一套特定偏好),无论是真实存在的还是想象的,就是在创造规范"[①]。国家的故事并不以承载着规范性力量的原罪或关键时刻的形式结束;但由于这些力量引发了反抗和斗争,它们只是开启了能转化原始动力的合作和联盟。

换个角度来说,社会科学家们不仅需要理解启示的后果,更要明白寻求救赎的影响。启示是一个定位于时间之中的行为,真理

---

① Cover, "Nomos and Narrative," pp. 100, 102.

在启示中被发现吸收。它创造的基本原则鼓舞人们在共同的意义框架内行动,为了那些空泛的原则而放弃自己的物质利益,甚至可以以身殉道或为国家牺牲自我。但是对救赎的寻求从未间断。灾难和衰落——痛苦、疾病、贫穷、腐朽、衰落、腐败、自私等等是人类环境的固有部分,而救赎却满怀从这些苦难中解脱的希望。救赎许下了一个集体解脱和复兴的诺言。它不断唤起人们对世界的反应,激起人们对失败的人类环境和启示所许下的不成功诺言的振奋的反应。

隐含于伊莱亚斯和科弗学说中的方法甚至扩展到国家的疆土方面。社会科学家一度把国家的地理轮廓视为永恒因素,它几乎一成不变而且其地位不曾受到挑战。他们曾倾向于认为世界从空间上整齐地划分为静态的区域,这些区域会周期性地发生突发性的改变,例如苏联解体,但是从长远看,它们保持静态不变。伊恩·勒斯蒂克(Ian Lustick)是近年来挑战这一观点的理论家之一,他极力主张学者应视国家为疆土不断变化、疆土地位不断受到挑战的实体。①

如前所述,国家这一观念(image)取决于对两种边界的理解。即,国土边界,国家与其他社会因素的分离。但是,如同此处国家的定义所言,仅仅强调概念可能会产生误导。两种界限都不仅是作为简单的社会因素产生效果,把一个民族和其他民族划分开来,或把一国领土范围内的国家因素与私人因素分离。如同希尔斯所

---

① Ian Lustick, *Unsettled States, Disputed Lands: Britain and Ireland, France and Algeria, Israel and the West Bank-Gaza* (Ithaca, NY: Cornell University Press, 1993).

言,界限也暗示着意义范畴(realms of meaning)。企图中和这两种界限的行为不仅破坏了国家概念,更是创造了属于自己的意义的新空间结构。华尔兹(Waltz)在土耳其政府与库尔德人的冲突案例中已经明白地阐述了这一点。德·塞尔托(De Certeau)持同样的观点,并指出对这一概念的抵抗和其"教条式的合法化行为"以"重新分配其空间"①而告终。勒斯蒂克警醒学者,既要从疆土本身又要从针对疆土界限的空间位置所产生的公共争论的角度,看到疆土界限的多变性;而与此同时,笔者则认为,即便空间界限是静态的,它们作为限定一个由公共意义联结的民族的地理线,其影响可能会发生相当大的改变。

走私团伙、宗族和部族关系已经改变了疆土界限或公私界限、区域或分离主义运动、某些宗教组织以及无数的其他社会结构,因此它们已经悄然产生自己的意义体系,这些体系体现着与国家概念所代表的界限完全不同的新界限。一些社会结构企图改变地图上的地理分界,其他则试图降低这些界限的重要性。在这两种情况下,它们或公开或隐蔽地挑战着国家概念的关键因素:国家声称自己是其领土范围内全体人民的具化和体现,以及国家假设国界线所界定的族群的关联是首要的社会关系。总之,不断进行的各种规则之间的竞争也同样暗示着各种力量持续地就意义系统,以及疆土和社会分界展开竞争,这些分界划分出"一群通过超越自身的价值代表获得其存在意义的人"②。即便地图上的官方国界线保

---

① De Certeau,*The Practice of Everyady Life*,p. 18.
② Shils,*Center and Periphery*,p. 138.

持不变,疆土界限也可能发生变化;依附于国家概念所阐释的两种界限之上的意义也可能以各种不同的方式遭到质疑。

老问题的新答案:使用"社会中的国家"路径的研究

在本章中,我试图阐明,"社会中的国家"这个路径为国家提出了一个不同的定义以及一种研究构思,也提出了一个构想、进行比较研究的新途径。这个研究路径应该也为学者们在比较研究中处理的老问题提出了一个新的答案或解释。为了阐明其名副其实,我会使用这种方法对三项研究进行针对性的总结。这三项研究都来自我任教的华盛顿大学,主要解决以下重要问题:种族或社群冲突、社会运动和国家(特别是国家司法机构)之间的关系、描述国家的轮廓。

问题1:种族暴力的加剧

尼尔·奥·默楚(Niall O Murchu)考察了犹太人和巴勒斯坦阿拉伯人之间,以及北爱尔兰新教徒和天主教徒之间似乎永无休止的暴力冲突。他问道,20世纪20—30年代的巴勒斯坦,以及1969年至90年代的北爱尔兰均处于敌对群体的无序状态,为什么看上去强大的英国没有能力在这两个小的殖民领土上强迫采取某些有效的解决方法,从而平息这种混乱呢?在面对强势国家积极致力于维持秩序的情况时,我们如何理解种族暴力为何仍会持久甚至加强?英国在巴勒斯坦统治时期,阿拉伯人-犹太人(后简称为阿-犹)的紧张局势始终在升级,最终爆发战争。以色列犹太人称这场战争为独立之战,而巴勒斯坦阿拉伯人则简单地将其称为 *al-nakbah*,即灾难。在北爱尔兰那些被纳入英国领土的地方,相似的紧张局势也持续了几十年,暴力甚至曾一度蔓延到英国城市之中。仅仅在前几年,新教徒和天主教徒才开始向冲突和解方向转化。在这两个案例中,不幸的英国官员似乎在几十年间饱受折磨,至少在平息二者之间的冲突时陷入困境,或者就这一点说,在处理直接针对他们以及更广大的英国公众的暴力时陷入困境。巴勒斯坦严重的暴力活动在 1920—1948 年间稳步增长。整个 30 年代末的每一次暴乱之后,伦敦都会就这种永无止境的动乱和野蛮行为提交一份新的白皮书或者授权文件。但是没有一份是真正有效的。北爱尔兰暴力活动在 1969 年造成的第一起"麻烦"几年之后就达到了顶峰,但是英国在 25 年内没有彻底控制住这种猖狂的暴力活动,甚至也没能提出长期解决方法。

奥·默楚认为,要回答为什么在世界最强大的帝国之一进行遏制的情况下暴力活动仍然能增长的问题,我们应该从质疑英国是个强大国家这个概念开始。面对似乎无法解释的英国政府的无能现象,奥·默楚对国家的影响力和内聚性这个基本问题进行了分析。尽管英国领导者持续告诫其在殖民地上的机构强行维持秩序,但是那些国家机构发现它们严重缺乏对地方群体的认识,也没有足够的资源去完成这项任务。在这两个案例中,部分位于他国领土的英国机构试图通过与当地社会机构建立良好联盟来克服这种障碍。事实上,它们逐渐开始依赖犹太人和新教徒的资本、地方知识技术人员、保安力量等等。奥·默楚认为,每一个这类群体都开始依赖自身的资本与国家进行交易(capital-coercion bargain)。

第一章 "社会中的国家"研究路径:一个新的国家定义及超越狭义建构的严谨

在巴勒斯坦,伦敦并未给当地高级专员(High Commissioner)及其所在的巴勒斯坦政府提供足够的财政资源,这使得当地政府高度依赖于犹太移民及资本投资,根本不顾阿拉伯领导者对此的持续抗议。英国在1968—1974年间对北爱尔兰地区的妥协失败后,也将重心转移到了维持安全方面。为了做到这一点,地方官员加强了安保机构的力量,几乎所有这些机构中都充斥着新教徒成员。解决方案为伦敦向阿尔斯特(Ulster)①的力量下放权力,这促成了英国机构和新教徒的联合。

在巴勒斯坦和北爱尔兰,各种联盟影响并淡化了国家与各种社会力量间的区别和界限,而这种界限和区别是远在伦敦的英国官员所非常重视的。为了获取犹太人的资本和新教徒的安保力量,英国政府直接或间接地支持这些群体,使其可以维持一个种族分割的劳工市场。分割的劳工市场将阿拉伯人和天主教徒排除在特定机构及企业之外,并使得他们的工资水平低于那些犹太人和新教徒工人。但这样做的结果却是激起了持续的种族冲突。

于是,国家在公共支出、安全政策以及征税等方面的日常实践实际上构建并加重了种族间的区分,而这却是伦敦的官员不愿意看到的。巴勒斯坦和北爱尔兰的英国官员这种暗地里串通一气的行为,建立和强化了种族分割的劳工市场,成为了持续的种族冲突的基础。他们的行为直接违背了远在伦敦的领导者及军方的政策目标。这些官员对犹太人及新教徒的依赖使得他们对这两个优势

---

① 阿尔斯特,原为爱尔兰一地区,今为北爱尔兰地区和爱尔兰共和国所分割。——译者注

群体在劳工市场中实施的排他行为睁一只眼闭一只眼,这在政治上和经济上将阿拉伯人与天主教徒边缘化了。犹太人和新教徒分割劳工市场的能力也帮助他们维持了自己在经济和政治上的优势。

但是,这个故事并没有以分割劳工市场的政治经济以及优势联合这一结果而告终,而这二者可以很好地解释公共冲突在两个地区为何又如何愈演愈烈。阿拉伯人和天主教徒通过针对性的暴力抵抗不断影响事件进程,他们无法简单平静地接受英国与犹太人或新教徒的强势联盟。而且他们的抵抗也产生了深远的影响。巴勒斯坦20世纪30年代后期的阿拉伯起义(Arab Revolt)重新引起了伦敦的关注,并最终迫使英国通过了一份白皮书,接受阿拉伯人的大部分要求(尽管阿拉伯领导者在英国接受其要求的过程中也经历了一段困难时期)。但是这项政策的逆转由于英国加入第二次世界大战而搁浅。而第二次世界大战以后,英国的主要行动就是彻底撤离巴勒斯坦地区。

在北爱尔兰,天主教教徒成功地夸大了他们的困境,从而获得了英国的补偿政策支持,以保证其教育和就业率。奥·默楚认为,成功缓解绝大多数天主教徒的经济困境,对1994年爱尔兰共和军的停战以及今天初露端倪的和平景象都是必需的准备过程。事实上,天主教徒解除了英国-新教的联合以及其他相关的政策,为北爱尔兰历史揭开了新的篇章。

问题2:司法制度权力的增长

和奥·默楚一样,帕特莉西娅·伍兹(Patricia Woods)也在她的论文《爱尔兰司法制度》中研究了国家-社会关系,尤其关注社会冲突如何被利益集团及社会运动和国家机构的联盟所平息的问题。通过将司法制度引入她的分析之中,伍兹扩展了国家-社会分析并且将其研究置于在 20 世纪后 25 年间兴起的一个新的研究议程中,即关于各国(包括欧盟、阿根廷以及巴基斯坦)的司法系统为何以及如何成功而显著地扩大法庭的权力。她的案例涉及以色列高等法院和最高法院。高等法院的能力并非空谈,它拥有判决评审的权力,使得现有的规则更便于个人和群体进入法庭,并逐步引入法律推理的新原则。而且,在那些更受瞩目的改革之中,它针对某些最敏感的国家问题,如谁是犹太人、阿-犹关系、国家安全部门使用的折磨手段等等问题作出了有争议的决定。20 世纪 90 年代,高等法院在耶路撒冷的地位极为显赫,打破了以色列国家中那些支持自己的分支的权力平衡,使以色列社会局势空前明朗。高等法院的这些行动无异于在以色列国家和社会中发动了一场革命。

伍兹在她的研究中关注了权力下放过程中的关键成分——高等法院通过一系列对宗教及其他相关问题的规定,取代了国家希伯莱语法庭以及国会(即以色列议会 Knesset)在个人地位(家庭)以及宗教权威方面的法律。1987 年,高等法院开始了其挑战犹太教祭司权威的第一次尝试。违抗犹太教祭司权威这个代表以色列国家整体或者至少是其中一部分的机构的决定,决不是这些法官的草率决定。事实上,在接下来的十年间,这种违抗引发了大量针对犹太教法院的公众示威、正统和极端正统新闻界对其的严厉谴责,甚至是对主法官阿哈龙·巴拉克(Aharon Barak)的死亡威胁。是什么使得这些法官有胆量迈出如此重大的一步?最先打破平静湖面的事情发生在高等法院作出这个决定之后不到三周,以色列国会对该规则表示反对。为什么要再一次冒着可能遭到议会报复的风险呢?这可能会影响高等法院其他已有权力,比如司法审查权。

伍兹认为,关键在于法院与以色列内外的社会力量的"隐藏的联合"使得法官有足够的动机和能力去挑战国家的其他部分。这样做以后,他们就打破了国家关键机构中的现有权力平衡。女权运动、宗教多元主义运动、公民权利运动这三个社会运动在被以色列国会反复回绝后,在80年代转而求助于高等法院。在以色列刚刚出现的社会运动是一个相对较新的现象,而高等法院似乎察觉了这种变革并且立即开始对其加以利用。但是,这些运动在以色列社会中的作用微乎其微,甚至不如雷达屏幕中一个尖头信号大——微弱、边缘、易受影响,它们所引起的后果显然不会影响到大部分以色列公众。不过,这其中最成功的女权运动最终通过在一系列案件中求助于高等法院,从而为以色列社会带来了深远的变革。

而高等法院则反过来利用了这些运动向其提出的不断增长的诉讼请求,以及争论法律条文的法院摘要。利用普通以色列法律(特别是那些保证享有平等的基本法)以及运动领导者建议的自然法,高等法院的法官提出了一些争议最大的边界问题:谁是犹太人(谁不是),以及谁又是以色列人(谁又不是)?这些问题涉及群体边界的核心,即谁在国家或者社会边界之内,谁又不在。准确地说,谁是这个国家能够代表的人民?

通过与女权运动以及其他类似运动的隐藏的联合,高等法院本身也得到了适时的改造。早先,法院只是利用女权案例进行相对小范围的判决,它们认为有必要废除国家的宗教决策及实践,因

第一章 "社会中的国家"研究路径：一个新的国家定义及超越狭义建构的严谨

为其践踏了以色列普通法对性别平等的法律保护。但是这些决策中的自然法律语言尽管不是其基础，也在一定层面上表达了这个社会的权利、个人自由、国家保护公民的责任，甚至不惜以根深蒂固的社区价值以及之后的安全等问题为代价。新的法律语言同样指明，在所有的国家机构中，只有高等法院才是在捍卫以色列普通法和自然法认可的国家概念。简言之，女权运动的内在联合鼓励了高等法院，使其法律推理发生了变化，并最终显著增加了其在国家中的强度。

同时，高等法院的法官们发现，国家边界之外的其他协定也将他们推向一个更加积极的地位。伍兹的调查发现，法官们与大范围的跨国法律团体密切相关，而且他们非常在意自己在这个圈子中的口碑。比如，他们中的大多数在美国法律学校教授法律课程。这些关系经意或者不经意间给法官们施加了压力，使得他们不得不检验自然法和国际人权法律，甚至其中某些法律还没有成为自己做决策的严格标准。高等法院的法官们试图扩大其对抗国会、情报部门、犹太教法院以及其他国家组织的能力，而那些外界压力也对这种斗争产生了影响。最近发生的一个事件引起了世界的关注，高等法院向外界那些禁止使用严重甚至是轻微的武力（折磨）的法律联盟表达了明显的敬意。由于担心外界联盟的势力以及它们影响整个世界舆论的能力，以色列议会更改这个规则的企图迅速破灭。①

---

① Yossi Beillin,"Israel's Minister of Justice."此文系作者对以色列研究年会所作的演讲（2000年6月26日，特拉维夫）。

总之,伍兹打算解释为何那些规模相当小的社会运动可以影响一个国家的司法制度,打破国家机构的权力平衡,导致以色列司法权力的增长。她审视了高等法院在关于"国家的定义应该是什么"的斗争中取得的胜利,结果,她发现国家的不同部分有着相反的目的。她的中心论点为:正是这些法官与以色列内外社会力量的隐藏联盟,影响了确定的国家定义所指出的公共-私人界限的内在联合,打消了法官的疑虑。不仅如此,这些内在联合也影响了内在群体以及法院本身,引发了新的法律推理形式以及争论焦点,比如阿拉伯购买排他主义的犹太人居住地土地的权利,以及安全部门使用武力审讯恐怖分子的权利。

问题3:国家和民族

战争对确立社会边界的影响之深,恐怕非任何其他现象所能及。肯尼斯·劳森(Kenneth Lawson)的精彩研究《基层的战争》("War at the Grassroots")描述了国家是如何参与战争的,书中讲述了第一次世界大战给同领导者做出参战这种重大决定的地方相距甚远的小城市带来的连锁效应。

在美国犹他州的帕克城、英属哥伦比亚的罗斯兰这些城市中,远离这些国家的硝烟却似乎也弥漫了全城,激发了人们的民族意识并显著提高了公众参与程度。这并不仅仅是公众为了进一步加强战争力量而加强了与其他人以及国家的联系——不可否认,这种情况确实也发生了。在帕克城的地方报纸上,编辑在第一次世界大战尾声时写道:这个城市的居民"能够为公众利益尽职尽责"。他们发起了"战争计划",为"自由公债"(Liberty Loan)筹款,自愿参加战斗,组织公众表示支援等等。罗斯兰公众自发组成了志愿者队伍,为加拿大政府承诺派往英国的队伍补充了五万人。罗斯兰步枪协会为即将奔赴前线的队伍提供了射击训练场所。罗斯兰农民组织也捐赠面粉,以缓解战争带来的"需求和痛苦"。所有这些行为在这个公众支持及团结决定成败的时刻强化了国家的概念。

但是公众对战争的回应超过了对胜利的需要。这其中还有与那些"人民"和"民族"相关的情绪的释放,从而通过定义哪些人属于民族之内,重新描绘了社会的边界。在表达对国家始终不渝的支持的同时,这些地方居民也在通过重新定义谁才真正属于"人民"这个问题,来挑战代表国家的公众的概念。这项研究的第三个城市是爱尔兰罗斯康芒县(County Roscommon)的波义耳(Boyle),那里对国家提出了更大的挑战。大多数公众对战争动员表现出的不是热情,而是恐惧或冷漠。公民都否认国家领导者宣称的英国代表他们的言论,对国家的动员也无动于衷。

劳森的研究利用了社会的边缘角落来研究国家和其试图管理的人民之间的关系。这个话题在社会科学,特别是在国内社会以及民族主义的研究领域内已经是核心问题了。对此劳森研究的贡献在于,关注这三个边远城镇后他发现了社会力量引发的行为,即使只是在相当边缘处或者表面上全力支持国家,也可以重新界定社会边界。如此一来,这种行为改变了社会,重新定义了内部和外部人民,也改变了国家的代表意义,或者按照劳森所言,国家更应该是从属于民众的。

在帕克城,在美国加入战争后不久的一次爱国会议上,参与者询问了那些移民群体,特别是那些来自奥匈帝国的、地方报纸称之为"奥地利成员"的群体,以确定他们的忠诚度。事实上,界限在这个时候已经画出来了。随后发生了一系列针对那些被质疑的移民者的暴力行为。一位历史学家记录了发生在整个国家的这种行为:"那些人被随意鞭笞、殴打、涂满柏油粘满羽毛、羞辱并处以私刑。"帕克城一名"外来者"的名字在"第四次自有公债"时被故意写入逃兵名单中。尽管这个人买的公债可以作为他清白的证明和保障,但是他还是受到虐待并最终逃离了该镇。

劳森认为,这种处理不只是针对"外来公民"(地方报纸这样称呼他们),还针对那些故意反抗国家参战或者反抗地方层面重新诠释民族的人。反对者讨厌对普通公众的抗辩,如"如果你没有买过(自由公债),那就只有一半的所有权,不能向国旗脱帽致敬"[①]。劳森这样评论:

> 国旗以及民族-国家可能代表的所有权根本不是个人的延伸。你也可以这么认为,这暗示了个人、民族以及国家的概念分离的优越性,因为国家本身一直被简单地当做个体以及共同的民族身份的表达……与这些完全相反的一面是,有些相对较少的个体,并没有完全认同国家或者民族,或者不知所谓的反对参加战争,他们将自己的感觉表达出来或者拒绝共同牺牲是需要冒很大风险的。[②]

劳森所说的"强迫的美国主义"(Enforced Americanism)在帕

---

① Lawson, "War at the Grassroots".
② Ibid., pp. 126 - 7.

第一章 "社会中的国家"研究路径:一个新的国家定义及超越狭义建构的严谨

克城首先针对的是那些被认为不忠诚的人,继而扩大到"外来居民",并最终扩大到世界产业工人组织(Industrial Workers of the World,IWW)中的激进分子。在罗斯兰,情况也没有好到哪里去。"敌对联盟、偷懒者、逃兵、拒服兵役的人以及激进的工人煽动者是这些[被排除的]群体的首领。"①"外来者"在帕克城也被当做移民,遭遇了相同的仇视。而且在爱尔兰波义耳,战争反映了一种更加根本的社会边界重置,注定了英国将作为爱尔兰人民的代表。在那里,战争导致了"重大的政治变革以及民众重组。战争强调了爱尔兰社会中现存的爱尔兰民族主义的意义、现状以及内容的不同"②。

简言之,第一次世界大战促使国家通过强调人民本身体现的意义,即劳森上面所说的个人、民族以及国家的概念分离的优越性,来动员大后方的民众。他们要求群众在国家艰难时期应同心协力共同行动。他们需要社会共鸣,但是他们也不经意间表达了"国家究竟代表谁"这个观点。在他研究的三个国家中,劳森发现"为了建造、塑造并巩固定义民族的社会边界,那些被认为是这些民族边界之外的群体和个人往往被排除在参与相同活动的公众之外"③。这种排除在以下两种情况下都会出现,一是社会中的大部分人群积极回应国家的请求时,比如在美国和加拿大,另一种是其反对国家的请求时,比如在爱尔兰。

---

① Lawson,"Wars at the Grassroots,"p. 174.
② Ibid.,p. 258.
③ Ibid.,pp. 263-4.

结 论

我重述要点的这三个研究之中的关键问题是种族冲突、司法制度不断增长的权力,以及国家和民族之间的复杂关系,三者在其他社会科学著作中也引起了相当的重视。奥·默楚、伍兹以及劳森将一些新的、启发性的观点引入了他们的课题之中。比起其他标准工作,他们将国家作为一个更加实验性的、受限的实体来处理。奥·默楚和伍兹发现国家内部也有一些反对国家的行为。两个研究中都发现了社会群体和国家某些部分之间的关键联合。这种联合的行为淡化了国家领导者倡导的公众-个人(public-private)的分离,而恰恰是包括英国海外公务员以及以色列法官在内的领导者,在致力于这种淡化行为。劳森的三个案例都阐明,即使依靠国家的统治形象,引导公众按照他们的日常声明去做,以国家的领土边界来代表人民和民族仍会出现很多问题。即使人民的行为加强了国家的一致性以及英雄式的形象,这种行动最终依然将会以新的入选与排除标准的建立而告终。有趣的是,边界意义往往与国家官员设想的战争动员的意义并不一致。

每项研究工作都使用了"社会中的国家"(state-in-society)分析路径,而且效果很好。本书后面的部分回顾了此方法的发展,特别是社会科学的重要文献对此分析路径的启示。第二部分"重新思考社会和政治变革"中的两章,详述了将社会当做一个混合体网络,而不是以国家规则制定机制为首的金字塔型结构的想法。第二章中指出了这个网络的隐含意义,使我们借助规则制定的多个主体及其之间为了取得支配地位而进行的公开和秘密冲突来对社会进行思考。第三章将国家置于一个更广义的国际和国内限制力量之中。这个环境也帮我们解释了国家领导者常常削弱他们自己建立并期望其成为强势国家根基的国家机构的矛盾现象。

第三部分是"一种过程导向的研究路径：建构国家和社会"，以第四章中讲述的"社会中的国家"模型为起点。该章区分了支配的概念，将其分为"整合的"以及"离散的"支配。该章还分析了国家以及社会内部成分之间的相互影响，特别关注了在隐藏的联合的作用下，二者是如何同时向某一趋势转变的。第五章考察了国家形象（image）是如何产生并维持的（即便这样，我在写那部分时也没有用"形象"这个词）。该章关注了仪式的使用、法律的角色，以及采用那些未经国家立法或强化的、用以保证国家形象完整的手段制定的规则建造的公共空间。

在接下来的章节中，我尝试建立现在被社会科学家普遍称做微观基础（micro-foundation）的理论。就像标题强调的那样，很多同时期的理论都陷入了自己构建的严谨却狭窄的世界体系中。我认为这个问题一定程度上源于标准理论的微观基础，这个基础将个体看做统一的个性，在明确的排好序的偏好驱使下实施一致的行为。这种对个体的理解源于根深蒂固的美国心理学。这种心理学基于未公开说明的预设的自由假说，认为个性发展来自对个性一致化造成的威胁的困扰，或者说某种不和谐因素所带来的焦虑。在第六章，我批判了在第三世界国家早期最重要的研究中对个体的假设，特别是个体一致性和完整性的假设。这里有必要再说一句，这些同样限制性的假设现在仍然充斥着很大一部分文献，特别是理性选择方面的论著。这一章对个体提出了一个不同的概念，我认为这个概念可以使得研究者跳出标准实证主义理论的框架，并向一种过程导向（process-based）的研究路径迈进。本章抛弃了物质主义或者方法论个人主义（methodological-individualist）的方法，而是提出一种以个人行为不一致为基础的模型，这个模型取决于行为环境——我称之为融合的个性。这个模型指向了在国家和其他社会机构斗争的环境中，个体所要求的矛盾的原则和价值。

这本书的最后一部分，旨在分析学者对国家的构想。这个部分的两篇文章为上面我提到的国家的新定义做好了准备。首先是第七章，其中阐述了欧洲国家是如何被社会科学家们扩展为第二次世界大战以后出现的新国家的。文中指出，在这个从欧洲视角出发的观点中，国家的本体论状态需要被另一种观点替代，即国家不可被当做"万能假设"处理，其对社会政策的影响以及重塑社会的能力存在很大差别。第八章解释了我之前提到的一些名词的含义。在这里，我提议在过分强调结构因素的制度主义分析中加入文化变量。通过这些行为，国家对其公众提出集体意识。机构以及符号都是社会持续再造的核心。但是，关于国家整体、国家部分、其他社会机构中何者才能定义并发展社会集体意识的形态的争论，远未结束。

第二部分

重新思考社会和政治变革

第二章 国家与社会的关系模型

绪论：国家影响社会的观念

第二次世界大战以后，亚洲和非洲的帝国以惊人的速度解体，向世人显示了隐藏在穷困和受剥削人民背后的政治力量。一些有胆识的领导者，如莫罕达斯·甘地（Mohandas Gandhi）、克瓦米·恩克鲁玛（Kwame Nkrumah）、加梅尔·阿卜杜勒·纳赛尔（Gamal Abdul Nasser），以及一些无实体的政治机构，如印度国会中成立的机构、阿尔及利亚的民族解放阵线（National Liberation Front，FLN）、越南共产党（Vietnamese Communist Party）有能力推翻权贵的统治。因此一个帝国也不是固若金汤，就像格列佛面对众多小人国居民时那样。①

---

① 该比喻出自英国著名讽刺小说家乔纳森·斯威夫特（1667—1745）的《格列佛游记》第一章。该章描述了英国探险家格列佛在小人国的游历见闻。此处指格列佛虽比小人国居民大很多，但是仍常常寡不敌众，处处受迫。——译者注

甚至对于那些避免进行激烈反殖民斗争的第三世界国家领导者来说,这些在遥远的印度或阿尔及利亚发生的事件也给他们以信心,使他们相信独立后集权化和动员性政治可以在该国推行并将发挥重要作用。

然而,西方帝国霸权不只是殖民地向主权国转变路上的绊脚石,同时也是值得效仿的模型。这些新国的创始者的目标很大程度上借鉴了已经成功的国家以及19世纪处于主导地位的欧洲民族主义思想。① 亚洲和非洲的新任领导者开始逐渐认为,他们的国家像西方以及社会主义阵营国家一样,有能力塑造自己的社会——即推动其经济由农业化向工业化发展,培养高素质的劳动力,并引导公众放弃过时的观念。即使在整个20世纪50年代很多国家机构极度弱势和腐败的拉丁美洲,一股"做得到"(can-do)的精神紧紧抓住了那些立志成为国家领导者并希望建立有效的官僚国家机构的人。事实上,由于国家机构希望建立一个新的社会秩序,并为人们在各行各业提供一个能施展才华的统一渠道,它逐渐成为焦点。国家早已注定成为新工匠手中的斧凿。

原统治者(殖民者)的另一个文化假象,即20世纪50—60年代的西方社会科学,也强化了第三世界国家对于国家机构创造力的巨大期望。这些学术著作描述了统一的中心吞噬弱小边缘,大传

---

① 如 Benjamin Neuberger 的两篇文章:"The Western Nation-State in African Perceptions of Nation-Building," *Asian and African Studies* 11(1976), pp. 241 – 61; "State and Nation in African Thought," *Journal of African Studies* 4 (Summer 1977), pp. 198 – 205。

统同化小传统,现代国家以及类似机构重塑以前的传统社会,所有这些都引起了反响。在 80 年代,另一波"将国家带回来"的社科文献浪潮也带来了新的信心,即自主国家可以为实现自己的社会和经济变革的目标,而从强大的社会群体中独立出来。20 世纪后 50 年的各种文章、书籍和讲座也一次又一次地佐证了这样的观点:政治对于公众的影响非常接近于决策者在创立新法律、程序和机构的过程中想要的效果。西方思想家的观点促成了对亚洲、非洲和拉丁美洲新建和重建的国家能力的预期。

本章中讨论的"社会中的国家"的方法讨论并质疑了第三世界及其他地区国家权力的信心问题。这使得社会科学家重新对国家如中国、印度、埃及、俄罗斯和美国的特征和能力进行了评估。学者们指出国家的潜在能力很少能转化成有效的行动。

不可否认,即便是最弱势的国家也对社会生活的各个层面产生了持续且深远的影响。但是很少有国家有能力引导这种影响从而建立起集权化的政治以及高度统一的社会。政治问题不单单是政治不稳定性因素之一——比如事实上很多弱势国家的领导者使用了一些计策,使自己连续多年连任——除此之外,它还会严重限制国家按计划管理和改变社会的能力。

早期对于现代国家重塑传统社会的形象是基于某些前提假设的,即政治在社会组织中的作用以及社会和政治变革的态势。接下来的部分将会检验某些关于秩序和变革的前提——这些前提大多在同时代的研究中被各种方式所认可。然后,本章将展示对政治在社会中作用的另一种理解方式,并用一个模型说明如何切入社会变革这个问题。

通过社会的二分选择模型解释秩序和变革

20世纪50年代和60年代最早期的理论中存在一个奇怪的现象,即在讨论国家-社会关系时根本没有提到国家。国家更多的是个假想概念而不需要解释。社会科学家认为其从属于以相似思想连接的更广义机构排布的概念之中,如大传统、城市社会、现代部门或者中心。因而国家是否真正自主——即是否追寻其自身本质而不是其他社会群体或者混合群体的目标——并不是一个有意义的问题。一般普遍认为,现代化领导者的成员(来自政治、经济、社会和宗教的精英)拥有相同的价值观念和目标。现代部门和传统部门的区别(或者社会科学家使用的相似二分类中不同成分的区别,如中心-边缘)为理论家描绘了社会变化的主要轮廓。多数学者认为,社会变化会导致现代部门的力量逐渐增强:使其可以征服传统部门固执的信仰和结构。这种国家形象表明中心地区的现代化精英将形成一个滩头阵地,向外推进,从而转化传统边缘的敌对地区。这些政治组织将与教堂、实业公司等联手组成先遣部队,即强大的现代化中心。

中心-边缘模型

由于大多数文章中默认了上述国家角色,在该模型中处理秩序和变革时所做的前提假设是由社会学家而非政治学家提出的也就不足为奇了。爱德华·希尔斯借鉴了马克斯·韦伯以及塔尔科特·帕森斯的思想,在30年的时间中写作了大量关于此模型的文章①。这些文章均值得一读,这不仅因为希尔斯对于社会科学产生了个人影响,而且因为在这些书中,他为我们清楚地解释了隐含在中心和边缘、现代和传统,以及其他模型分类之间的关系。那么希尔斯所说的中心和边缘究竟是什么呢?事实上,他从未给出过一个精确定义,但是从零星几个论述中我们可以描绘出现代中心的一幅完整图像。中心由三个主要部分组成:价值观和信仰、制度以及精英,三者结合得天衣无缝。

价值观和信仰——希尔斯称之为中心价值体系——形成了人民尊奉的神圣的核心以及精英们依此行动的基础。希尔斯认为中心不仅仅是对声明和未声明的行为的随机收集,还是需要通过正规和规范的术语规定的"用以管理社会的标志、价值观和信仰的**秩序**"②。因此,除了通过区分中心和边缘为社会勾画出一个可辨别的形态之外,希尔斯更渴望阐明中心的内在结构,这些结构即便在内容上不可比,也要在形式上可比。最终确定就是这样一种不可再细分的形式和秩序将中心的价值观和信仰联系起来。

中心的第二部分是机构。这是行动的重要领域。办公单位、任务以及机构表达了中心价值系统的内在秩序。没有任何一群人有完全统一的价值观;机构的各个部分在整个社会中实现了中心的价值,其职能是社会变革的动力。希尔斯的中心是活跃且激进的;它的制度网络不仅体现了也同时深化了中心的价值观和信仰。他写

---

① 大多数这些文章收录于 Edwards Shils, *Center and Periphery* (Chicago: University of Chicago Press, 1975)。也可参见 *Political Development in the New States* (Paris: Moution, 1966)。

② 参见 Shils, *Center and Periphery*, p. 3(强调是我加的);亦可见 pp. 48—9。

道:"中心是由那些在经济、政府、政治、军事等各个领域行使职能并创造和传播文化标志(宗教、文学等)的机构(和角色)组成的。"①

除了价值观和机构(希尔斯也称之为符号及办公单位)这两个组成部分外,那些办公单位中的人在中心价值体系中扮演精英管理者的角色。精英的标准则形成了其权威决策。这样,精英就与中心价值观(其标准)和机构(其手段)紧密联系起来。某些时候,希尔斯简单地将精英(或者精英中的单个成员)与职权等同起来,而在另一些场合,他更广义地将中心作为社会职权的储库。一个中心必须具有十分重要的职权成分,它可以不顾社会中其他部分的不同倾向和偏好而执行其决策。精英和机构的整合形成了中心的能动性,其不断传播价值观和信仰的驱动力和压倒性的实力,三者共同作用,对边缘进行重塑。事实上,对于职权的需求也意味着中心的价值观并未获得一致认同。边缘涵盖了不同的习惯、价值和信仰。而职权的作用则是将中心向边缘扩大。中心通过其制度以多样化的奖惩方式来促进其决策和价值观的普及。

在希尔斯的分析中,边缘非常忠实地扮演了一个外围角色。虽然他将边缘描述为高度分化的,但是这种分化似乎根本没有引起他的注意。在他看来,边缘的变革可能影响中心的本质和能力的事情是根本不可能发生的。希尔斯对社会的理解基于中心的活力和能动性,而边缘则处于被动的接受地位。于是这意味着所有的社会转变过程均是一致的,即边缘的结构属性和信仰似乎无关紧要。而中心则是社会科学家最关心的部分,因为它们具有整体

---

① 参见 Shils, *Center and Periphery*, p. 3, p. 39(强调是我加的);亦可见 pp. 48—9。

性、统一性和政策制定能力这些边缘所不具备的性质。

尽管每个社会的一致性程度不尽相同,理解一个稳定社会的核心点在于中心,一个可以将各个具有独立组织和规则的部门的精英集合起来的中心。只有这些精英的价值观念的核心秩序一致,才能产生足够统一的职权,从而将社会各个部分连结在一起,而这才是希尔斯提到的社会的整合。中心的精英通过统一的形式同化各种人群、规则以及角色,从而将社会整合为中心。精英构成了统治阶级,而国家则是这个阶级的政治援助。

一致性或亲和性这个元素是希尔斯理论中的一个强有力的假设,因为它不仅向我们解释了社会是如何结合在一起的,还阐明了整个社会是如何变化的。政治机构制造的规则以及其他中心机构要求遵守的标准共同构成了可行的行为规范。此边界外的其他习惯和行为必须在正确的奖惩措施下进行变革以符合中心的制度。

模型中存在的问题:由希尔斯等人提出的社会和宏观社会变革的中心-边缘模型被各个领域的社会科学家所接受。这些模型简洁优美,还在持续吸引更多研究者,但是同时也有很多零星的著作对模型的各个方面进行质疑。很多读者对相似二分类模型中某些根深蒂固的西方偏见提出了质疑。希尔斯对偏见的态度比其他任何人更为直接:对他而言,"历史的发展或演进"是通向现代化的过程。希尔斯写道:"现代化需要民主,而新国家中的民主必须首先平等……现代化即是科技化……现代化要求国家主权独立……现代化即是像西方这样。"[①]现代化价值创造了中心一致性的基础,

---

① Shils, *Political Development*, pp. 8-10.

即现代化部门。学者们逐渐开始对此观念感到不安,因为这种想法最终必然导致向西方社会发展的大尺度变化。学者们指责希尔斯等人对于社会和政治的变化缺乏远见。

学者们也同样质疑这个已被接受的强大的、现代化的中心能否准确描述第三世界和其他国家的情况。希尔斯也认识到这些强有力的中心所存在的矛盾,当把他的模型应用于社会中时,便不再适用。他不得不承认,亚洲和非洲的很多国家"由于**还没有**有效的中心,因此**还没有**成为现代化的社会"①。除了借助无根据的目的论在问题还没有完全提出的情况下就给出了最终答案外,对于"还没有"的强调也承认了中心-边缘模型还不足以描述此时此地的情况。于是我们仅剩下了中心这个工具,然而希尔斯告诉我们其假设的情况不足以应用在我们正研究的社会中。希尔斯指出,第三世界国家的社会常常缺乏现代化模型中重要的一致和整合,因此该模型并不能代表实际社会,而仅仅是试验的社会模型。其他学者甚至已经将此延伸到同时代的西欧,认为在那个多种不同价值体系融合并得以维持的时代,中心可能也不会在现代社会中那么有效并处于主导地位。② 查尔斯·蒂利(Charles Tilly)也写道:"从历史上看,1500年及以后的欧洲人并没有像通常一样从一个强组织化的中心向一个弱组织化的边缘扩张。"③

---

① Shils, *Center and Periphery*, p. 44(强调是我加的)。
② Suzanne Berger and Michael J. Piore, *Dualism and Discontinuity in Industrial Societies* (Cambridge, MA: Cambridge University Press, 1980).
③ Charles Tilly, "Reflections on the History of European State-Making," in Charles Tilly (ed.), *The Formation of National States in Western Europe* (Princeton, NJ: Princeton University Press, 1975), p. 24.

直到20世纪七八十年代,对中心-边缘模型和现代-传统模型的批判盖过了这些模型对国家的武断处理方式。社会科学家指出,国家机构在制定和执行规则、影响社会的基本结构时,可能扮演了特殊的甚至自主的角色。不同的部分并没有像希尔斯等人设想的那样轻易地融入中心。事实上,在希尔斯的书中,国家是在不知不觉中再次出现的。意外的是,在发表了三篇关于中心和边缘的主要文献后,他提出了"政府中心的显著性"[1]。

国家和社会:机构混合体

在从现代-传统模型向中心-边缘模型小心转变的过程中,政治学家重新审视了国家,这次的着眼点不是其正式的法律模式,而是其对于社会的作用,他们指明了国家在其发展的各个领域中试图扮演的领导角色。但是20世纪后几十年的著作在关于国家本质的问题上却出现了双面的描述,比如,那些记述法团主义和官僚威权主义的学者将国家描述成一个自主且有效力的,甚至是社会中主要的创造性群体。[2] 而另外一些学者更愿意将强势的国家描述为虚幻的而不是现实的。后者着重评述了国家倒霉的和经常搞砸事情的本质,强调了国家在实施其宏伟蓝图时的不稳定性和无

---

[1] Shils, *Centers and Periphery*, p. 74.
[2] 如,参见 Frederick B. Pike and Thomas Stritch, eds., *The New Corporatism: Social Political Structures in the Iberian World* (Notre Dame, IN: University of Notre Dame Press, 1974); and David Collier, ed., *The New Authoritarianism in Latin America* (Princeton, NJ: Princeton University Press, 1979)。

效性。① 相对于推测"尚未"发生的事件,他们更加关注的是目前的事件及其趋势,并针对具体案例研究,反复强调大多数国家的无组织和衰弱状态。为了检验国家真正扮演的角色,我们需要一套完整的方法将特定形态的秩序以及社会变化过程维持为一个整体。参照希尔斯的例子,我们必须构建一个新的模型并避免犯和希尔斯一样的错误。为了理解社会究竟是如何维持和改变的,我们应当从能够实行社会控制并使个人意愿服从它们所规定的行为方式②的机构开始。这些正式或者非正式的机构小到家庭、邻居,大到实力强大的外资公司,它们运用各种各样的奖惩手段和符号,引导人们的行为遵循其游戏规则。这些(没有问题的)标准和规则定义了什么是可接受的行为,比如应该在多大年龄结婚,应该种什么粮食,应该说什么语言,等等。

在过去的五百年中,世界的最大变化就是大多数社会中的社会控制(权力)分布发生了根本变化。从前不同的部落(或地区)采用各不相同的标准,但是这些标准现在已经被国家破坏。那些运营(或者试图运营)国家机构的人想尽了一切办法来制定一套主导的甚至常常是唯一的规则。事实上,我们可以说"国家的理念"就是通过法律法规在一个既定的领土上强迫推行一套单一的、法定

---

① 如,参见 Samuel P. Huntington, *Political Order in Changing Societies* (New Haven, CT: Yale University Press, 1968); and Gerald A. Heeger, *The Politicas of Underdevelopment* (New York: St. Martin's Press, 1974)。
② "社会控制"是个广义概念,而且可以与诸如"权利"之类的概念互换。它表示"A 可以使 B 不得不做某事的情形",引自 David A. Baldwin, "Power Analysis and World Politics: New Trends Versus Old Tendencies," *World Politics* 31 (January 1979), pp. 162-3。鲍德温指出,表述出这些概念的定义域和范围很重要。定义域的问题(谁影响谁)将是后面讨论中的核心问题。定义域(对于某方面的影响)包括了特定社会中的所有个体的社会行为。

的、有效的且已被各个国家机构所认可的行为准则。当然,只要我们想想一元论中某些城邦国家的例子,就会发现达到统一规则这个目标其实并不新奇。而当今时代的不同之处在于国家领导者如何在如此广阔的疆土上强制推行一套规则,以及这个目标究竟能达到何种程度的统一。虽然在社会变革的过程中几乎没有一致性,但是这个问题仍然可以在广义上进行概括。直到20世纪中叶,地球上几乎每个社会的政治领导者都宣称"国家的理念"的正确性,并建立起一个国家机构,用以制定规则从而管理人民的生活细节,或者决定哪些机构可以制定这些规则(再监管这些机构)。

但是成功实现这个目标却似乎是遥不可及的。政治领导者们在推行这种社会控制的过程中遇到了巨大的障碍,并常常以失败告终。其他社会组织的领导者不愿将他们的特权和制定规则管理公众生活的权力拱手相让,这些正式或非正式的社会组织与国家的其他组织通力合作,有时甚至与被围困的国家首脑联合,同国家的官方法律法规针锋相对。在国家-社会分割与这种联合交汇的过程之中,国家各个分支的参与就是国家的实践,"国家实践"可能直接违背"国家理念"。确切地说,近代历史上的居于中心地位的政治和社会剧本其实就是国家理念和其他意图不明的社会组织(它们很好地涵盖了国家自身的某些部分)之间针对社会应该如何管理这个问题的斗争。这个争端涉及谁应该制定规则,谁拥有使用社会财产和资源的资产权,公众将采用哪种价值体系来解释自己在世上的地位。

当从整体上处理社会变化以及秩序维持的关系时,学者们需要一种方法来完全消除这种对社会控制的斗争。我现在提出的模型是社会中的国家,它将社会描述为一个社会组织的混合体,而不是一个二分类的结构。各种组织形式,包括国家理念以及其他形式(有可能包括国家的某些部分)各自单独或者联合起来为每个个体提供个人的生存策略,对于某些人来说也是上进的策略。个人的策略选择取决于机构给予的物质刺激和施加的政治高压,以及机构规定的社会生活应有的符号和价值观。这些标志和价值观或加强了社会控制的形式,或提出了新的社会生活形式。实际上,每个社会都在进行这种斗争,社会不是稳定的形式,而是在对社会控制的斗争中不断调整平衡的。

不可否认,在某些情况下,理想型的国家可能制定并强化很多社会规则,也可能在教堂或市场等其他机构中挑选并委任出某些权威。但是,在其他社会中,社会组织为了提出不同的游戏规则或策略而进行着激烈的竞争。其中,社会组织混合体的标志就是斗争的环境,即对于公众进行社会控制的激烈斗争。国家是这种斗争环境中的一部分,而国家内部的某些部分也与其他部分进行斗争。这可能是家庭之间对于教育和社会化规则的斗争,可能是民族之间对于领土的斗争,还可能是宗教机构之间对于日常习惯的斗争。在 20 世纪初期,土耳其的穆斯塔法·基马尔(Mustafa Kemal)就曾和宗教组织争执男人究竟是否应该戴有沿的帽子。由于这种小冲突总是不断发生,这个问题也就不像其所表现的那样无关紧要。这个斗争实际上关乎谁才有权利和能力来制定社会规则。

在大多数第三世界国家,这类斗争在 20 世纪 80 年代尤为明显,国家会面对多种坚持争取规则制定权的社会组织。这些积极参与斗争的机构可能包括家庭、宗教组织、跨国企业、国内企业、部落、政党以及庇护组织等。为什么国家领导者甘愿面对这些敌人，接受他们言辞或者行为的挑战，为最终获取规则制定权而斗争呢？毕竟，中心政治机构并不是经常处于这种主动攻击地位的。这种多阵线的斗争可能会很轻易地消耗国家的力量并最终推翻它。

我们可以从世界系统的特殊性质中找到问题的答案。世界系统是这些斗争的背景，并形成了每个国家的第二层联系。每个国家不仅是国内混合体的机构之一，也是世界上全部国家所构成体系的成员之一。从第一个层面讲，社会的角色地位与国家是相互依存的。自15—16世纪以来，西欧开始出现现代国家，这些国家对其他政治形式产生了巨大的威胁。它们在为战争或其他目的动员和组织资源上显示出难以置信的优势，从而给其他政治实体的生存带来了威胁。只有那些自身能发展出类似国家机构的社会才能免于被这类国家征服和吞并。为了使自身保证足够强的影响力，国家必须不惜一切代价消灭领土中其他社会组织以扩张自身的规则领域，从而在强敌环伺的环境中生存下去。

国家逐渐增强的社会控制如何能够在国际舞台上大展宏图？国家的生存能力取决于多种因素，包括领导者的组织能力、人口数量、可用和潜在的物质资源以及更大的国际格局。但是在为国家积攒实力的过程中可能没有一种能力比动员公众的能力更为重要。[1] 动员

---

[1] 克拉斯纳(Stephen D. Krasner)很好地阐述了此观点。一个国家在对外关系中的强度取决于其社会本身的强度。他也提出了"国内经济制约国际经济的杠杆作用"，见 Klaus Knorr and Frank N. Trager, eds., *Economic Issues and National Security* (Kansas City: Regents Press of Kansas, 1977)。不可否认，国家处理了两个不同的领域，国内的社会控制不能完全和直接替代国际上的国家权力。不过，这种社会控制即便不充分也肯定是国际上行使权利的必要条件。

就是引导公众形成专门的组织框架,从而使得国家领导者建立更强大的军队,征收更多税收并完成其他各项复杂工作。

因此不难理解欧洲最早的现代化国家的发展需要建立三个国家核心分支:一支常备军、一个高度发达的税收机关和一套延伸扩展的多级法院系统。在法院制度范围内,国家法律取代原有的或封建的法律成为核心内容并得以推行,引导公众不再遵循地方权贵的指令而是按照国家领导者希望的方式行动。换句话说,法院和警察以及所有其他为法院工作的机构通力合作,形成了将社会控制能力转向国家的核心机制。因此有抱负的领导者若要成功,必须成立一个组织体系,使得其中的法院、警察和其他机构的工作人员可以遵循他的指令,而不是他自己在各个部门的岗位上挂上闲职,遵循不同的规则行事。法院在其扩张的范围内发动公众服役或者经济上支持常备军(或其他任务)可能是在不断增强的国家社会控制中唯一不受限制的。因此社会控制成了社会各个机构之间竞争的筹码。随着社会控制的增强,国家可以有效地动员公众,在对抗外敌时获得强大的力量。从内部来看,国家职员可以在那些能够自己制定规则的社会团体中获得自主性。他们可以构建复杂、协作的机构来确立这些规则,并且通过垄断所有强制性手段来保证其他群体不能干涉国家规则。社会控制的升级由三个等级指标来反映:

服从:在初级水平时,国家的强度取决于公众遵守其要求的程度。服从常常是受迫于最基本的惩罚或武力的。地方警察由谁掌控常常是获取社会控制分布的最主要问题。对于其他资源和服务的分配范围的控制能力也决定了国家所要求的服从程度。

参与:国家机构的领导者寻求的不只是服从。他们也通过组织公众在国家机构制度范围内完成特定任务来增强实力。实际上,领导者可能希望农民将农产品销往国家合作社,或者是卖给拥有国家执照的诊所,而不是未经注册的商贩。

合法性:合法性作为决定国家强度最强有力的因素,比服从和参与的范围更广泛。合法性是指,认同国家的游戏规则和社会控制是真实且正确的,认同国家理念下的象征秩序是民众自己的价值体系。尽管服从和参与可能是公众在面对一系列奖惩措施时的实际反应,但是合法性却是认同奖惩赋予的象征意义。这是对特定社会秩序的普遍接受。

冲突环境中的国家理念的力量很大程度上取决于国家机构实施的社会控制。社会控制越强,国家领导者越能得到更多的筹码——即,服从、参与、合法性——从而实现其目标。其他社会组织的领导者拒绝国家宣称其支配性地位,并竭尽全力寻求社会控制。他们可使用服从、参与、合法性这些同样的筹码来保护并强化自身的领域,从而决定社会生活的秩序以及游戏规则。他们也可以成为国家自身的官员或者与这些官员结盟。没有人能够保证国家可以按照自身的理念像一个完全统一的组织一样行动。实际上,国家在运作时可能会支持冲突形式的社会控制。

国家受到的制约

就像早期学者为现代部门或中心的能力所吸引一样,当今很多关注宏观层面的政治和社会变革的学者已经为国家的权力所吸引。当需要分析对国家主导地位的威胁时,我们会很自然地关注那些组成其他国家领导力的竞争者对中心权力的制约。

由于国家具有明显的相对优势,因此大多数社会科学家并未分析国家与其他社会组织的斗争结果,就认为国家的主导地位无需怀疑,某些社会角落机构的领导者甚至对中心权力根本不抱希望。毕竟,国家领导者可以从国际环境的标准(由联合国制定的条款约束)中获得援助。这些标准赞扬了国家在为女性地位、儿童监护、健康以及生育等问题制定规则时所发挥的作用。另外,国家常常是最大的雇主,其持有的国民生产总值(GNP)份额高于社会中其他任何机构。国家不仅在管理中投入很多奖励,而且用于维持军队和警察机构的预算部分也很庞大。

地方控制的存续

但是,冲突环境所造成的恶性循环可以重塑国家性质及其政治实质。为了巩固实力及自主性,国家必须加强社会控制。但是国家若不能动员公众、调动物资并将其投入到随社会控制而产生的特定任务的框架中,在为国家中的个体提供多种社会生存策略时就会遭遇巨大的困难。通过使用多样的奖惩措施,其他社会形式也可以组织资源进行选择性激励,从而构建其他生存策略。简单来说,国家领导者发现,尽管在管理和组织过程中有很多账面财产,但是在使公众放弃某些组织提出的相左的现存策略时,他们还是缺乏必要资金。在重塑社会的过程中,"边缘"比希尔斯以及后来学者认为的"国家"更为重要。其他的社会组织通过他们动员的资源以及合法行为,利用国家中的某些职位甚至整个官僚机构来发展自己的规则和价值。

国家丰足的资源和人力的确对社会其他部分产生了重大影响，但是这种影响常常在国家领导者的意料之外。其他机构通过动员部分人群得到的社会控制使其拥有了足够强的实力，甚至可以对国家的地方政治代表或者甘愿服从法律法规的官僚造成相当的威胁。因此国家官员常常进退两难，一方面要服从国家首脑关于如何使用资源的明确指令，另一方面还要承受来自其他社会群体对不同特权要求的压力。为了避免损失，地方权威可能寻找机会为其自身发展甚至政治生存而进行斗争，大多数时候国家公务员会向地方大人物妥协。在多数情况下，国家资源会对地方社会产生深刻影响，但这却是以消耗国家实力为代价来强化地方社会组织的。

那些不执行国家领导者制定的国家资源使用规则的人已经遍布国家的各个地区。而国家领导者的规则包含在严格监管国家资源流向的官方政策之中。我们不禁会将偏离规则的行为看做腐败，似乎这个问题只不过是权力分布监督中的一个缺陷。事实上，大多通常被称为腐败的行为并不仅仅是个人将国家资源装入自己的口袋，它也可以是遵从了国家以外的其他机构建立的不同规则的行为。比如说裙带关系虽然违反了国家法律，却可能是家庭或宗族内部的重要标准。招募哪些人参加国家工作暗示了现行的游戏规则。这个问题超过了国家技术监督的职能范围，以至于不能对裙带关系或者其他侵犯国家规则的行为进行阻止。这种越权行为反映了国家领导者在某些范围之外的社会控制，使其能够对国家，或者至少是国家的某一分支的行为进行重塑。即使在最边远的地区,国家也会产生巨大影响。若没有国家的作用,有时很难想象某个地方将如何发展。边远村庄享有国家经济扶植的政策、道路、饮用水、国家税收员、贷款、市场合作、学校、赞助的避孕用品、电力、卫生保健等等。但是,国家领导者可能根本没有想过国家"好处"的分配、税收的征收以及暴力的使用,更不会想到社会结构可能的结果、村庄中有影响力的领导者或者社会控制的分布。

缺乏强大的政治根基

如果没有实力动员村庄和城镇中的群众,国家还将面临另外两个困难。第一,可能缺乏足够的政治根基,以至于在总体层面上不能推行政策以反对社会各部门中现有的权力分布。[1] 国家的税收、定价、首要投资以及福利政策深得权力部门支持,因此若没有足够的社会控制,国家将不足以自主打破这个模式。第二,国家若没有足够的权力基础,大到社会小到国家众多分支之中那些有组织背景的机构,便会将其看做极诱人的奖赏。不过这种奖赏常常只是空想,因为那些领导者渴望占有的并不是拥有可以按照他们的目标改变社会的能力,而仅仅是其他人觊觎的宝座。仅仅为了保住他们的位置,他们必须采用可以独占权力的手段来达到他们最初的目的,而实质性的政策问题却被推到从属地位。如果不能动员持久且有组织的内部支持,弱势国家的领导者就必须迅速转而关注如何执掌权力并保住权力,否则其他团体就会设法取代他

---

[1] Michael Lipton, *Why Poor People Stay Poor: Urban Bias in World Development* (Cambridge, MA: Harvard University Press, 1977), p.13.

们。在这种情况下,领导者的政治生活虽然不一定短暂,但是一定是卑劣且凶残的。若国家首脑没有参与到政治之中,那么毋庸置疑,那些在远离国家首都的地区任职的国家下属官员可能会面对来自地方的那些使用完全不同于国家规则的强权人物和组织的巨大压力。

结论:研究的新方向

即使在那些其他社会组织掌握重要社会控制的社会中,国家仍旧是主要存在形态。在某些方面,比如与他国外交、处理跨国问题、维持社会中不同部门间的和谐,国家常常具有内在优势,发挥主要作用。在其他任务上,如征收出口税、处理专门的转移支付等,国家可能不需要处于主导地位。关注这些方面问题的社会科学家强调了国家对此的领导力,尤其是其扩大的官僚系统、将国外私人资本引入地方企业时所发挥的作用以及通过合作等手段来维持社会和谐的能力。但当社会政策要求大部分公众改变行为时,国家就远没有那么有影响力了。[1] 墨西哥政府曾经在调控资本权益分配和外商独资公司的活动时取得重大成功,但是同样是这个政府,在 20 世纪 70 年代乡村地区实行"给穷人合理价格"的政策

---

[1] 鲍德温的观点可能会引起那些描述合作主义和官僚权利主义的学者的关注。鲍德温在 *Power Analysis* 第 164 页中指出:"'不切实际的权利悖论'来自这样的错误认识,即在某个不确定的政策框架中的权力资源在另一个框架中将同样有效……这个解释的要点不是'他曾有副好牌但是没能打好',而是'他只不过是一个抓到一手好牌的玩家'。"(引文意指不是国家曾有好的资源但没能好好利用,而是国家只不过是一个占有好的资源且又刚好执政的团体。——译者注)

时,却三番五次失败。

简单说,国家并不总像有时被描述的那样是在宏观社会变革中不受约束的原动力。不可否认,国家从国际环境中获得的实力将它们推上了重要的位置,并且这也为它们扮演此角色提供了资源以维护其地位,特别表现在外交、战争、转移支付等方面。但是同时,国家也常常受到国内环境要求社会独立重组的严重约束。国家的自主性、政策倾向、国家领导者的当务之急,以及国家的凝聚力都极大地受到其管理的社会的影响。

包括国家在内的社会组织混合体是共生共存的。在斗争环境中,任何隐藏在边远地区的小社会组织的社会控制都会极大地限制国家。也就是说,国家被这些内在力量包围了,或者实际上是被其改变着,就像被其他国际力量改变着一样。但是社会也同时被国家改变着。社会组织以及社会组成,在整体上被国家带来的机遇和阻碍改变着,同时也被其他社会组织和世界经济的开放和限制所影响。总之,国家和其他社会形式的相互作用是一个持续变化的过程。国家不是固定不变的实体,社会也不是。它们共同在相互作用的过程中改变各自的结构、目标、规则以及社会控制。它们是持续相互影响的。

这里提出的模型是这样一个机构混合体,其中各种规则的目的均是为了争夺主导权,而国家同时被认为是一种理念和多样化的实践。这个模型关注了为社会控制而进行的决定性的斗争。在现代世界体系中,国家的理念是处于这场斗争舞台的中心位置的。但是这个万众瞩目的位置并不必然意味着胜利。很多社会维持着一种斗争环境,我们必须理解两股力量所带来的秩序和宏观层面的变革。第一股力量指社会对于国家的作用及反作用。第二股力量指其他国家及世界经济对国家和社会的影响。基于这种方法的研究可能包括以下事项：

1. 在哪种情况下斗争环境中的社会控制分布会发生改变？如何解释社会控制在不同社会之间的差异和多样性？

2. 可否概括跨国力量在社会控制分布中的影响？这种力量如何影响国内社会组织在维持特定秩序或者支持某种社会变革中所扮演的角色？

3. 政治形式，如民主、一党制威权主义等等，是如何受社会控制影响的？

4. 当国家以外的社会组织行使重要社会控制时，国家在其他领域的能力是如何受其影响的？

5. "二战"以后，国家和其他社会组织的斗争本质变成了什么？哪些社会组织在维持和扩大社会控制方面最为成功？这种模式在一段时间后有没有改变？这种模式是否是跨文化的？

6. 在国家没有取得主导地位的社会中，国家和其他社会组织是如何相互作用的？

第三章　强国家，弱国家——权力和妥协

国家的两种形象

四五十年前发生的去殖民化运动突然改变了世界版图。虽然时间过去了很久，但是对政治和前殖民地社会改变之间的关系，我们还没有描绘出一幅清晰的图像，更不用说找到什么有效理论来解释事情究竟为何如此发生了。这个时期的社会科学文献充满了一种奇怪的双重性（odd duality）乃至内在矛盾（contradiction）。一项总结了大量学术著作观点的研究认为，政治——特别是处于舞台中央的国家——可以根据工业化或者其他刺激所需将社会塑造成新的形式。这也是强国家的形象。另一种观点则认为国家在充斥着令人眩晕的社会变化涡流的社会中几乎无能为力，这些社会变化极大程度上独立于国家内部的力量。某些学者认为这种变化

的机制来自国家范围之内,而其他的学者则认为这种不可控制的力量来自强权和世界经济。不论哪种情况,这均是一个弱国家的形象。

讽刺的是,"国家"这个词本身起初未能明确体现出二者中的任何一种形象。事实上,在最近几年中,认为大多数战后时期的社会和政治变化理论中忽略了国家这一变量的批判屡见不鲜。① 但是这种批判似乎有些言过其实。20世纪五六十年代关于第三世界的研究者们往往预设国家的存在(视其存在为理所当然)而非简单忽略国家。很多研究非西方社会的社会科学家认为有意识地操控社会生活——亦即公共政策——是社会历史的中心要素,也是刚独立的社会的特征。而对社会生活的操控无疑是政治的核心要素。于是我们开始把国家视为理所当然而非从更清晰的层面上来分析国家的形象,而这仅仅由于政治通常被当做其他更根本的过程(如经济或者传播行为)所产生的自然结果。换句话说,政治和国家被包含在如"中心"和"现代部门"这样更宽泛的框架中,而这种框架被描述成塑造新的社会习惯、国家意识和在从前难以改变的边缘推行新政策的驱动力(或潜在驱动力)。

直到1965年塞缪尔·亨廷顿的著名作品《政治发展和政治衰败》在《世界政治》上发表后,政治是一项独立自主的事业的观念才

---

① 如:Theda Skocpol, "Bringing the State Back In," *Social Science Research Council Items 36* (June 1982), pp. 1 – 8, Eric Nordlinger, *On the Autonomy of the Democratic State* (Cambridge, MA: Harvard University Press, 1981), Stephen D. Krasner, "Approaches to the States: Alternative Conceptions and Historical Dynamics," *Comparative Politics* 16(January 1984), p. 223。

被广泛接受。① 但是即便在那时,对于政治的核心重要性(以及国家本身的观念)的认同也没有使得对国家能力的看法取得一致。人们发现20世纪70—80年代的文献中仍然始终存在两种国家形象,即强国家和弱国家,甚至有时描述的是同一个国家。很多学者倾向于认为第三世界国家不再是社会生活的无效操纵者。亨廷顿在《变革社会的政治秩序》一书的开头部分就提出了一个重大区分,即:国家间的最大差别并不在于政府的形式,而在于政府的有效程度。② 或者就像阿里斯蒂德·R.佐尔伯格(Aristide R. Zolberg)指出的,非洲国家"主要的问题不是国家权威太多,而恰恰是太少了"③。当许多学者对第三世界国家的政治制度化、一体化以及国家中央集权化怀有希望甚至开出药方时,他们发现其并未达到组织化,仍是混乱的群众和机构的集合体。国家的不稳定性和无能成为最先被研究的问题。

与此同时,第三世界强势国家的形象却得到了维持乃至加强。这个观点无疑受到了西方社会科学研究的影响。西方国家的自主性(或者至少是相对自主性)及其组织社会群体深入到社会结构之中的能力成为主要的研究对象。④ 在上个十年中,对西方国家的假

---

① Samuel P. Huntington, "Political Development and Political Decay," *World Politics* 17 (April 1965), pp. 386 - 430.
② Samuel P. Huntington, *Political Order in Changing Societies* (New Haven, Yale University Press, 1968), pp. 1 - 2.
③ Aristide R. Zolberg, *One-Party Government in the Ivory Coast*, revised edition (Princeton, NJ: Princeton University Press, 1969), p. X.
④ 如,见 Peter J. Katzenstein(ed.), *Between Power and Plenty: Foreign Economic Policies of Advanced Industrial States* (Madison: University of Wisconsin Press, 1978)。

设已经很大程度上蔓延到了对非西方国家的研究上。对国家,尤其是那些拉丁美洲和东亚国家的文字描述强调了这些国家是如何重塑社会的。国家在支持某些团体和阶级的同时压迫其他阶级,自始至终独立于任何一个团体和阶级,并维持其自主性。

法团主义和官僚威权国家的理论中强调了在规制甚至是重塑工业化和动员新社会团体所造成的冲突爆发时,第三世界国家所表现出的能动性和强度。[1]詹姆斯·马洛伊(James M. Malloy)写道:"国家的特征是拥有强势且相对自主的政府结构,其根本是试图将一种基于强制且限制性的多元主义的利益代表系统强加给社会。"[2]

尽管我们认为第三世界国家这种强大且有能力的第二种形象是受到近代西方著作的影响,但其实这种形象早在20世纪五六十年代很多非西方社会的研究中就已经崭露头角。甚至是在国家这个词开始流行之前,查尔斯·W. 安德森(Charles W. Anderson)就已经在拉丁美洲的研究中提出了这一形象的诱人之处。他写道:"很多同时代关于发展的观念似乎赋予政府某种'全能假设',认为

---

[1] 如:见 Douglass H. Graham, Douglass Bennett, Kenneth Sharpe, Sylvia Ann Hewlett, Richard S. Weinert (eds.), *Brazil and Mexico: Patterns in Late Development* (Philadelphia: Institute for the Study of Human Issues, 1982); Guillermo O'Donnell and others in David Collier (ed.), *The New Authoritarianism in Latin America* (Princeton, NJ: Princeton University Press, 1970)。

[2] James M. Malloy, "Authoritarianism and Corporation in Latin America: The Model Pattern," in James M. Malloy (ed.), *Authoritarianism and Corporatism in Latin America* (Pittsburgh, PA: University of Pittsburgh Press, 1977), p. 4.

政府如果打算(would)处理,就肯定可以(could)正确处理事务。"①尽管同时期的法团主义和官僚威权主义理论很少乐观地认为国家可以正确处理事务,但它们却坚持赋予国家强大的实力,即便它们认为那些能力是邪恶的。

但是当仔细审视那些描述甚至是像墨西哥这样强势、自主的国家的文章时,我们又会发现奇怪的双重形象。国家无能的观念始终若隐若现。对于某些领域的研究者,"全能假设"有时会很重要,以至于关于官僚威权或其他拉丁美洲和亚洲强势国家的描述也为相对弱小的非洲国家带来了各种好处。比如,在拉萨罗·卡德纳斯(Lazaro Cardenas)任职墨西哥总统时期,诺拉·汉密尔顿(Nora Hamilton)在从事墨西哥国家自主性相关研究工作之前就陷入了一个奇怪的矛盾之中。国家在刺激墨西哥显著的经济增长中扮演了重要角色,但是似乎又"不能或者不愿引导墨西哥经济增长,使其可以让全部公众获利"②。莫瑞利·塞里尔·格林德尔(Merilee Serrill Grindle)更加认真地审视了政策过程,发现了墨西哥存在同样的双重性。她指出如果政治发展是用治理能力来衡量的,那么墨西哥的制度确实非常先进。"官僚精英和墨西哥其他政治阶级一起,已经在整个社会中建立起垂直的权力关系。"③尽管权力很大,官僚精英试图在乡村地区推行再分配政策时却屡遭挫败。

---

① Charles W. Anderson, *Politics and Economic Change in Latin America: The Governing of Restless Nations* (Princeton NJ: D. Van Nostrand. 1967), p.5.
② Nora Hamilton, *The Limits of State Autonomy: Post Revolutionary Mexico* (Princeton, NJ: Princeton University Press, 1982), p. Ⅶ.
③ Merilee Serrill Grindle, *Bureaucrats, Politicians, and Peasants in Mexico: A Case Study in Public Policy* (Berkeley: University of California Press, 1977), p.178.

第三章 强国家,弱国家——权力和妥协

格林德尔在个案研究中描述了地方抵抗力量是如何成功阻止国家领导者达成其目的的。

拉丁美洲的其他学者回应了这种国家权力的不确定性。其中,严肃的怀疑者林·A.哈默格伦(Linn A. Hammergren)指出:

> 不可否认,宪法和法律法规赋予了中央政府巨大的控制权力,但问题是这种权力究竟是确实实施了还是只是纸上谈兵。拉丁美洲政府在强制推行自身立法过程中取得的有限成功暗示这种控制的延伸不会很成功。[①]

相似的结论也出现在亚洲。弗朗辛·R.弗兰克尔(Francine R. Frankel)在关于印度的"执行的失败"("Failures of Implementation")一章中指出,大量事实显示了国家出台的政策和实际社会对这些政策的遵从性之间的分离。其中一个例子是,国家对合作机构的鼓励事实上是打算将其作为强大的"人民机构"。为了达到这一目的,国家合作部门中的人力和资源不断增长:

> 这种影响深远的管理机器是借由强大的权力实现的。国家法案授权注册官员及其机构以额外的管制和实施职权来完成合作的社会团体的全部运转。这些权力包括对新社会团体

[①] Linn A. Hammergren, "Corporatism in Latin American Politics: A Reexamination of the 'Unique' Tradition," *Comparative Politics 9* (July 1977), p.449. 一些更早的关于拉丁美洲的书籍也指出了这种局限。见 Charles W. Anderson, *Politics and Economic Change in Latin America*, pp.105 – 6; 以及 Merle Kling, "Toward a Theory of Power and Political Instability in Latin Amereica," in James Petras and Maurice Zeitlin (eds.), *Latin America: Reform or Revolution* (New York: Fawcett, 1968), p.93.

注册的控制、财政检查、纠纷仲裁、取代有过失的管理委员会、年度审计甚至是破产清算……这些权力共同为计划委员会的政策提供绰绰有余的筹码,将信贷与获得通过的生产方案以及将粮食运输到产销合作处等形式的偿付联系起来。①

但是,这个项目最终以失败告终:那些委托者入不敷出。地方资源没有按预想的那样被动员起来,投资到政策实施者身上的权力不足以压倒那些企图改变政策目的的力量。

国家领导者的困境

为何对第三世界国家的描述会相互冲突?哪种概念更好地描述了国家的真实能力和特征?为了回答这些问题,我们必须将国家放回到特定情境之中。国家是在两个相互交错的舞台中运转的:第一个是世界舞台,在这里,国家官员与其他国家、大型公司、国际机构以及其他类型的跨国角色的代表进行互动;第二个舞台则是国家试图统治的社会。

国家领导者在世界舞台上的活动如果超过一定范围就会受到明显的限制:战争常常是个潜在的威胁。基于该国在世界经济中所处的特定地位,该国在国内的行为也会受到世界舞台的限制,这种限制相对前者要轻微一些,但同样很明显。他们希望统治的社会是更大的世界社会系统中的一部分,这个更大的系统中已经建

---

① Francine R. Frankel, *India's Political Economy, 1947 – 1977: The Gradual Revolution* (Princeton, NJ: Princeton University Press, 1978), p. 196.

立起了贸易、投资、借贷、劳工移民和其他起源于前殖民时期的关系和模式。这个世界社会系统在世界范围和国家内部都已经建立起了分层模式。除非在最危险的环境下,否则国家在国内政策中不会忽视世界社会系统中产生的权力关系。

这里常常会犯一个严重的错误(很多学者曾经犯过),即假定这些(世界性的)权力关系决定了第三世界国家全部的国内分层模式以及国家-社会的关系特征。第二个舞台,即国家调控的国内社会则考虑了重要的社会变动,并为显著的国家调控提供了空间。在这个国内社会中,国家领导者不论何时何地,甚至是在世界力量的限制下,都尽可能地使其自主性最大化。同样,其他社会团体的领导者也会回避所面临的种种困难,并且通过使用所能搜集到的资源,包括那些来自世界舞台的资源,来扩大其自身的自主性。我们必须要对这种国内的国家-社会关系背景加以解释,以帮助理解国家领导者努力重塑或者忽视、规避社会中最强团体所带来的结果。我们必须抛开国家和社会是简单的竞争关系的观点。国家是社会的一部分,具有和其他社会机构差别不大的特征,国家官员也只是相对更大的社会中的成员。我们必须区分清楚的是国家与其他团体和机构相互作用中存在的独特模式。

国家是社会中一个蔓生的机构,它与从家庭到大型工业企业等其他很多正式和非正式的社会机构共同存在。至少在现代,国家的独特之处在于,国家官员试图在其他那些机构中寻求主导地位。即是说,国家的目标在于制定有约束力的规则来管理公众的行为,或者至少是授权其他专业机构在特定领域制定那些规则。通过这些规则,即法律、法规、法令以及国家官员提出的其他类似规则,国家官员就可以采用强制手段按其意愿强行处理。规则涵盖了基本生活、合同义务、右侧驾驶、按时付赡养费等各个方面,还包括了所有产权及其他不计其数的、得到认可的公众行为界限的定义。

在判断一个国家是强国家还是弱国家时,"谁制定规则"这个问题显得尤为重要。这个问题引导我们去审视国家内部能力的核心元素——国家是否能使其公众行为遵循既定的法律和其他规则,其政策是否能在公众行为上达到预期的效果。接下来的几页分析引发了这样的争论,特别是在大量其他可以行使有效社会控制的社会机构存在的情况下,社会结构对于国家能否显著扩大自身实力起到了决定性的作用。其他社会机构的实力影响了国家领导者的特权并最终影响了国家机构强制推行法律和实行政策的能力。最后,这个斗争引出了相当出人意料的结论:国家领导者可能蓄意弱化自己的可以施加和执行规则的国家机构,并且国家可能会蓄意强化那些施加和执行同国家相反的规则的机构。

也许因为国家所扮演的制定和授权公共事务和私人生活关系规则的角色在西方社会被认为是理所当然的,因此很多社会科学家忽视了那些存在于相对新生的国家社会中的斗争。在大多数这种社会中,国家官员并不是简单地获得了制定他们想要的规则的能力和权利。家庭和家族可能会让儿女在小于法定最低婚嫁年龄时结婚,地主和店主可能会制定不同于法定利率的贷款利率。很多社会,特别是在那些含有新生国家的社会中的主要斗争,都是围绕谁才有权利和能力制定约束公众社会行为规则的问题,而且这种问题不计其数。这里的不服从性不单单是个人偏离规则或者犯

第三章　强国家，弱国家——权力和妥协

罪，而是暗示了一个更根本的斗争：社会中的哪个组织，究竟是国家还是其他机构才能制定这些规则。这些斗争并不是确切地针对国家究竟应该实施哪些法律或者为何应对国家法律和章程进行解释——这些毕竟是由国家机构、立法机关、法院内部决定的。应该说，这些斗争是更为根本的，既不针对越轨行为，也不针对社会中现存政治组织的能力。这些斗争针对国家是否有能力取代社会中其他制定挑战国家领导者愿望和目的的规则的组织机构。

由于国家领导者使用国家机器的最根本原因是试图通过约束规则取得主导地位，这自然而然将其推入与其他机构争夺谁才有权利和能力制定规则的斗争之中，因此关注这种社会中国家和其他社会机构如氏族、部落、语系团体和其他类似机构的斗争将会拓宽我们的视野，从而让我们看到社会和政治变化的过程。很多试图理解第三世界国家社会和政治变化的理论，或者是没有从整体上重视冲突（如很多"现代化"理论），或者是忽视了某些特定类型的冲突而只是关注阶级斗争（如很多马克思主义文献），抑或是完全忽略了国内社会的重要动力（如依附论和世界系统理论）。

我们接下来将会看到，国家领导者通过努力可以实现国家主导地位的事情并不是必然发生的。在那些难以触及的领域，至少是到目前为止，国家不是简单地放手不管，也不是经常持续地与这些领域或者地区中有效制定规则的群体进行代价高昂的战争。最精细和优美的政治变化和政治惯性模型会在国家与社会其他强势机构相互妥协过程中起作用，这种妥协不是简单通过假设国家自主性或者世界力量的决定性影响就可以描述的。国家渴望主导权的斗争、国家和其他机构间的妥协，以及使用计策达到任何能够实

现妥协的最好处理方式,此三者是很多第三世界社会的真实政治情况,这种情况常常发生在远离首都的地方。这些过程可以帮助我们描绘出一个更加清晰的国家形象,特别是审视公共政策在社会边远角落实行时究竟出现了什么问题,而这个问题在后殖民地社会的大量文献中却鲜有涉及。

公共政策是国家领导者使用其机构制定新规则并进而改变公众行为的具体表现。有时,公共政策旨在改变仅仅某一小部分群体的行为,比如对某些银行的管理。当然,当政治直接指向大部分公众时,这些国家领导者的政策则是一项大型工程,通常是通过国家机器将重要资源转移到社会中。这种尝试极大地挑战了社会的现存制度,通过这些尝试,强制实行规则的这些社会机构及其领导者成为其中的最大受益者。一方面来说,这样或那样的抵抗几乎是不可避免的。这种抵抗会以相对适度的政策议程形式出现在国家之中,如在村庄中提供新的公共卫生措施,或者通过其他更加根本的目标,改变整个社会阶级的社会地位分布等。另一方面,政策带来的资源则首先被用做妥协的基础,这与首都那些起草政策的国家领导者所期望的方式完全不同。

对于国家领导者来说,在启动新政策以及挑战现存制度所引发的战争中能否占得上风,仅仅部分取决于建立可以给其他机构领导者及其从属者施加威慑制裁的国家机构。与其同样重要的则是断绝公众与机构及相应规则的联系,而为此国家官员需要提供能将民众与这些机构及领导者联系在一起的奖励措施(从而取而代之)。更好的做法则是,国家领导者通过向公众推行一系列奖励、惩罚及标志等等可以使公众得到比旧社会机构更有吸引力的综合的生存策略,从而渐渐破坏其他那些(与国家竞争的)机构。

在讨论国家和其他社会机构的相互冲突的生存策略如何形成时,我冒险假定第三世界的基础斗争是基于自由意志的。毫无疑问,作为弱势群体的工人和农民并非策略或规则超市中的顾客。但是我们仍有必要描述政策实施环境的结构性因素。新政策不是在真空中实施的,那些利益和现状密切相关的团体肯定会提出异议。关于谁应该制定规则的斗争不应仅由力量决定,同样还受其他动机影响。

形成并推广有效的生存策略要求国家领导者建立能实施其政策的精细制度。社会科学文献提出的强国家的形象很大程度上是指后殖民时期亚非拉国家组织的迅速扩张,国家领导者开始为公众提供不同的策略并使其认可国家规则。但是我们在将不断扩张的国家机器与国家的主导地位等同起来时必须非常小心。这时,国家机构可能变成只是国家与其他机构相互妥协的舞台了。

关于第三世界国家的文献很少关注国家以外那些现存的能够制定规则并且与国家领导者抗争的组织。但是,这些机构为公众提供的策略可能相当复杂且有约束力。[①] 上个世纪,诸如此类的组织大大增强了实力。在很多个案研究中,殖民者的分而治之政策将大量新的资源引入了地方领导者手中,其中最重要的就是财富和武力,这使得他们强化了提供给其追随者的生存策略。作为回报,他们制定并强制使用约束性行为规则的能力也逐渐增强。即

[①] 最大的区别就是文献中提到的保护主义,这也是 20 世纪 60—70 年代社会科学家感兴趣的话题之一。从那之后,这类话题就逐渐减少了。

便是那些没有直接殖民的地方,扩张的世界经济也使得资源相当有针对性地流入社会,使得当地的酋长、领袖、元首、地主、富农、债权人等势力加强。通过借贷、利用土地和水资源、保护、恐吓以及种种其他手段,这些地方领导者或者强人(strongmen,缺乏一个更好的普遍词汇来表示)为农民和工人优化了多种生存策略。

虽然他们的规则和审判系统与国家大相径庭(他们相互之间也常常不同),但这些强人确实已经强制实行了那些规则,从而保证了当地的稳定性,如果不是这样,国家领导者也会采用相同的社会审判。除非国家机构或者依附于国家的机构如某个政党提出的不同的生存策略已经完备,随时可以代替这些规则,否则挑战这些领导者及其机构就会威胁到社会稳定性。对于不稳定性的忧虑是国家领导者建造尽可能有影响力的机构的强大动力。

这其中也必然同样存在其他动力。比如,当国家政策有效建立起行为规则时,国家机构就可以更好地通过税收和生产重组来动员物资。"大多数传统意义上所说的权力确实包括了政府动员资源的能力。"[1]艾伦·C. 拉邦(Alan C. Lamborn)这样写道。国家财政收入不仅巩固了国内目标,而且国家领导者面对的某些来源于支付和债务偿还余额赤字的国际经济的巨大压力也会减轻。简单地说,为了建造强大的国家,领导者在社会中制定规则的能力对其来说不单单是抽象的标准;来自社会内外的明确的动机形成了这个尽可能强大的国家机构。

---

[1] Alan C. Lamborn, "Power and the Politics of Extraction," *International Studies Quarterly* 27 (June 1983), p. 126.

但是，国家领导者常常像被困于海妖锡拉（Scylla）和卡津布迪斯（Charybdis）之间一样①，进退两难。如果国内和国际上的危险可以通过设立国家机构来抵御（国家机构反过来可以为公众提供有效的规则和多种生存策略），那么强化那些国家机构可能同时将风险转嫁给国家领导者。国家机构，尤其是那些军队的暴力组织以及其他类似机构，可能会对国家领导者产生威胁，因为这些领导者在为自己汇集广泛公众支持和资源方面的能力还十分有限。现在的问题是，只要各地的强人继续为其村庄、种族成员等提供多样的生存策略，国家领导者就没有渠道汇集公众支持，公众也不会有任何提供支持的动力。换句话说，第三世界国家的国家领导者需要一套强大的国家机构以保证使其自身生存策略为农民和劳工所接受。但是，他们同样需要获取这些农民和工人支持的能力，以保证这些国家机构自身不会通过军队或者其他类似手段推翻国家统治者。这里的矛盾在于，这种社会动员如果没有建立起有效的渠道是很难实现的，这种渠道可以通过奖励、惩罚以及标志等等，准确说是通过一个强大的国家机构保证其首要位置的行为的多元组合来对公众进行动员。② 这种矛盾使得国家领导者陷入两难境地。

---

① 锡拉是希腊神话中的一种生活在海边岩石里的怪兽，长着六个头十二只手，腰间缠着由许多恶狗围成的腰带，以吞食路过的水手为生。卡津布迪斯是生活在漩涡里的怪兽，它每天要吞吐海水三次。锡拉和卡津布迪斯狼狈为奸，在墨西拿海域兴风作浪，过往的船只躲过了其中的一个，往往落入了另外一个的手里。所以在英语中，"Between Scylla and Charybids"是个类似"进退两难"的成语。——译者注
② 内特尔（J. P. Nettl）指出政治动员"是在社会内进行的有组织、有机构的奉献和支持的表现。这种表现可能通过政党或者准政党的形式，如利益团体、群体运动等等任何具有清晰组织结构的形式"。见 J. P. Nettl, *Political Mobilization: A Sociological Analysis of Methods and Concepts* (New York: Basic Books, 1967), p. 123。

埃及领袖纳赛尔在20世纪50—60年代间直面了这种矛盾。始于50年代的大胆而广泛的土地改革消灭了占有大量土地的地主阶级。但是建立国家机构以代替那些大地主曾经忽视的警察、借贷、买卖、维和等其他功能的机制的过程则是非常艰辛的。纳赛尔及其同事退而求助于中农阶级(拥有足够多土地、其户内成员无需去其他农场寻找工作的阶级)以及富农阶级(拥有多余土地并在常规基础上需雇佣额外劳力的阶级),以发挥其作用。有些中农和富农早年在大量地产持有者的机构工作时曾经扮演过相似的角色。同时,纳赛尔也在着手建造国家机构,以及一个单一政党。到了60年代中期,这些机构转而向支持政体的强人发起了挑战,即挑战那些已经将其生存策略扩展到埃及绝大部分拥有贫瘠土地和没有土地的农民的中农和富农。政党干部给中农和富农贴上了"封建"的标签。

但是,纳赛尔的机构开始影响他自己。到20世纪60年代初期,陆军元帅阿卜杜勒·哈基姆·埃米尔(Abdul Hakim Amir)开始组建忠于自己的官方部队,并且摆脱了纳赛尔的控制。为了抵抗埃米尔的威胁势力,纳赛尔在60年代中期开始组建阿拉伯社会主义联盟(Arab Socialist Union,ASU)作为对抗军队的非军事力量。[1] 但是,到了60年代末,甚至是ASU本身也成了一个隐患。很明显,他们不仅挑战那些贴着"封建"标签的社会机构,甚至进而挑战纳赛尔的国内权力。最终,纳赛尔不得不以走私罪逮捕了其

---

[1] John Waterbury, *The Egypt of Nasser and Sadat: The Political Economy of Two Regimes* (Princeton, NJ: Princeton University Press, 1983), p. 316.

中权势极大的一等秘书阿里·萨布里(Ali Sabri),从而设法压制了ASU。在乡村地区,消灭封建制度的ASU委员会也逐渐被遗忘。中农和富农虽然还心有余悸,但仍然在埃及乡村维持了最强大的力量。由于统治者惧怕自己的机构,即那些想要获得主导地位的军队和ASU,国家在埃及大部分地区还没有实现主导地位。

国家领导者面对的困境是,他们需要这些基本机构以达到自己的目的,但同时又会惧怕并削弱这些机构。这种矛盾在第三世界中产生了反响。领导者削减自己在国家实施规则的正当权力,这一矛盾现象在不同的国家,程度也不尽相同。在那些强势者还有能力掌控当地资源的地方,国家对于公众的动员越发困难,国家领导者面对的矛盾也越尖锐。另一方面,在那些强人控制薄弱的地区,国家职权就有更多的机会进行渗透。比如,纳赛尔就确实使得埃及乡村最有势力的阶级瓦解。大地主从乡村移出后削弱了很多,其事务通常是由中农和富农这些地方代理者来接管。这种遥领制(absentee ownership)的实施使得纳赛尔逐渐构建起其政权,到目前为止已经持续了半个世纪,并且通过国家机构遍布埃及的每一个村落。但是,中农和富农手中的所有权引发了他们和国家官员之间意外的妥协(这一部分我们以后再讨论)。

在其他地方,我曾相当详细地讨论过国与国之间强度差别的原因。[1] 简单地说,从19世纪50年代末期以来,第一次世界大战导致世界市场急速扩张,很多亚洲、非洲和拉丁美洲国家的既存

---

[1] Joel S. Migdal, *Strong Societies and Weak States: State-Society Relations and State Capabilities in the Third World* (Princeton, NJ: Princeton University Press, 1988).

规则都不再适用。很多地区的殖民管理进一步削弱了地方强人的控制。这像一阵大风席卷了非西方世界,使强人像《爱丽丝镜中历险记》中的矮胖子[①]那样从墙上摔了下来。在殖民统治的地方,西方管理者对如何将矮胖子扶到原位产生了深远的影响。某些情况下,被中央集权化的地方群体是受到扶植的。但是更常见的是,殖民地的资源通过对新旧强人的扶植而被用于重建破碎的社会控制。其他因素也可以影响强人的所有权。例如,毁灭性战争可能导致地主逃跑,人地比率改变,显著削弱强人的旧有社会控制。

国家和其他社会机构的相对控制表明了国与国之间不同规则的实质性差别。不过,很多战后的第三世界国家见证了地方机构、制定与国家政策和议程相反规则的强人和领导者得到显著强化的过程。在亚洲、非洲和拉丁美洲也可以发现同埃及四千个村落的中农和富农相同的情况。这些强人及其机构根本没有成为历史的遗迹,恰恰相反,他们大多数在上一代中繁荣兴盛。

我们接下来将看到,这些强人增长的实力在其向国家妥协的诸多事例中引出了很多讽刺性的问题。强人在某种程度上受益于国家领导者面对的矛盾,从而为自己建造了一个可防卫的栖身之所。在那些强人繁荣兴旺的国家,国家领导者面对的困境影响了国家机构本身的性质。在国家机构的高层、行政执行者层面和地

[①] 矮胖子是刘易斯·卡罗尔(Lewis Carroll)的《爱丽丝镜中历险记》中的人物,形如蛋形不倒翁,一直坐在墙上,看上去摇摇欲坠。书中有诗这样描述:"矮胖子坐在墙上,矮胖子就要摔下,国王的全部骏马和勇士,都无法把矮胖子重新扶到原位上。"这里指代地方的强人。——译者注

方政治层面,国家领导者意识到了建立国家机构并运用这种力量对抗地方上那些发展不同规则和亲信的强人所存在的危险,这种行为严重影响了国家本身。

高层:生存政治

通过政党和国家机构动员大部分群众的能力已经不再局限于第三世界的大多数领导者。持久的政治动员需要的不只是劝说、领袖能力(克里斯玛)或者意识观念,这尤其体现在那些充满由争夺忠诚度和制定日常行为规则的权力而引发的激烈斗争的地方。动员过程需要传递给公众这样的信息:遵从国家的例行程序、标志以及行为方式对他们今后的福利是必需的。这其中也包括了为公众提供表达其支持的渠道。如果广大群众没有意识到扰乱国家例行程序的危险的迫切感,没有足够渠道以获得支持,国家领导者就无法得到民众动员的支持而不得不被迫退而求助于更弱小的根基,那些与他们的机构势力相当的群体或者某些特殊的社会群体。但是由于这些根基相对弱小,这就使得国家领导者陷入危险处境,特别是在面对社会中存在其他最终可能用于对抗他们的显著的强大势力时,这种处境就更加危险了。

当存在多种支持渠道时,政治动员就成了国家领导者的有效工具。没有一个单独的国家机构可以提供这么多支持,从而产生如此显著的全面影响。然而在一些情况下并非如此,比如在由少数具有垄断性动员能力的机构主导的地方,国家的一致性就降低了。由于这类国家的领导者可依靠的有组织的支持储备有限,他们很难阻止那些零星散布的机构团体的凝聚。特定机构的主要官员对整个国家机器的目的和功能的普遍及特殊观点会随时间变化，这种观点威胁了国家一致性，而且事实上也威胁了国家的稳定性。这类特殊观点可以通过任何一种方式产生并强化，包括社会化共享（如军事学院中）、在更广泛的讨论中不断重复的机构利益表述（如对资助资金的竞争）、日常的个人相互作用、资源有效分配以及机构状态等等。这些因素在任何一个复杂机构中均会存在，而它们产生的离心力作用对官僚系统的所有学员也是相似的。真正威胁领导的是国家机关中的亲信和同盟政党缺乏众多有效的、相反的向心力，这种向心力是通过大量渠道进行的政治动员获得的。然而在某些国家，仅有少数机构具有垄断性的动员能力，因此该国缺乏或者很难获得这类支持，其领导者的地位事实上是很危险的。

那么下面的问题就是通过减少离心力来"解决"这个问题。换句话说，在那些国家领导者面对着尖锐矛盾的地方，最首要的任务就变成了采取一系列行动以阻止任何大范围的势力集结。就像纳赛尔在对付快速壮大的军队和 ASU 这些自身组织时的攻击方式一样，其他国家领导者也削弱社会中任何看上去将建立起强大动员实力的社会团体，即便是对国家机构本身也是如此。于是，我们可能会看到这样一个奇怪的现象：仅有有限的动员公众能力的国家领导者自己削弱了国家武器，削弱了那些恰恰最终可能带给他们动员能力的机构。我们可以将他们的这种策略称做生存政治。生存政治的行为特征将在下面的部分讨论。

第三章 强国家，弱国家——权力和妥协

大洗牌(The Big Shuffle)

国家领导者手中的任命权可以被看做能阻止任何国家机构或者政府资助的政党成为威胁性集结势力的重要工具。当被任命者，如埃及的陆军元帅埃米尔或者 ASU 秘书萨布里在其机构中立足之后，他们开始发展自己的亲信。他们自己在机构内的任命权，以及分配资金和赃物的权力为他们提供了最重要的赏赐手段。在他们手中的是一个复杂的、任务指向的机构，其中大多数官员只是为该机构的上层首脑卖命。

"大洗牌"是国家领导者一套先发制人的手段，即用他们自己的任命权阻止潜在强大机构中的亲信跃升至首要位置。这些领导者经常更换国家各部部长、武装部队指挥官、政党领导以及高层官员，以防止其集结威胁中心权力。在国家的最上层，政治模式和令人眼花缭乱的抢椅子游戏很像。有时，同样的人会不断出现在不同的关键位置上。昨天他可能是武装部队的首席指挥官，今天他就变成了内政部长，明天他可能又变成了驻美国大使或者某个主要国有企业的首席执行官。还有另外一种情况，即很多官员会同时从这个政治舞台上消失。

比如，墨西哥的 *sexenio* 机构，其作用是保证国家机构之间不会逐步建立深厚联系。每六年的总统任职期间，"可以目睹大约 18 000 个候选职务以及 25 000 个支持性职位的更新换代"①。这些

---

① Frank Brandenburg, *The Making of Modern Mexico* (Englewood Cliffs, NJ: Prentice-Hall, 1964), p.157.

数字已经是四年前的了,毫无疑问现在会更高。在国内政党及官僚系统中,那些被取代的人又会补充到新的职位上去,但是在高层,很多人则是永久性地离开了公共机构。

埃及可能是另一大类情况的代表,高层下台的现象并不像墨西哥那样程序化。陆军元帅埃米尔曾经"成功保住了对部队中官员升迁过程的控制权,并且还将他的亲信安插在正在扩大的公共部门、外交队伍以及地方管理者的上层管理职位中"①。他在1967年9月被软禁,几天后便自杀了。在他自杀前不久,纳赛尔曾使上百名官员"退休"。还有其他不少人也被纳赛尔和他的继承人安瓦尔·萨达特(Anwar le-Sadat)从国家机构的高层赶下了台。更极端的是,有些国家经历了持久的国家高层和政党官员的清理。

这种"大洗牌"行动的核心暴露了国家领导者的弱点,他们没有能力动员潜在力量来阻止任何国家机构本身对中央权力造成的威胁。萨达特在1970年被委以领导者重任时没有任何制度基础作为支持。他做的第一件引人注目的事情就是指出那些首要国家机构以及阿拉伯社会主义联盟"从来没有关心过埃及的利益,除了维持权力外根本不考虑其他,被憎恨和嫉妒所驱使,只会寻求自身利益"②。有人也许会更委婉地说这些机构首脑对"埃及利益"的理解只是和萨达特有些不同。

---

① Waterbury, *Egypt of Nasser and Sadat*, p. 336.
② Anwar le-Sadat, *In Search of Identity: An Autobiography* (New York: Harper & Row, 1977), p. 207.

第三章 强国家,弱国家——权力和妥协

在担任总统一年之后,萨达特对他认为威胁到自己统治的"权力中心"发动了攻击,同时将六名内阁大臣和三名政党领袖封杀出局。可能在理解"大洗牌"过程中更有趣的一点是:在1971年5月很多高层机构官员下台的政治危机发生时,萨达特拥护者的下场又如何呢?约翰·沃特伯里(John Waterbury)在一个脚注中详述了他们的命运:

> 阿什拉夫·麦尔旺(Ashraf Marwan),纳赛尔的女婿,给了萨达特一些指控萨布里(秘书)的录像带。他随后担任萨达特的阿拉伯事务顾问,直到1978年离任。穆罕默德·萨迪克(Muhammed Sadiq)在1972年末被逮捕。穆罕默德·萨利姆(Muhammed Salim)继续担任总理,但是1978年后被授予荣誉顾问一职。侯赛因·海卡尔(Hassanein Heikal)在1974年被解除《金字塔报》主编职务。阿齐兹·西地奇('Aziz Sidqi)从1978年起不再担任任何公共职务。哈菲兹·巴达维(Hafiz Badawi)曾经是国会议员,后转而支持赛义德·玛艾(Sayyid Mar'ai)。达克鲁日(Dakruri)、达维西(Darwish)、阿布·阿克尔(Abd al-Akhir)和马哈穆德(Mahmud)都进入了ASU的纪检委员会。其中两个进入了管理层,另外两个做了内阁成员。但是所有人在1970年末都消失了。阿卜德·萨拉姆·扎亚特('Abd al-Salam al-Zayyat)作为下院议员逃过一劫,但是在1980年和1981年两次短暂被捕。RCC成员侯赛因·沙法(Hussain Shafa'i)曾被任命为副总统,但是随后在1975年被胡斯尼·穆巴拉克(Husni Mubarak)顶替。状况最

好的是马赫穆特·法齐(Muhamm Fawzi)荣誉离任,赛义德·玛艾在80年代早期还维持一定的边缘权力。①

"大洗牌"不是一次性事件,也不是给敌人创造机会。它是一种故意削减国家武装及联盟机构的机制,是一种"去制度化",其目的是为了保证国家上层领导者的权力维持。

任人唯亲

国家领导者手中的任命权不仅仅是将在职者解职的权力。任命是一种可以有选择性地少量分配资助资源的权力,用以阻止国家内部势力中心的发展。其结果表现为一些第三世界国家呈现出几乎完全相同的特征(对少数国家来说,是完全相同),即削弱官僚化程度以及复杂的世袭系统。②

或许这里最流行的做法就是任命那些对国家领导者最忠诚的高层机构官员。在印度、叙利亚、埃及和其他地方,我们会发现国家核心位置聘任的模式具有亲缘联系、同乡关系(有时会局限在某一个城镇或几个村落)、共同种族、部落或者宗派背景联系、同学或者校友关系。以及其他类型的个性联系。比如在伊拉克,很多高层官员来自同一个家庭群体,即从前居住在西南方小城泰克里(Takri)的阿尔布·纳西尔(Albu Nasir)部落的

---

① Waterburg, *Egypt of Nasser and Sadat*, p. 352n.
② 来源于新生世袭主义(neopatrimonialism),见 S. N. Eisenstadt, *Traditional Patrimonialism and Modern Neopatrimonialism*, vol. 1 of *Sage Research Papers in the Social Sciences*, *Studies in Comparative Modernization Series* (Beverly Hills, CA: Sage 1973), p. 129。

第三章 强国家,弱国家——权力和妥协

Begat 分支。

在那些国家中,强人紧握制定规则的权力并继续制定有效规则,于是在个人亲信的基础上委任国家官僚、国有企业和各个政党官员就成了削弱强大离心力的手段。比如在后革命时代的墨西哥,上层精英建立了一系列强化的个人、政治和商业纽带。所有这些联系的基础则是罗格·D.汉森(Roger D. Hansen)所说的革命家庭。① 早在塞拉利昂殖民地时期,部落首领就开始逐渐垄断传教的国家学校。"恰恰是首领的儿子、兄弟、亲戚和被监护人从这种教育中获益。"②这种手段后来被认为具有相当高的价值,因为它确保了那些在英国殖民者管理下担任领导的当地人与他们有紧密的个人关系。而且在国家领导者面对尖锐矛盾和来自政治动员的持续支持逐渐远去的地方,通过亲近的人脉关系加强机构功能纽带可以阻止衰败。另外,这种关系在掌权者真的倒台时可能也会是个保险措施。

埃及人组成的亲信纽带远多于其他社会。我们可以在那里找到 Shilla 这个机构,这个机构是一个仅包含六人的紧密团体。每个 Shilla 中的成员资格都是清晰的,绝对不会出现谁是这个团体的一部分而谁不是之类的问题。每一个 Shilla 都是在中小学、大学、军队等类似地方建立的朋友关系的基础上形成的。埃及人经

---

① Roger D. Hansen, *The Politics of Mexican Development* (Baltimore: John Hopkins University Press, 1973), p. 129.
② Garshon Collier, *Sierre Leone: Experiment in Democracy in an African Nation* (New York: New York University Press, 1970), p. 85.

常会像讨论家庭一样谈论自己所属的 Shilla。① 革命前的埃及,军事学院是为建立重要的 Shilla 而设的,其中包括了纳赛尔、萨达特、埃米尔,以及其他后来协助推翻王朝的人。以 Shilla 的成员关系为基础的任命出现以后,埃及的这种政治生活开始变得流行起来。伊朗的 dawrah 是一个类似的非正式团体,在伊朗沙汗(Shah)统治时期,这个团体秘密地控制了德黑兰的政治行为。②

国家职位任命的另一个基础则是拉拢(co-optation)国家机构以外那些可能发展成有威胁的势力中心的人。汉森评论过墨西哥最高基层的指派行为。他指出那些个人所得既是非法的(如未授权的土地范围)也是合法的(如货车运输合同)。不论哪种情况,"指派者和处于墨西哥政治阶级顶层的被指派者一般都从中获得了经济利益,足够他们花销几年"③。

沃特伯里也对埃及提出了相似论点,还指出国家领导者容忍的贪污腐败对那些他们指派的人而言将是进一步的社会控制手段:

> 对于纳赛尔和萨达特这样的领导者,他们的规则指令总是含糊不清,他们对同僚的信任也非常少,贪污腐败对他们来说可以用来联结那些整体的威胁势力。精英得到允许可以进

---

① Robert Springborg, *Family, Power, and Politics in Egypt : Sayed Bey Marei - His Clan, Clients and Cohorts* (Philadelphia: University of Pennsylvania Press, 1982), p. 98 ff.
② James Alban Bill, *The Politics of Iran : Groups, Classes and Modernization* (Columbus, OH: Charles E. Merrill, 1972), pp. 44 - 9.
③ Hansen, *Politics of Mexican Development*, p. 349.

行那些肮脏的物质游戏,但是他们的行为会被记录下来,一旦他们以后变成潜在威胁,就可以使用合法手段处置他们。①

任命除了受职员忠诚度和指派影响以外,公共部门招募的第三个基础则是"种族交易"(ethnic bargain)。这个标准是基于群体身份的一种特殊指派。辛西娅·H. 恩罗(Cynthia H. Enloe)指出,基于种族的任命已经被用于分割潜在威胁的集结势力,以及通过"联结那些更强的而不是单单恐惧或法律依从性好的群众"②的方式来联结社会中的关键群体元素。可能最正式的一次种族交易就是1943年后黎巴嫩的政体形成。在这个非贤能政策的制度中,从总统到国会到官僚等职位的分配是以就职演说(宗教忏悔)为基础的。

赞比亚前总统肯尼斯·卡翁达(Kenneth Kaunda)巧妙地平衡了部落、种族、部门分割之间的关系。在基于种族基础认真选择了他的内阁成员后,他不断斥责国家官员和政治家总是以种族身份和公众对话。他告诫说,这种问题的增加只会煽动斗争。罗伯特·莫尔泰诺(Robert Molteno)在一篇文章的脚注中指出了卡翁达是如何建立政府的:

> 1969年和1970年本巴人(Bemba)统治逐步没落。在1969年1月,新内阁成员总共增加了两名来自东部地区的成员和一名来自西北地区的成员。到了8月,中央委员会解散。

---

① Waterbury, *Egypt of Nasser and Sadat*, p. 349.
② Cynthia H. Enloe, *Police, Military and Ethnicity: Foundations of State Power* (New Brunswick).

临时代替的委员会成员主要来自东部地区,还有些西北部领导者。9月副总统卡普韦普韦(Kapwepwe)被免去大部分职务,新加入内阁的三位成员来自代表性相对较差的中部、卢阿普拉(Luapula),以及西北地区。11月总统挑选了一个新人——会说汤加语的副总统迈因扎·孔扎(Mainza Chonza)。①

在那些其他团体的凝聚度很高、国家规则遭到严重反对的地方,国家领导者在安排任命时格外谨慎。他们的目标不是单单建造一个"有代表性的"官僚体系或者军队,使国家机构中的种族群体比例与大尺度上的(前文有详细解释,指国际环境而非国家环境)社会中的比例相同。他们的目标也不是通过正式机构的国家扩张原则来扩大国家职权。事实上,职位的分配反映了特定群体的忠诚度、其他群体的威胁,以及特定国家机构的重要性。其中最忠诚的成分常常是国家领导者自己的部落或者种族群体,那些人被任命到对国家领导者造成最大潜在威胁以及在社会中实行最大控制的机构,比如军队。(用来快速确定最忠于国家领导者团体的最好经验就是记录内政部长以及宫廷护卫指挥官的背景。)同样,那些来自最不值得信赖的团体的领导者则被指派到更加边缘、低预算的机构之中。

绍尔·米莎尔(Shaul Mishal)详细记录了约旦国王阿卜杜勒

---

① Robert Molteno, "Cleavage and Conflict in Zambian Politics: A Study in Sectionalism," in William Tordoff (ed.), *Politics in Zambia* (Manchester, UK: Manchester University Press, 1974), p. 95n.

(Abdullah)任命巴勒斯坦精英担任农业部、经济部、教育部、发展部、外事部高级职位的过程。这些任命是在1949年后约旦合并了约旦河西岸和巴勒斯坦地区群体之后发生的。巴勒斯坦作为一个群体,在阿卜杜勒眼中比起约旦河西岸的贝都因(Bedouin)部落群体更不值得信任。甚至是在巴勒斯坦人中间,国王奖励了那些促进合并并且"打算使用任命权安抚或者指派敌对者"①的人。但是,真正的权力中心并不是巴勒斯坦的直属机构,而是总理内务部长以及军队(阿拉伯地区)的官员。在那里,那些贝都因部落群体组成了最重要的被任命群体。米莎尔写道:"当试图通过招募巴勒斯坦人入伍而使军队实现国家化时,中央职权部门鼓励忠诚成分(即约旦河西岸群体)就任核心职位和精英战斗单位。"②

基于官员忠诚度、拉拢和种族交易的任命可以进一步限制国家制定有约束力的规则的能力。沃特伯里针对埃及的 *Shilla* 提出了以下观点:"基于其自身的根本特性,*Shilla* 破坏了观念上的和程序性的政治,并通过使团体影响力最大化来满足个人利益。"③米莎尔针对约旦的研究认同了此观点:"公共服务中缺少能够对雇佣和开除进行一般辨别的统一程序也同样导致了约旦行政系统职能

---

① Shaul Mishal, "Conflictual Pressure and Cooperative Interests: Observations on West Bank - Amman Political Relations, 1949 - 1967," in Joel S. Migdal (ed.), *Palestinian Society and Politics* (Princeton, NJ: Princeton University Press, 1980), p. 176.
② Shaul Mishal, "Conflictual Pressure and Cooperative Interests: Observations on West Bank - Amman Political Relations, 1949 - 1967," in Joel S. Migdal (ed.), *Palestinian Society and Politics* (Princeton, NJ: Princeton University Press, 1980), p. 177.
③ Waterbury, *Egypt of Nassar and Sadat*, p. 346.

部门的衰弱。"①国家特权逐渐受限,这和历史上世袭制政体受限几乎一样。但是现在,这些限制是在国家机构的规模和复杂程度显著增长的背景下出现的。

交叉性官僚部门:建立一个执政官(禁卫队)巨头

在一些行使规则和动员支持能力有限的国家之中,政府机构的扩增除了扩大任命数量和任免权使用渠道外,还有另一层目的。构建具有交叉职能的部门旨在限制国家任何一个单一分支的特权。尽管这可能不是根据政策实施有效性建立的最根本的行政形式,但它确实非常好地满足了生存政治的要求。国家成了吸收大量工人的公共机构的迷宫,但是机构间的协调却被国家领导者的政治生存目标所限制了。行使社会政策的能力受到了严重影响。尤金·巴尔达赫(Eugene Bardach)指出,如果想要做点实事,即设计并实施一项适用于方方面面的政策,国家必须组装出一套国家机器。② 如果不能协调,国家拥有的不过是国家机器那些未组装的零件而已。没有一个国家机构内部的权力平衡比得上武装部队内部,很多国家建立了两个或者更多的自治军事力量,叙利亚就是其中的代表。除了常规的军事力量外,总统哈菲兹·阿萨德(Hafez al-Assad)在其领导的政体下建立了总共拥有 12 000—25 000 人的防御单位(Defense Units),以及另外 5 000 人的战斗连(Struggle

---

① Mishal, "Conflictual Pressures and Cooperative Interests," p. 178.
② Eugene Bardach, *The Implementation Game: What Happens After a Bill Becomes a Law* (Cambridge: MIT Press, 1977), p. 36.

Companies)。所有这些都是政体的禁卫军(praetorian guard)。①常规武装力量没有部署在首都大马士革,而防卫单元则环伺在首都周围。禁卫军对总统的忠诚是至关重要的,所以在叙利亚,禁卫军直属于总统哈菲兹·阿萨德的兄弟拉法特·阿萨德(Rifaat al-Assad)显得顺理成章。战斗连则由总统的表亲阿德南·阿萨德(Adnan al-Assad)领导。另外防御单位有一个专门部分,用以保护阿拉维派(Alawis),即阿萨德家族所属的种族群体。总统的另外一个兄弟贾米勒·阿萨德(Jamil al-Assad)对其进行领导。叙利亚在1967—1982的15年间经历了四场重大战役,即便一个国家所面对的安全形势如此严峻,建立武装军事力量的目的也不像建立尽可能有凝聚力的、协作的战斗机器这样简单。一个单位与另一个单位之间的独立、基于忠诚度的任命与部署,以及建立交叉性部门,所有这些成为叙利亚生存政治的核心要素。

由于担心联合行动可能会对国家领导者产生威胁,某些国家中的军队出现了不可协调的分支。在另外一些国家,军事力量要素,特别是禁卫军常常用以抵抗国内的其他军事力量。还有一些情况下,由于这种安排为国家领导者的直属控制提供了机会,禁卫军的交叉性职能受到了影响。在印度,边界安全军(Border Security Force)、中央后备警察部队(Central Reserve Police Force),以及地方志愿军(Home Guard)中辅助正规军的警察武装力量在20世纪70年代中期的人数大约为50万。米隆·温纳

---

① Hanna Batatu, "Some Observations on the Social Roots of Syria's Ruling, Military Group and the Causes for Its Dominance," *Middle East Journal* 35 (Summer 1981), pp. 331 – 44.

(Myron Weiner)这样写道：

> 这些机构的关键性质是他们不是军队的一部分，因此不受国防部控制。他们也不受国家政府和国家警察的控制，辅助正规军直接受内政部控制。这意味着总理控制着半数军事力量来应对国内危机。①

卑鄙手段

在卡特政府②强调人权和大赦国际（Amnesty International），被授予诺贝尔和平奖后，恐怕近期再没有哪方面的生存政治被冠以"卑鄙手段"这样的恶名了。这些高层国家官员实施的手段包括监禁、驱逐出境、离奇失踪（strange disappearances）、折磨以及使用暗杀小组。尽管这些手段偶尔也被国内敌对势力的领导者采用，但大部分情况下还是为国家官员所用，以对抗那些被认为可能产生威胁的非国家机构。认清关键角色可以提前阻止有竞争力的势力中心的出现，还可以弱化或者消灭已经强大到足以威胁国家高层统治者特权的群体。

其中一个削弱敌对势力中心的例子发生在亚洲西南部的小国文莱。1962年8月，文莱人民党（Brunei People's Party）赢得了立

---

① Myron Weiner, "Motilal, Jawaharlal, Indira, and Sanjay in India's Political Transforation," in Richard J. Samuels (ed.), *Political Generations and Political Development* (Lexington, MA: Lexington Books, 1977), p. 74.
② 吉米·卡特（Jimmy Carter）是美国第39届总统，曾在2002年获得诺贝尔和平奖。——译者注

法委员会的所有职位。苏丹①(sultan)认为人民党威胁到了他的权力，拒绝召集国会，人民党随后就发生了叛乱。在英国军队的帮助下，叛乱被镇压，大约 2 500 名政党和武装力量的成员被监禁。20 年后，仍有 9 名骨干成员被囚禁，而且没有经过审判。②

卑鄙手段也有一些相对好的方式(相对于折磨、漫长囚禁和暗杀小组)。1981 年，塞拉利昂的国家领导者在该国劳工大会(Sierra Leone Labour Congress)发动两次短暂罢工后开始对其采取行动。总统西亚克·史蒂文斯(Siaka Stevens)调用紧急力量(为多样化卑鄙手段敞开大门的一种最受欢迎的机制)进行报复，并逮捕了 179 名劳工领袖和记者。他们没有经过审判就被关押了将近一个月。③

建立联盟及国内的权力平衡

尽管仅有有限权力基础和动员能力的国家统治者试图削弱国家机构以及其他社会机构，这种行为还是受到了不少重要约束。国家机构毕竟只负责税收和管辖街道，那些效益不好的大企业需要从世界经济中获益。其他社会和国家机构可能提供重要的通讯系统，维持社会稳定性或者生产其他重要的社会产品。国际和跨国角色清偿债务的要求和对国家关键产品的需求，使其不可能帮助国家领导者漫无目的地削弱国家或者社会中的所有权力中心。

---

① 苏丹是某些伊斯兰国家最高统治者的称号。——译者注
② *Amnesty International Report 1983* (London: Amnesty International Publications, 1983), p. 189.
③ U. S. Department of States, *Country Reports on Human Rights Practices for 1981* (Washington, D. C., 1981), p. 221.

财富产品以及财政收入这两个需要大型综合机构发展的要素,是国家领导最为关心的。在有些社会中,财富是通过相对简单的提取过程生产的(如:采矿、石油钻井),或者通过出租增加很大一部分财政收入(如:原油销售或者专利税)。这些社会中的国家领导者在构建权力机构时可能会遇到较少的反抗,他们也会允许复杂社会机构寻求立足点。在非食利(nonrentier)国家,其领导者必须采取不同行动,或者使必需机构处于中央控制之下,以保证足够的产品和财政收入,或者寻找其他途径来应对那些会对权力基础造成威胁的大型综合机构。

应对这些造成威胁的势力基础的最简单方法就是遵循那句古老的格言,"会哭的孩子有奶吃"(the squeaky wheel gets grease)。那些国家和社会机构拥有可以直接使政体获利的服务和产品,却不受中央控制,但是中央可以借助国家资源、特权、歧视性税收政策,以及类似手段对其进行收买。这里我们再一次为这种政体的世袭特征所困惑了。① 这些联盟是由最强机构以及非国家组织构成的,但松散、漂移不定,我们将对其使用一些政治技巧。在这些联盟中,统治者设法让一个个组织相互角逐,同时也建立一个可以直接指挥其他威胁群体如劳工和农民的联盟。

尽管在大多数第三世界国家中工业仍理所当然地排在农业和其他原料生产业之后,其在资本积累方面也为政治统治者带来了问题。不论国家机构本身如何扩张,来自外地和本地资本的势力

---

① 见 Gerald A. Heeger, *The Political of Underdevelopment* (New York: St. Martin Press, 1974), 尤见 p. 53。

与没有牢靠根基的国家统治者形成了对比。特别是本地资本,常常需要那些由亲缘关系和朋友关系纽带联结起来的非市场团结工会来强化,因此它必须提供支持,为国家资源发表有力声明。正像彼得·埃文斯(Peter Evans)针对巴西指出的那样:"地方合作伙伴可能拥有的最重要资源就是政治权力,而拥有最直接政治筹码的地方合作伙伴则是那些国有企业。"[①]国家领导者可能会为他们自己开拓某些领域以平衡国有企业、地方资本、跨国公司以及其他重要国家机构(包括军队)之间的关系。有效使用预算、其他特权和其他生存政治手段如清理国有企业领导,可能会延长一个政权的寿命。但我们不能将这类操控和有效的国家自主性混淆。国家如果没有足够的凝聚力和协调能力进行大型政治动员,那么国家领导者就会退化为阴谋家和权术家——建立或者重建联盟并通过利用国家资源强化社会中权力和财富的现有分布的方法来进行势力平衡。这种机制可能转而刺激经济增长,却不能建立一个更加有能力且自主的国家。

当上述策略成功实施后,即使领导者没有驱逐其他实施不同规则和生存政策的机构,这种生存政治也能稳定和延长该政权的统治。事实上就像我们所看到的那样,保持国家领导者高高在上而不深入社会的位置可能反而会造成国家机构的系统性弱化。自从去殖民化时期开始,在那些国家相对于众多团体只有较少的社会控制的地方,领导者可能会在一段时间后学会如何在这种环境

---

① Peter Evans, *Dependent Development: The Alliance of Multinational, State, and Local Capital in Brazil* (Princeton, NJ: Princeton University Press, 1979), p.212.

下的政治奔流中生存。现任和未来的领导者可能注意到一股脑儿进行野心勃勃的社会变革计划会遇到风险。他们可能从前目睹了在完整的社会进程中通过国家机构实现意义深远的社会变革所隐含的内在危险。只要广泛分布的政治动员仍超过他们的掌控范围，这些他们自己建造的机构，就会像弗兰肯斯坦①一样给他们自己享有的权力带来问题。这种认识过程可能来自对从前那些领导者的不稳定掌权手段的观察。阿尔及利亚独立英雄艾哈迈德·本·贝拉（Ahmed Ben Bella）短短三年时间的统治可能也对后来将其废除的胡阿里·布迈丁（Houari Boumedienne）产生了相当的教育意义。另外，应对敌对势力中心所造成的威胁和风险的方法也可以为国家领导者所借鉴。比如，利用暗杀小组的方法就为各地所用，从南美洲到中美洲甚至远至亚洲印度尼西亚等国家。

当所有那些还没有实现其目标的国家领导者像冷嘲热讽的密谋者或者人事的操纵者那样执掌大权时，我们就不能认为第三世界国家的领导者已经彻底成功地取代强人而取得了主导地位。从事生存政治工作并不意味着一个领导者认为把国家当成工具进行先进社会变革是毫无意义的。事实上，这样的领导者往往在获得权力的时候是雄心勃勃，带有一套改革计划的。他们在权力面前常会遇到这样的矛盾——在缺乏足够政治动员的情况下支持强大的国家机构发展所面临的风险——这种矛盾常会导致主导权的关键性变化。如果议程的发起者没有在政治危险中坚持下来，那么

---

① 弗兰肯斯坦是英国作家玛丽·雪莱的小说《科学怪人》（Frankenstein）中的人物。这里指毁灭创造者自己之物。——译者注

这个议程也就一文不值了。政治生存成了实现任何重要且长远的社会变革的先决条件，成了引起国家领导者注意的核心问题。社会变革计划可能仍是公共辞令甚至是政策声明和立法的基础，但是在国家的最上层，生存政治剥夺了国家机构看清这些计划的能力。

行政管理的政治

高层的生存政治对那些较低级别的、被委任执行政策的官僚们有着深远影响。天高皇帝远，政策执行者常常远在国家领导者视线之外，甚至常常远在该机构上层官员的视线之外。他们所能产生的威胁很小，以至于不可能建造足以撼动国家领导者位置的权力中心。但是，在决定究竟是国家的还是强人的权威或规则真正起作用时，他们起了关键作用。不幸的是，关于政治和社会变革的学术文献几乎没有注意到这些国家公仆。道格拉斯·S. 范·米特(Douglas S. Van Meter)以及卡尔·E. 范·霍恩(Carl E. Van Horn)在他们关于国家政策失败的讨论中写道："很多观察者错误地将失败归因于计划不够，或者计划本身存在缺陷。"[1]而事实上，这些官僚执行者才是政治过程中的关键角色。生存政治对这些执行者的间接作用、他们在政策执行中的核心作用以及他们面对的全部社会和政治压力使他们扮演了一个关键角色，决定了国家是否能够完成其领导者的目标。这些执行者是谁？格林德尔对他们

---

[1] Douglas S. Van Meter and Carl E. Van Horn, "The Policy Implementation Process: A Conceptual Framework," *Administration and Society* 6 (February 1975), p. 449.

作出如下描述：

> 中级官员组成的团体，他们负责在一个特定的、相对受限的领域，比如一个州、区、省或者城市地带执行项目，他们的上司要为计划的结果负责。这个团体在现场管理中处于第一或者第二等级，常常与国家或者地方上级保持联系，但也偶尔与政府机构客户或者地方级别的项目反对者相互作用。这些中级官员在处理自身的事务时具有相当的辨识能力，甚至当这一事务不是他们日常职责的一部分时，他们可能也会对个人配置决策产生一定的影响。①

简单说，执行者就是那些执行项目、立法以及领导者政策声明的国家官员，他们对执行那些方针负责，而这使得他们成为日常行为的规范。他们必须在基层确保政策能够运行并起作用。

谁影响执行者的行为？最显而易见的是，他们需要看上司的眼色。毕竟，这些国家和地方级别的官员身负使命，并且负责监督那些官僚等级低于他们的人。然后就是那些项目的客户，那些打算从政策规则的改变中获利或者被其规制的人群。另外，还有一些是来自其他国家机构或者政府资助的政党中的地方人物，他们对于资源配置以及他们管辖权内部的规则改革有浓厚的兴趣。最后还有些是非国家的地方领导者，也就是我们之前所说的强人，比如地主或房贷者。这些人为地方群体更新了现有的生存策略或称

---

① Merilee S. Grindle, "The Implementor: Political Constraints on Rural Development in Mexico," in Merilee S. Grindle (ed.), *Politics and Policy Implementation in the Third World* (Princeton, NJ: Princeton University Press, 1980), p.197.

行为规则,但同时他们的社会控制也被新政策传达的国家规则和策略所危害。

在与上述这些群体产生的复杂交错的压力进行周旋时,执行者受到了野心的驱使,这种野心是一套使他们能够权衡压力并且评价可能对他们的地位产生影响的标准。在国与国甚至地区与地区之间,这些执行者权衡来自各个方面的压力,确定其对他们职业的影响的程度都不尽相同。那些责任和控制较强的机构,特别是上级希望保护其官员免受其他团体压力的地方,执行者常拥有较高的道德水平,并且遵守既定的政策声明和法律约束。莫顿·H.哈尔佩林(Morton H. Halperin)认为这些高度积极的官员相信"他们所做的确实会改变并且促进国家利益"[1]。(至少他们自己这么认为。)但即便如此,野心也会凸显出来。哈尔佩林继续写道:"首先,职业官员必须相信在机构中还有上升空间,并且这个机构也在试图保住他上升的机会。"[2]我们也可以从另一面看到:职业官员必须相信该机构也可以保护他们免受那些相反的政策目标所造成的驱逐或者降级危险的侵害。

国家最上层的生存政治可以显著减少下层的责任和控制。首先,机构领导者的任命是基于对统治者或者种族联盟的忠诚度的,这就削弱了单个机构的有效操作及监管能力。这种任命也削弱了机构职员的一贯目标,并且打击了那些认为循规蹈矩就会推动国家利益的人的积极性。

---

[1] Morton H. Halperin, *Bureaucratic Politics and Foreign Policy* (Washington, D. C.: Brookings Institutions, 1974), p. 54.
[2] Ibid..

其次,也可能更为重要的是,对机构首脑的频繁换届可能会对政策执行产生毁灭性的影响。新任机构首脑常常有一套自己的政策议程。由于政策的本质以及对现有规则的冲击,它削弱了那些强人从自己现有的规则中获取不相称利益的能力。而且,与这些强人战斗的恰恰是执行者,他们同时可能遭到强人在政策上或者职业上的攻击。如果机构首脑连同他的项目进程将在几个月内被清理掉,那么执行者会非常不情愿地承担当地领导者旨在推行将要消失的政策而施加的强大压力。毫无疑问,新任领导上任后就会推行全新的特权和政策了。

在墨西哥,所有的执行过程都笼罩在 *sexenio* 的阴影下,政策执行呈现出一种特殊的节奏。总统任期的最初两年被大量的机构清理工作占用了。在 *sexenio* 的后三分之一时期,执行者变得极度谨慎,担心自己在那些可能不为下一届政府重视的政策中表现得过于突出。高层官员早已在新职位的竞选活动中转移了。只有在就任中期的两年内,改革才能有一个较大的推进,这根本不足以保证改革所需的持久力。格林德尔指出,这其中隐含的是"对自己的职位升迁或者向更有利于自己的方向发展的需求"[1]。

为了被每一项政策充分认可,执行者需要面对太多的危机,特别是与自己的职业有关的危机。安东尼·唐斯(Anthony Downs)将不可避免的"职权筹码"评价为一个作用在机构上的政策。[2] 在"大洗牌"进行的地方,领导者的责任和控制被削弱,于是这个筹码

---

[1] Grindle, *Bureaucrats, Politicians, and Peasants in Mexico*, p. 169; p. 160 ff.
[2] Anthony Downs, *Inside Bureaucracy* (Boston: Little Brown, 1967), p. 134.

可能会变成一次"大出血"。在这些情况下,执行者的野心会使其违背上层下达的政策要求。这种反抗常常采取巴尔达赫(Bardach)所说的"象征式行为"的方式,即"试图公开表现对某个项目所做的贡献,而实际上这些贡献往往很小(有名无实)"①。

第三世界的部分执行者由于懒惰、意志薄弱以及缺乏为改革负责的精神而被学者以及国外援助官员列为典型。学者很少会去关注使这些执行者"懒惰"或者"不负责"的压力。公共政策不会因为"新一类"执行者上任而很快成功,也不会在我们仅仅关注新的管理技术时成功。

有野心的执行者会费尽心思去阻止那些显示他们无法"应付"形势的信息由上层传到他们的上司和机构主管那里。就像巴尔达赫在美洲部分提到的:"很大一部分精力都用于阻止责任追究、详细审查以及过失处理。"②这个总结在第三世界的情况下更为适用,因为在那里,频繁的上层"大洗牌"使得机构上层官员对那些不能维持地方局势的执行者更加没有耐心。在设法分析谁可能向上传递这种负面信息以及考虑如何阻止信息传递时,执行者必须保持低姿态。

对执行者造成严重威胁的常常不是那些社会项目的预期受益人。他们对此的接触很少,也没有手段来宣传执行过程的失败之处,也不可能通过传递差劲的政策实施情况的负面信息来影响领导者。他们的声音也常常被忽略,因为他们的靠山是那些坚决反

---

① Bardach,*Implementation Game*,p. 98.
② Ibid., p. 37.

对国家政策计划的地方强人。他们依靠的那些团体的规则和策略受到国家社会政策的威胁。因此，这种政策目标并不是一个随意的客户，而是那些易受地方领导者威胁性制裁影响的公众。一个政策的潜在"受益人"可能同时也会丧失从现状中得到的收益——如不能保证租约安全实现、丧失信用或者丢掉工作。在向国家政策要求合法利益以及指证执行者在执行过程中的无耻行为时，他们现在使用的生存策略遭到了威胁。

执行者潜在的威胁群体是其他国家机构或者政府资助政党的地方干部以及受到新政策威胁的强人们。执行者常常面对这两个群体之间一系列复杂的相互妥协。地方领导者通过他们实施的社会控制，对国家和政党官员起了关键作用。他们采用的方法包括投票（在可以进行选举的地方）、保持社会稳定、提供接触民众的通道等。接下来，国家官员和政党干部会回报政策执行者。当执行者威胁到现存的权力结构时，正是这些官员向高层国家和政党官员传递了信息，从而可能毁掉这些执行者的仕途。比如墨西哥的执行者发现，任何针对他们的改革策略"常常在地方层面遭到国家或者地方政党主管的反抗，如果农民摆脱了依附和剥削的束缚，那这些主管的个人利益将会受到损害"①。在那些国家最高层实施生存政治的地方，中层管理部门的执行者也感受到了变革给他们带来的压力。执行者必须学会通过向下层规则制定者妥协，阻止负面信息向上流动。

---

① Grindle, *Bureaucrats, Politicians, and Peasants in Mexico*, p.180.

第三章 强国家，弱国家——权力和妥协

地方层面的政治：相互妥协和国家被俘获

对于那些关注第三世界社会是如何被统治以及政治对社会变革所造成的影响的人来说，在地方层面常常可找到最多最有意义的启示。就是在这里，执行者陷入了与强人和其他国家及政党官员的三角关系之中。国家-社会关系造成的结果是无法预料的，至少对于那些只研究首都城市政治的学者来说，是难以预料的。某些学者可能只关注现行公共政策以及有能力影响那些政策的大型国家机器和国家机构，而实际对国家政策的影响可能与这些学者预期的结果截然不同。研究者常常会假设"一旦一个政策由国家'制定'出来，该政策就一定会被执行，而且结果会非常接近政策制定者的预期"①。

格林德尔将墨西哥的地方政治总结为"一个妥协和回报的系统"。在这个系统中，"总督、酋长以及其他政治角色在现行体制下获益远多于他们保护其下属的政治权利所得"②。在墨西哥进行的一项社区研究也显示了相似结论："这也可以理解为什么PRI（人民制度党）这么热衷于保护地方长官以及国家代表选举的结果了。任何对这些公务的阻碍和反对都会削弱经济和政治系统中的

---

① Thomas B. Smith, "The Policy Implementation Process," *Policy Sciences* 4 (June 1973), p. 198.
② Grindle, *Bureaucrats, Politicians, and Peasants in Mexico*, p. 179.

利益。"①

麦伦·魏纳(Myron Weiner)在讨论印度政治逐渐导致英迪拉·甘地(Indira Gandhi)1975年发表紧急宣言时也描述了相似的情况。他写道:"这个系统给了地方层面那些常常反对国家政策实施的人极大的权力。"②弗兰克尔(Frankel)在分析印度农村合作政策时也得出了类似结论。尽管政府合作部(Department of Cooperation)的巨大权力已经被写入法律中,但政策还是明显失败了。弗兰克尔暗示了执行者和地方强人的勾结:

> 政府合作部在地方确定的阶层环境中履行职能,其运行方式一般不同于国家政策的平等主义目标,更倾向于与现存权力结构的利益一致……与政府通过合作动员地方资源投入政策的基本目的相反,合作信用框架转而变为对相对富裕的地主阶级的私人投资(有时表现为消费或者借贷活动)进行公共补助。③

地方层面的妥协意味着没有一个单独的群体垄断了权力——执行者、地方政客、强人都没有做到这一点。地方政治反映了每个角色之间的权力交易。执行者就像上面提到的,必须阻止任何负面信息的流动以及接受来自上层的审查。不过,由于他们通过国家管线配置了那么多资源,他们在地方层面的交易中常常处于强

---

① Antonio Ugalde, *Power and Conflict in a Mexican Community: A Study of Political Intergration* (Alberquerque: University of New Mexico Press, 1970), p. 122.
② Weiner, "Motilal, Jawaharlal, Indira, and Sanjay," p. 72.
③ Frankel, *India's Political Economy*, pp. 196-7.

势地位。只要在他们的机构中责任和控制还有些许意义,他们就会用这种交易权力通过缩减配置资源的应用范围来保护自己的前程。另一方面,在有效的监管几乎无法触及的地方,执行者可以根本不顾特定政策的总体目标,通过他们的筹码为个人谋私。不论哪种情况,地区和地方层面的官僚都在其中扮演了关键角色,决定了谁得到什么,他们又能够在其中做什么。国家官僚不可避免地成为地方资源分配中的主要角色。因此,国家权力受到的约束必然是,资源的实际分配可能会严重偏离首都城市法律和政策声明中的既定条文。

地区领导者、国家管理者、地方党派首领这些地方和地区政客们面对的限制和机遇与执行者类似。来自上层的审查越接近自己,对可接受行为的规定就越严格。在监管松懈的地方,他们就能用自己的预算判断、与上层国家领导者的联系以及他们自己的职权能力为个人谋私。但是和执行者一样,他们在破坏宣传上十分脆弱,并且他们需要依附于那些实施地方控制并可以进行任何公众动员的强人。

在这种政治交易中最有趣的角色可能要数强人了。随着时间的推移,他们逐渐依赖于从合同到免费材料的各种国家资源,从而维持其所辖人群的依附关系。当这些强人行使的社会控制使其可以对国家提出要求时,其机构或者组织中的那些小财阀也会对机构自身造成伤害。一般情况下,这些强人没有能力在他们中间建立重要的机构基础,这也意味着通过国家机构实际筛选给他们的资源是相对较少的。强人对这些明显出于自己利益所建立的社会控制的有效维护,促成了当地的稳定,不管怎么说,这也正是政权所想要达到的结果,因此国家领导者无需在强人管辖地区投入大量的国家资金。这样,尽管强人获得的国家资源对农村贫穷地区和城市贫民窟来说似乎是绰绰有余了,但这实际上只占了国家财政总收入的极小份额。更大的部分被用于如武装部队、私人企业、国有企业这些可能对上层国家领导者造成直接威胁的更大权力中心。

在提供生存策略时,强人将可供他们支配的国家资源的一部分用于拉拢公众。他们使用资源的自主权在很大程度上取决于实施者的权力交易。简言之,强人联结了国家资源及人力以维持其地方统治。但是他们最基本的目标是和国家相反的。国家领导者将国家看做一个建立单一管辖权的机构,这种法律规则在国家内部各个边界上都是相同的。这正是现代国家渴求的。而这些强人,不论是村落领导、城市领袖还是富农,却在向相反方向努力。他们试图在相对小很多的边界内维持自己的规则以及关于谁得到什么的标准。尽管在某些方面他们会愿意强化国家,或者至少强化那些他们利用的资源,但是他们也必须阻止国家实现其领导者最根本的目标,必须阻止其达到能够直接为公众提供多种生存策略的位置。

这种反对的驱动力,以及强人试图同时支持和反对国家的精细平衡,使得他们在尽可能大的环境中将控制最大化。而且,他们发现执行者在妥协过程中制定的规则很恼人。事实上,很多强人控制了国家的某些部分。他们成功地使自己或者家庭成员坐上官方国家的位置,以保证资源配置可以按照他们的规则进行,而不是按照首都城市或者某个强势执行者发布的命令及政策声明进行。

因此,国家逐渐成为妥协的大舞台。这种妥协至少在两个层面发生。首先,地方和地区强人、政治家以及执行者在政治、经济以及社会交换的网络中互相妥协。他们的交易决定了该地区的国家资源的最终分配。其次,妥协还存在于一个更大的范围中。只要为公众提供可以利用的生存策略,强人就可以保证地方稳定性,这对于整个政体的稳定性至关重要。国家领导者很乐意接受这种甚至无需建立一个复杂制度化的国家机构就能得到的稳定性,作为交换,领导者默许了强人的地方控制甚至是其对国家分支的掌控而并不进行积极反对。强人最终强化了交易地位或者在国家内部的职位,从而可以对资源配置和政策规则实施产生重要影响。

结　论

官僚形式主义,频繁的内阁大洗牌,国家官员侵犯人权,这些在第三世界国家并不是特例或者随机发生的,也不能简单将其解释为腐败、虚假、无能政权和领导的产物。就像我在这篇文章中讨论过的,社会结构影响了国家最高层次的政治,在相对低的层次影响了国家政策执行者的行为。如果我们想要理解国家领导者的能力和性格,即理解他们为公众制定规则的能力以及生存政治主导其他议程事项的程度,我们就必须从社会结构出发。在那些强人没有受到强大保护或者被削弱的社会结构中,国家领导者更有机会实施一套单一的规则,即国家规则,从而为广泛的、持久的支持提供渠道。在这种情况下,领导者的任务是广泛推动社会和政治进程。就削弱国家能力以实施其他公共政策而言,不需要进行很激烈的生存斗争。

这篇文章也强调了其他情况：即某些社会中，社会控制被授权给很多地方社会组织。这种情况下，行为规则是由身居关键位置的强人决定的，如地主、酋长、老板、放贷者以及其他人。他们将自己安置于公众和土地、信贷、工作机会这些关键资源之间的能力，使得他们可以为其对象制定多种生存策略。拥有这种社会控制的社会结构无需借助国家政治手段动员这些对象。国家领导者特权的改变（在社会变革中生存）、国家政治的类型（"大洗牌""卑鄙手段"等等）、国家机构的结构（多余的机构）、执行政策中的困难、对于执行者的综合压力、对国家分支的控制——所有这些均来源于碎片化的社会结构。

政策执行者和地方社会机构领导者之间的互动使得国家资源可以为强人所用。这样这个讨论就结束了。我们从地方领导者实施的社会控制以及这种社会结构对国家的影响出发。现在我们又看到国家的资源、政策以及人力对社会结构的影响。我们在很多第三世界案例中也发现，地方领导者的分立社会控制和特定规则得到了强化。国家丰富的资源也加强了这些人的土地、信贷、工作等他们为对象提供的生存策略的基础。地方领导者成了合同、工作、商品、服务、武装力量和职权等渗透到国家各个分支的产物的中间人。简言之，碎片化的社会控制影响了国家的特征，反过来说，国家特征也加强了社会的碎片化。

至少从目前来看，建造可以有效实施规则和政策的有凝聚力的国家在充斥着碎片化的社会控制的社会之中并不那么可行。城市和农村领导者或者其他类似的强人强大的讨价还价能力，以及对国家分支的控制,使得国家领导者在这些社会中广泛进行政治动员的前景变得更加渺茫了。国家领导者的两难困境在很多国家中都凸显出来。如果不能进行动员,那国家领导者推行改革计划的能力或者协调那些明显独立于其他权力中心的国家机构的能力仍会受到约束。那些关注这些国家局限性的学者,特别是研究在一个政策被采用后会发生什么的学者,提出了弱国家的概念。

甚至在受到碎片化社会控制的限制时,国家几乎仍然可以在各个地方发展并稳定扩大其自身资源。即便有时会产生相当意外的影响,国家机构和资源仍然变成了社会中的主要存在形体。学者提出的强势合作或者官僚威权国家的形象反映了国家机构对社会生活几乎方方面面的冲击。国家的资源和特权影响了社会组织与维持其特定类型和政治稳定性的方式。但是若从国家机构的扩张、国家与资本的联合、国家资源在乡村地区和城市贫民区的重要性推论出国家必须自主这个结论,则是错误的。不论是通过在国内外首都联盟中占有独立地位还是通过改革者的社会政策,社会的重塑都超出了很多第三世界国家的能力范围。最终造成那些关于财富、政治和社会权力根本性的重新分布的政策常常会产生相反作用,实际上却强化了现有的分布。碎片化社会中的国家更倾向于维持一个妥协的舞台,而不是成为公众社会行为主要变革的资源。

第三部分

一种过程导向的研究路径：建构国家和社会

第四章 国家人类学——争夺支配地位的斗争

17世纪,即在资本主义和工业革命达到鼎盛之前一百年,托马斯·霍布斯写成了《利维坦》一书,从那时起,思想家们就开始探索权力不断增长的国家(state)和其在社会中的作用。工业革命之后,古典社会思想家如马克思(Marx)、韦伯和涂尔干(Durkheim),均致力于研究围绕后来被卡尔·波兰尼(Karl Polanyi)称为"大转型"①的问题。他们也对民族国家及其与欧洲社会突然产生的重大政治、社会变迁的关系这一问题产生了兴趣。

一些思想家,例如黑格尔学派(Hegelians),把国家和"国家"这

---

① Karl Polanyi, *The Great Transformation: The Political and Economic Origins of Our Time* (Boston: Beacon Press, 1944).

一概念，置于在欧洲突然发生的广泛的社会和政治变迁的中心。其他思想家，包括马克思，拒绝把国家作为首要因素，而是在社会的其他力量中发现了历史变迁的渊源，特别是社会生产的组织。马克思和其他人看到了存在于正式的政治框架之外的驱动力量，但是即便是他们也感到探讨有变革能力的国家（transformative state）这一概念的必要。

社会学理论中在关于主要社会转型和这些转型与国家之间的关系的议题上有过经典的讨论，本书的潜在问题与这些讨论的主题相契合。国家在什么时候、以什么方式能够建立全面的政治权威？它们什么时候能够成功地定义社会的主流道德观念，决定日常社会关系的标尺——无论是保存旧有的还是创建新的？它们什么时候、以何种方式能够为其社会建立经济的发展规划——分配资源，建立投资、生产、分配和消费的模型？而其他社会力量，无论是社会各个阶级还是某些小党派，何时开始阻碍国家发挥作用或者利用它为自己服务，何时用自己的方式发明象征体系，塑造日常社会生活的种种行为，构造经济生活的模型？

如同在最近两个世纪的经典争论中一样，在如何解释社会转型这个问题上，"二战"后几十年间的学术研究一直在社会中心理论（society-centered theories）和国家中心理论（state-centered theories）之间摇摆。最近十年中，理论家们经历了过去五百年间主要的社会和政治转型，已经向国家中心理论倾斜。他们已经明确地承认了国家在决定社会支配模型中发挥的关键的、制度性的作用。①

但是,无论在国家中心理论盛行时期还是在社会中心理论盛行时期,当许多经验主义研究者描述团体(association)和权威(authority)的细微差别的时候,很遗憾,许多中层理论家(middle-range)和宏大理论家(grand theorists)试图毫无区分地对待国家和社会。一些学者将国家或公民社会(civil societies)表现为不可分割的整体,误导人们认为在历史的关键结合点上国家或社会是朝着单一方向行进的。国家中心理论家们(当这一解释正流行时)沿着这一理论倾向直至要把国家具象化(reify)和人神一体化。由于视国家为一个有机整体并赋予它本体论的地位(ontological status),这些学者模糊了争夺社会统治地位的斗争的多样的动力(dynamics)和模式(patterns)。

本章中,我要探讨学术研究如何能够超越在国家和社会之间建立平衡,矫正极端的国家中心论的研究倾向。我们需要打破未分殊化(undifferentiated)的国家和社会的概念,这样才能理解它们如何各自朝着多种不同的方向行进,并最终导向不可预测的支配

---

① 支配(domination)是指通过行使发号施令的权利来获得服从的能力。韦伯用这个名词指 *Wirtschaft and Gesellschaft* 一书中所讲的支配(domination)。参见 Max Rheinstein, ed., *Weber on Law in Economy and Society* (Cambridge, MA: Harvard University Press, 1954), pp. 322 - 37。服从的动机可能来自威胁,也可能来自自主的顺从。这种顺从是由于服从对象视统治者为合法权威。(在讲到支配的来源时,韦伯使用了略微不同的术语,他把支配视为个人利益、统治者垄断地位的效力,或者依赖于权威、发号施令的权力和服从的义务的力量。见 p.324。)"支配"用在此处要比威胁或合法权威更为全面和有包容性。支配可以地域化,或在社会更广泛的范围内施行。但另一方面,霸权这一术语虽然也包含威胁和合法权威的因素,却只包含在社会更广泛范围内施行的支配。

和社会转型的模型。

我试图在此介绍一种分解国家和社会的方法；这样做我的确失去了一般规律性解释的优雅，譬如从理性选择角度出发的国家主义理论方法。这些规律性理论注意到国家或社会群体取得支配地位的过程——即便这些过程发生在大相径庭的时空背景之下——且注重这些过程发生的单一逻辑性，譬如民族国家为增加税收这单一动机所驱动。① 这种逻辑非常吸引人。以此为基础的一种无所不包的理论假设一个更加概括的关于人类社会、心理和政治的理论的存在，虽然这种理论现在不存在，在可预见的将来也可能不会有。

本文旨在提供一个从历史的角度来说更加具体的研究权力的方法。也有超出这种方法的需要，也就是通过人类学家曼宁·纳什(Manning Nash)所谓的"仔细研究的关键案例"——反映学者扎根于社会的案例分析——来做出有说服力的、比较性的概括。② 但是，这种研究权力和社会控制的方法留有一定的空间来说明（我希望以一种优雅的方式）如何观察构成社会和国家的关键因素，以及这些因素间的相互关系，即便这些因素的不同组合方式会导致不同情境下的不同结果。③ 本章中，我将建议一种国家人类学，一种

---

① 想要了解近期的例子，请参照 Margaret Levi, *Of Rule and Revenue* (Berkeley: University of California Press, 1988)。
② Manning Nash, *The Cauldron of Ethnicity in the Modern World* (Chicago: University of Chicago Press, 1989), p. viii.
③ 纳什写道："哪些构成因素(building blocks)被利用去建构一个范畴(category)，形成了什么样的界限来区分这一范畴与其他范畴，这些从历史的角度看都是具体确定的。"

第四章 国家人类学——争夺支配地位的斗争

通过关注(focus)国家公务人员在国家的四个不同层级上所遇到的不同压力来分解国家的方法。这些压力发生于我所说的支配和反对支配的各种社会竞技场(arena)中。这些竞技场也有利于我们分解除了国家组织以外的其他重要社会力量。对于社会的其他部分(parts)的研究,我首先提议我们需要远离这样一些理论:那些不顾社会力量的自我意志和实现手段的理论,以及那些为社会假定了一个解释行为和信念的主流模式的整体框架——例如一种统治阶级的存在——的理论。然后,在考虑国家和社会的结合点时,我建议我们需要把作为整体的社会和公民社会区分开来,以便分析社会与国家间的互动。

我的中心论点是,在社会上争夺统治地位的斗争并不只是追问谁控制了国家的最高领导地位(这是媒体和学术界的普遍假定)。这些斗争也不总是在大规模的社会力量(如整个国家、社会阶级、公民社会等)之间、在宏大的层面上进行。争夺统治地位的斗争发生在社会各种不同的竞技场中;在这些竞技场中,国家的各个部分(parts)不仅彼此关联,而且还作为互动乃至冲突着的各种社会力量中的一个(社会力量)而存在。这些个体部分可能会像回应国家组织的其他力量一样(或更多地)回应其所在的社会领域(social field)——即在同一个竞技场内的其他社会力量。例如,一名国家官员在印度奥里萨邦(Orissa)推行计划生育政策(birth control policies)时,可能必须得同时考虑到当地的地主、宗教领袖、商人,以及远在新德里的主管及议会,而且他/她对这些人的考虑可能会导致在奥里萨邦实施这项政策的资源部署大大不同于在德里实施时那样。我认为,为了收集支配的模式(patterns of domination),我们必须集中考察斗争的积累和在社会各种竞技场中的妥协(accommodation)。而只有通过在观念上分解社会、国家和它们之间的结合点,这种集中考察才有可能实现。在某些案例中,大量斗争的结果会使一个国家移向整合的支配(integrated domination),这时国家或社会力量广泛地建立起自己的权力。在其他一些案例中,发生于社会竞技场里的各种冲突和阴谋可能导致支配的分散瓦解,这时无论是国家还是社会力量都难以取得全国范围的统治地位,而且国家的各个部分有可能朝着不同的方向发展。

一些竞技场内的斗争可能会局限于贫困萧条的城市贫民或者遥远的村庄;其他斗争可能是全国性的,扩展到争夺国家权力本身。在各种各样的背景下产生了国家与社会循环往复的互动关系(recursive relationship),即国家和社会的各个部分间的相互转化的互动。冲突往往在具体问题上骤然爆发:国家试图增加税收,地方人士努力争取控制特定国家机关和资源,国家机构试图规范某些行为,地方强人企图延伸自己的控制范围,等等。这些斗争重新塑造了国家和社会力量。

国家和社会其他力量的进取精神(initiatives)经常是在一些与"大转型"相关的重大变化刺激下产生的——城市的发展壮大,对非畜力能源运用的增加,农业在国内生产总值中的下滑,等等。这些变化已超出欧洲,遍及全球的各个角落。资本主义和强大的欧洲式国家的先例响彻每一个大洲,使这些地区对新思想和新方法的利用、回应,以及在本地区的调整适应等混乱和混合(dislocations and mixtures)的过程不断加速。这些过程构成了对现有的重要资源分配体系的冲击——这些资源指土地、其他形式的财富、人际关系、符号体系的代表,等等——在全社会引发新生的和复兴的斗争与妥协。偶尔,这些斗争会产生完整统一的统治,国家在其中扮演主导的角色,但在其他情况下,这种中央集权(centralization)是虚无缥缈的(elusive),往往以分散的统治而告终。

以欧洲为中心的市场 19 世纪前几十年间在安纳托利亚(Anatolia,土耳其的亚洲部分)的不断渗透为我们提供了后一种社会转型的案例。雷萨特·卡塞巴(Reşat Kasaba)曾指出希腊商人(希腊在西方拥有地理位置优势)如何利用和欧洲贸易的新机会大量地增加他们的财富。[①] 这些商人住在地中海的港口城市,不受国家严密的监管,长期以来在商业活动中一直享有相对的自治。19 世纪中期贸易繁荣时,他们也很少面临来自曾与其贸易的欧洲伙伴的新限制。奥斯曼帝国的官僚们明白土耳其这个国家若想要生存,必须将自己置身于这股繁盛的贸易潮流之中。但是,欧洲市场与各地商人之间的联系业已形成的新形势,意味着曾因阻断贸易而备受谴责的奥斯曼帝国,不再像以前一样享有控制粮食和其他原材料价格的优势了。奥斯曼帝国发现自己要适应权力崛起的商人们(例如,聘请一些商人担任政府要职,或赋予他们渠道让其参与本地的行政管理),而且,这样做的同时,它已经在 19 世纪的历史潮流中急剧地改变了自己。但奥斯曼帝国没有猛然走向中央集

[①] Reşat Kasaba, "A Time and place for the nonstate: social change in the Ottoman Empire during the 'long nineteenth century,'" in Joel S. Migdal, Atual Kohli, and Vivienne Shue (eds.), *State Power and Social Forces* (New York: Cambridge University Press, 1994).

权化和增加国家的支配,它最终采取了一系列互相矛盾的措施,提升了希腊商人和他们的目标,与此同时促进了国家对这些分散的商业过程的控制。

无论推动力存在于世界资本主义的扩散还是存在于其他因素中,新形势所激发、促进的这些斗争和妥协才是关键。我致力于发展一种分析路径,解释社会中的支配(domination in society)的性质;这种方法在人们研究以下问题时会被用到:国家和社会力量实践其支配模式的变化和维持。针对何时何地我们可以期待发现什么样的支配模式流行,我还会提出大量的核心假设和有根据的推测。

第三世界背景下的争夺支配地位的斗争使其成为一种完全的信念。① 在亚非拉各国,现有的社会关系和社会制度在上个世纪承受了严峻的压力,而且和大多数欧洲以外的地区一样,已经变成如艾瑞克·沃尔夫(Eric R. Wolf)所说的资本主义世界的"依附性支持区"(dependent zones of support)。② 那些雄心勃勃试图对日常生活进行深远控制的人引导着新的国家结构;这些新的结构却仅仅是加强了那种压力,尤其是在"二战"期间。

在英、法封建主义余烬尚存之时,玫瑰战争和投石党之乱均说明激烈的、基础层面的纷争与将国家支配强加于社会之上的企图

---

① 第三世界这一术语用于此处不针对任何具体的对象,也不是为了分析的精确性(or analytical rigor)。不过,若想找到这一术语及其局限的案例,请参见 Christopher Clapham, *Third World Politics: An Introduction* (Madison: University of Wisconsin Press, 1985), chap. 1。
② Eric R. Wolf, *Europe and the People Without History* (Berkeley: University of California Press, 1982), p. 296.

的联系,以及社会力量对日益强化的国家力量的激烈反应。马克斯·贝洛夫(Max Beloff)说得好:"17、18世纪,政治主权(political sovereignty)这一现代思想,即认为'普天之下莫非王土,率土之滨莫非王臣'的观念,仍然是有争议的,而不是所有政治行为的潜在假定。"①

第三世界社会,混合了国家机构的扩张、根深蒂固的地方权力关系、市场引发的经济和社会波动,能够为20世纪提供相似的见解。这里,标准和规则、规定和法律、符号和价值,经常是强烈冲突的对象(这种冲突有时是隐蔽的)。国家自主权和阶级的形成——近期的国家中心理论家如此设想和期待,全球性的甚至是存在论意义上的——并不是完全确定的结果。社会科学需要一种方法来瞄准位于20世纪社会和政治变化中心的争夺支配地位的斗争。本文所述的方法描绘了在社会中的国家,它不仅对第三世界有用,而且提供了理解欧洲社会,也包括共产党国家和北美社会的有效方法。

我的起点是社会中的这些领域——支配和反对支配的竞技场——在那里,包括国家机构在内的各种社会力量使彼此卷入其中。我建议,在这些各种各样的社会力量试图向普通人的生活、日常生活中的社会关系和人们理解周围世界的方式施加自己的影响时,我们应该深入探究国家组织和其他社会力量(以及它们预料之外的结果)之间的冲突和联合。本文通过审视和分析三种现象来

---

① Max Beloff, *The Age of Absolutism*, 1660–1815 (New York: Harper and Row, 1962), p.20.

突出国家和社会之间的关系——这一任务好比观看一个马戏团的三个场子。它们①是：社会；国家本身；社会与国家间实际的结合点、联系(engagement)和分离(disengagement)。在本文余下的部分，我将分别讨论这三个方面。

社　会

由于社会如此的复杂、不定形，如此的难以把握，在社会学中使用这一概念的常见方式是找一个概括的、完整的框架来为社会全部的(或大多数)分散的部分建立起模型(patterns)。马克思主义的社会思想家把统治阶级或者由统治阶级和国家结合所产生的霸权描绘为控制着整个社会的力量。当他们认为社会被拉向不同的方向时，这些斗争就被理解成发生于某个阶级和其他广泛构造的社会阶级之间。如同马克思主义者一样，自由主义社会科学家也理所当然地认为社会的存在假定着某种霸权或涵盖整个社会的支配关系。对于他们来说，完整的框架是对社会规范的一致认可——这些社会规范是关于个人和群体在谁得到什么这一问题上如何竞争；它们在多少有些受限的国家的权威结构中部分地表现出来。② 社会斗争源于多元利益集团对公共政策的影响的争夺，这些竞争均维持在精心设计的游戏规则的框架内。近期的国家中心

---

① 指这三种现象。——译者注
② 文森特指出，自由主义理论家所假定的多数一致(consensus)乃是集体结晶。但是，他抱怨说："多元主义者似乎有时将这个集体结晶建立在薄弱的基础上。"他解释道，并不是所有的群体都接受这个基本构架："各种群体可以像任何一个国家一样有压制性(oppressive)、卑劣(mean-minded)、具有毁灭性(destructive)。" Andrew Vincent, *Theories of the State* (Oxford: Basil Blackwell, 1987), p. 216.

第四章 国家人类学——争夺支配地位的斗争

理论家们也接受了社会范围内的统治或霸权这一概念,只是比起马克思主义者和自由主义者,他们都更倾向于明确地把注意力集中在社会的国家组织(society's state organizations)所创造的结构与权威上。[①]

有一种假定认为存在一个统一结构(无论是存在一个统治阶级,对竞争规范的共识,还是国家)来解释所有情况下的支配模式和分配模式,本文提供的研究社会的方法对此提出质疑。我提出一个经验主义优先的问题:各种竞技场内的斗争是否已经积累到能创造主要的阶级(阶层 classes),这些阶级能用自己连贯的计划塑造一个社会,或者形成广泛认同的标准化制度结构,或者一个能包容竞争的国家组织? 如果真的存在这样的阶级、结构和国家,我们就一定要假定它们能无限期地整合在一起吗?

对马克思主义者来说,团结的社会阶级和范围广泛的争夺支配的社会斗争——阶级斗争——经常更容易在想象的理论化过程中找到,而不是在现实社会中找到。汤普森(E. P. Thompson)曾指出,阶级,当其是特定地点和特定时间下特定历史条件的产物时,已经成为一种探索方法,"阶级,随着其在 19 世纪工业资本主义社会中产生,以及它随后给阶级研究的启发式范畴所留下的印

[①] 参见 Peter B. Evans, Dietrich Reuschmeyer, and Theda Skocpol, eds., *Bringing the State Back In* (New York: Cambridge University Press, 1985)。文森特(Vincent)指出,自由多元主义(Liberal pluralism)"试图理论化一个对于国家的观点,这种观点囊括了群体生活最大限度的差异和某种中心权威"。他指出,有些人争论道:"有人从后门而入,走私了国家。"Vincent, *Theories of the State*, p. 210.

记,已无权再断言自己具有普遍性"①。针对19世纪英国农业和资本主义的混合,汤普森写道:"如同每一个真实的历史情境一样,它来自于特殊的社会力量平衡;它不过是看上去无限多个社会突变之一(在这些突变中,每一个突变都与差不多同时发生的其他突变有着密切的基因联系)——真实的历史提供了丰富的社会突变。"②在欧洲其他国家和世界其他地方,能够领导社会的阶级,或者社会主要斗争围绕其发生的紧密团结的阶级,可能存在也可能完全不存在;或者当其确实存在时,也不一定会成就某种广泛的阶级计划。

罗伯特·维塔利斯(Robert Vitalis)指出,20世纪30年代的埃及商人阶层只能在有限的情况下参与广泛的集体行动。但是,在国家促进的市场所产生的一些关键问题中,商人阶层虽然有特权优势,却未能发展成统一的阶级统治。恰恰相反,商人中的敌对派别与国家的不同部门和个人联合,以保证其获得国家投资资源的途径。结果并不仅仅是导致商人阶层内部的矛盾,而且还导致国家权力和其政策效果的削弱。伊斯梅尔·西地奇(Isma'il Sidqi)

---

① E. P. Thompson, "Eighteenth-century English Society: Class Struggle without Class?", *Social History* 3 (May 1978), p. 150. 斯特德曼·琼斯(Stedman Jones)在结尾处提出了与汤普森不同的立场,却在探索方法与历史发展间的脆弱微妙的关系这一问题上更加顽固。"人们不该假定,'阶级',作为官方社会描述的基本对立面,作为理论分析分配或生产关系的一种结果,作为文化上一系列象征行为的总结,或者作为政治或意识形态自我定义的一种形式(a species),与之前的社会现实具有相同的参考系。"Gareth Stedman Jones, *Languages of Class: Studies in English Working Class History, 1832—1982* (New York: Cambridge University Press, 1983), pp. 7-8.
② E. P. Thompson, *The Poverty of Theory and Other Essays* (New York: Monthly Review Press, 1978), p. 255.

1930年接掌埃及政府,这位强悍的领导人需要商人阶级,而商人阶级也同样需要他。然而最终,他们谁也没能达到目标:西地奇被迫于1933年下台,而商人阶层继续在分散的竞技场内追寻他们互相矛盾的利益,没有任何向社会施加统一影响的迹象。维塔利斯指出,认为有一个完整统一的社会阶级(阶层)为一项庞大的能再塑造社会的阶级目标努力的思想可能是一个典雅的比喻手法(elegant metaphorical device),但是这些比喻"既能模糊也能揭示资本主义制度、策略和权利的性质"①。

对于自由主义理论家也一样,在权威分配问题上争斗不总是产生能够规范详细竞争准则的霸权。社会上的斗争经常是关于谁建立程序而不是在公共政策的进程上的竞争——这些公共政策发生于面向社会一切事务的立法框架内。在一大片会发生群体竞争的疆土上建立合法政权,像建立统一的阶级统治一样,在20世纪尤为罕见,可遇而不可求(是当时特殊的历史条件造成的)。② 即使在拥有稳定的民主制的印度,阿图尔·科利(Atul Kohli)争论说,

---

① Robert Vitalis, "Business conflict, collaboration, and privilege in interwar Europe," in Midgal, Kohli, and Shue(eds.), *State Power and Social Forces*, p.198.
② 用葛兰西的话说,这些历史偶然都是"结合的"(conjunctural)。Antonio Gramsci, *Selections from the Prison Notebooks*, ed., Quitin Hoarc and Geoffrey N. Smith (New York:International Publishers, 1971). 自由理论家间存在一种倾向,在(游戏规则明确地规定)完整的构架不存在的案例中,他们倾向于否定真实社会的存在。例如,希尔斯曾谈到过这种原社会(proto-societies)的例子。但只简单地接受这样的现实:社会的有限性性质(the bounded nature of society),缔合行为(associative behaviour)与普遍记忆的联系,社会的地位——在社会中,关于行为构架的矛盾仍然存在。

今天也很难找到完整的权威构架。① 事实上,民主所提供的动员的机会已经为新兴群体,特别是底层和中下层开辟了扩展政治参与的途径。结果则是日益增长的政治碎片化,因为只有很少的制度性的或者标准化的构架可以容纳日渐激烈的竞争。

国家中心理论在假设国家强大团结到足以领导社会时遇到了类似的困难。这一假设也需经验来验证。另外,它常常引导人们倾向于忽视社会其他成分的自由意志或能动性,而把这些成分描述成国家这个社会最为强大的成分手中的温顺易欺、随意揉捏的面团。② 这样的视角让我们在解释凯瑟琳·布恩(Catherine Boone)的塞内加尔(Senegalese)案例时陷入迷茫。③ 布恩观察得出,塞内加尔在后殖民主义时期不但没有一个日益能干的国家,其政治行为似乎还削减了塞内加尔国家的行政能力和资源基础。这个国家本身开始依赖一种恩惠的体系,在这一体系中地方领导和其他地方级权威行事都极为谨慎。地方支配的模式最终根植于国家组织之内,削弱国家组织并使其无力解决国家生产的消耗和侵蚀导致的税收基础的急剧降低这一紧迫问题。有权威的和自主权

---

① Atul Kohli, "Centralization and powerlessness: India's democracy in a comparative perspective," in Migdal, Kohli, and Shue (eds.), *State Power and Social Forces*.
② "居住在国家的普通公民也具有社会属性,例如语言使用、文化积淀、共同的历史……和国家的政治结构不一样,社会的共同属性(common attributes)不具有任何代表性手段为整体说话(speaks for the whole)." Reinhard Bendix, John Bendix, and Norman Furniss, "Reflections on Modern Western States and Civil Societies," *Research in Political Sociology* 3 (1987), p. 2 (authors' emphasis).
③ Cathrine Boone, "State and ruling class in postcolonial Africa: the enduring contradictions of power," in Migdal, Kohli, and Shue (eds.), *State Power and Social Forces*.

的社会力量塑造国家的程度和国家塑造它们的程度一样,甚至更高。

社会力量代表着结社行为的强大机制。这些力量既包括非正式组织(例如塞内加尔的庇护-附庸网络,或者其他国家的友谊群体和"老男孩"网络),也有正式组织(例如商业力量和宗教力量)。它们①也可能是社会运动,包括那些由普遍的、有强烈目的性的思想聚合在一起的运动(即使其缺少明显的组织纽带)。② 这样的运动可能从为在无主土地上合法定居者争取权利到为生态问题而斗争。社会力量运用权力的能力来自其自身。其内部组织分层的有效性,运用手中优势资源的能力,以及其开发或创造能使人们归属和认同的符号的技巧,都关系到他们影响或控制社会行为与观念的能力。

但是还有另外一个层面。社会力量并非在真空中运行。社会力量的领导者在环境(environments)中动员其追随者,运用其权力,而在这些环境中其他社会力量正在做着同样的事情。人口之间很少有整齐划一的区分;那些使社会力量彼此排除的社会事务也没有整齐划一的区分。我的研究路径重点在于分析这些环

---

① 指社会力量。——译者注
② 一种社会组织的存在,无论正式还是非正式,必然意味着支配(的存在)。韦伯说过:"有一群人习惯于服从领导者命令,也由于自己参与统治并从统治中获得利益而关注个人的持续统治;在他们之间已经分配好了持续支配的各项功能,而且他们时刻准备着将他们的任务付诸实践。整个结构就叫做组织。" Max Rheinstein, ed., *Max Weber on Law in Economy and Society* (Cambridge, MA: Harvard University Press, 1954), p. 335. 我使用了社会力量这一更宽泛的术语来表示在组织中的支配这种关系,也表示哪里的运动(movements)中存在顺从,哪里就不会有明确的组织存在。

境——支配和反对支配的竞技场,在那里各种社会力量就物质与象征性问题彼此纷争不断,通过斗争和妥协、冲突和联合争夺主导权(supremacy)。① 这些不仅是政策竞技场——在那里各种团体试图影响公共政策的形成。除了争夺对政府政策的影响力外,在基本的道德标准问题和决定日常社会行为对错的结构等问题上同样出现斗争和调解。谁有权利解读宗教经典? 谁更应该得到他人的尊重? 什么样的私人财产权体系将盛行? 在现行私有财产体系框架内,水和土地将如何分配?②

各种社会力量努力将自己置于某种竞技场中,向别人宣传自己的目的、对这些问题及相关问题的答案。他们的目标可能不同,且不对称。有些人利用社会力量最大限度地获取利益;其他人寻求自我保护和尊重或者执行上帝的意志,或者控制别人的权利本身就是目的。无论动机和目的如何,争夺支配的图谋注定会遇到来自其他社会力量的反对,因为它们同样寻求支配或者试图避免被支配。很少有社会力量能在不找同伙、不建立联盟、不接受妥协的情况下达成自己的目标。大地主和祭司、企业家和酋长,已经与权力结成了足够的联合来主导信念和行为的模型。弗兰西丝·哈

---

① 一个竞技场不必然在空间上有所局限。它更像一个概念上的存在,在那里重要的斗争和调解发生于各种社会力量之间。
② 因而,争夺统治与反对统治的竞技场在一些关键方面与洛伊的权利竞技场不同。他写道,这样的权利竞技场包括"事件、问题,领导者应该在政府活动的限定领域内被研究。事实上,这些领域是政府的功能,这个政府的定义要比仅是单一的机构更广泛,却比带有独立政治过程的政府要严密。"Theodore J. Lowi, *At the Pleasure of the Mayor: Patronage and Power in New York City, 1898—1958* (New York: The Free Press, 1964), p.139. 相比而言,争夺统治与反对统治的竞技场不是政府的功能(虽然它们可能包含政府参与者),也不局限于政府行为。

格皮安(Frances Hagopian)指出,巴西的军事独裁政权,在建立了一套它认为已经清除了巴西政治中的旧势力的政治统治体系之后,发现自己必须向地方寡头政治精英妥协。"军事政权在清洗庇护政治体系(patronage system)和在清除国家的传统政治势力两方面,做得同样不成功。"①旧有的政治庇护者有能力控制资源,在地方竞技场内获得支配权,这迫使国家领导人隐晦地寻求与他们的联合。

联盟与妥协可能不仅促进一个社会力量达成其目标的能力,而且会改变这些目标。随着一个社会力量的支持者的变化,它可能在其构架中包含进新的物质基础和新思想价值。用另一种略有不同的方式来讲这一点,即除了社会力量的能力外,它的社会和意识形态基础(即它服务于谁,有什么目标和计划)也会由于其在竞技场中的互动而急剧变化。因此,像许多社会科学今天所做的那样,试图通过由一套固定目标来推论行为这种方式,来理解结果。这些目标本身就处于不断变化之中。

为了扩展一个社会力量的支配,权利和社会控制能沿着三个维度扩张。第一,一种社会力量可以主导大量的问题领域(issue areas),从决定应该种什么作物到提供贷款(providing credit),再到定义救赎的性质。第二,竞技场自身会成长,包含进更多的人口和更大的地域。例如,力量间的结盟决定人们应该使用哪种语言,这可能开始于某一个城市,然后逐渐扩展到这个国家的更多的人

---

① Frances Hagopian, "Traditional politics against state transformation in Brazil," in Migdal, Kohli, and Shue(eds.), *State Power and Social Forces*, p.44.

口、更大地区。第三,一种社会力量可以将自己在一个竞技场内积累的资源运用到其他由不同社会力量组成的竞技场中,以获得支配权。譬如,后殖民主义时期非洲一些国家的当权者运用自己在部落地区的指挥权力来推动自己在全国性问题如家庭规划问题上的发言权。

社会力量试图征用其手中的资源和符号来推进他们的目标,而且他们通常可采取许多极为不同的方法来达成目标。一个竞技场内关键因素的混合——其地理、物质资源、人力资源、社会组织的形式和原有的信仰(trove of beliefs)——都是决定社会分组关系的类型的原料。支配的模型随着社会力量试图用它们原本就不平等的获取资源的能力利用和控制一个竞技场环境的关键因素而形成。竞技场内新因素的引入——例如多余的资本,强制性的思想,或改良的社会组织形式——或者旧因素的耗尽,也会以不同的方式有利于和有损于各种社会力量。这些变化的因素在竞技场内引发了新的或复兴的斗争。有时,这些斗争进行得缓慢而悄无声息;有时又充满暴力和反复的突变。

社会力量在地方性竞技场内的斗争与妥协并不是什么秘密。为了影响斗争的结果,资源被从一个竞技场再分配到另一个竞技场。社会力量通过炫耀从外面积累来的资源,重新委派自己信任的人员,或者利用有说服力的强大的符号,来增强自己在竞技场内的地位。诸如社会生产的总体结构,现存的制度安排,以及某些符号的重要性等等因素,都能影响谁来负责在竞技场之间重新分配资源。

创造社会支配的条件和维持支配——在社会上权利的繁

殖——是在各种竞技场内斗争和妥协的结果。我们的研究方法分析某个特定的社会力量能否创造完整的支配。即,它们能在给定的竞技场内成功地创造资源、获取支持——一种物质基础和一个标准化构架——这些资源和支持能够用来在地方上支配,然后用于其他领域创造全社会性的支配吗?或者竞技场内的斗争是否通过对更多的能够在社会上达成广泛支配的权威的、合法的力量的限制导致一种分散支配的模式?

国　家

无论有多少学者提出过对国家(这一概念)的不同定义,他们中大多数都严重依赖马克斯·韦伯的观点。[①] 这些定义彼此之间没有多大不同。它们都倾向于强调国家的制度性特点(institutional character,国家作为一个组织或者一套组织),它的功能(尤其考虑到其立法功能)和它对武力威慑的依赖("垄断武力的合法使用")。[②] 这些定义的核心在于国家合法领土内支配或权威的问题,以及国家体制在多大程度上能预期民众对其支配的自愿服从或者需要诉诸武力。

例如,有一部著作认为"国家是一套组织,它被授予权威去为人民和其领域内的合法组织作出有约束力的决定,如果必要的话,并用

[①] Max Weber, *Economy and Society* (New York: Bedmister Press, 1986), vol. 1, p. 64; and Rheinstein, ed., *Max Weber on Law in Economy and Society*, p. 342.

[②] Max Weber, "Politics as a Vocation," in H. H. Gerth and C. Wright Mills (trans. And eds.), *From Max Weber: Essays in Sociology* (New York: Oxford University Press, 1946), p. 78.

武力贯彻这些决定"①。另一部著作则视国家为权力组织,它参与"对社会关系许多方面的集中化的、制度化的和有领土意义的管理"②。谈到现代国家的"权力",学者们通常是指迈克尔·曼(Michael Mann)所谓的基础性权力(infrastructural power),即"国家实质上渗透进公民社会,并在全社会贯彻实施其政治决议的能力"③。

社会上的旧有的地方性组织一度规定过游戏规则,而国家则终结了这种地方性组织——这是很多学者对国家的理解。它是"一套在一定领土范围的社会中施行的更加非个人化的公共规则体系,人们通过一套复杂的制度性安排和机构运用这一体系,这与在它之前盛行的、很大程度上地方化的、特殊化的(particularistic)权力形式区分开来"④。这一理论坚持,16世纪以来,这种新的公共权力的出现——和它的庞大的军队、强大的官僚体系和系统化的法典——使得旧的权力形式过时。国家(The state)从社会中锻造了联系密切的民族(Nation),这些民族之前只是地方群体的松散联结。人们简单地假设国家是制定权威规则的框架这一命题已毫无争议:"现代世界人们只承认和允许一种政治实体,那就是我们

---

① Dietrich Reuschemeyer and Peter B. Evans, "The State and Economic Transformations: Toward and Analysis of the Conditions Underlying Effective Intervention," in Evans, et al., *Bringing the State Back In*, pp. 46 - 7.
② Michael Mann, *The Sources of Social Power*, vol.1 "*A History of Power from the Beginning to A. D. 1760*" (New York: Cambridge University Press, 1986), p. 26.
③ Michael Mann, "The Autonomous Power of the State: Its Origins, Mechanisms and Results," in John A. Hall (ed.), *States in History* (Oxford: Basil Blackwell, 1986), p. 113. 也参见 John A. Hall and G. John Ikenberry, *The State* (Minneapolis: University of Minnesota Press, 1989), pp. 1 - 14。
④ Roger King, *The State in Modern Society: New Directions in Political Sociology* (Chatham, NJ: Chatham House, 1986), p. 30.

所说的'民族国家'。"①

虽然这些定义有很多值得借鉴之处,但是它们也带来了许多问题。其中之一就是,它们试图特写国家的一个维度,即其官僚主义特征。对国家这一方面的强调突出了其在实现固定目标和贯彻实施既定政策上的能力和效率。而国家还有另一方面[的特点],许多这样的定义未能很好地反映出来,那就是,它的目标的形成和转化。随着国家组织开始接触各种其他社会力量,它与不同的道德秩序冲突、妥协。这些发生在不同的结合点的接触(engagements)联系改变了国家的社会基础和目标。国家不是一个固定的意识形态主体。相反,当它接触社会力量时,它包含着一个正在进行的动力,一套不断变化的目标。这种接触来自同正式代表——经常是议会议员的直接联系;或者更通常地,来自与国家紧密联合的政党。

其他社会力量对国家设计的抵抗以及国家对社会群体的吸纳改变了国家的社会和意识形态基础。国家政策的形成既是这个动力的产物,同样也是高层国家领导者所设定的目标或直接的立法程序的结果。与其他社会力量的接触(或不接触)其结果本质上更改了国家的规划;甚至,它能改变国家的性质。② 即便像革命后的

---

① Anthony D. Smith, "State-making and Nation-building," in Hall (ed.) *States in History* (New York: B. Blackwell, 1986), p. 228.
② 阿尔弗雷德·斯蒂芬(Alfred Stepan)从葛兰西处借用了"政治性社会"(political society)这个词,他对这个术语的使用开辟了思考国家符号体系及行为的变化的根基的路径。斯蒂芬论述说,政治竞争存在于"政治性社会"的框架内,关于"对公共权力和国家机器的控制"。Alfred Stepan, *Rethinking Military Politics: Brazil and the Southern Cone* (Princeton, NJ: Princeton University Press, 1988), p. 4.

中国这样一个意识形态高度自觉的国家——如许慧文（Vivienne Shue）所说，一个从一开始就完全为了彻底改造社会的国家——也由于和其他社会力量的接触而改变了自己。① 当然，毛时代的中国用阶级斗争的语言设计国家政策，维护社会主义制度并增强［人民的］革命意识。但是国家的目标和行为被复杂而相互作用的社会系统所影响修饰；而此社会系统，用许慧文的话讲，迂回地渗透到经济、社会、政治关系的各个层面，同时在地方层面上和全国范围内影响着国家的特性。

现有的国家概念有很多问题，这些问题不仅在于它们对建立国家目标的不断变化的基础毫不关心，甚至其定义的核心，即国家能力的研究，也存在问题。学者们有一个不良倾向，即将国家为人民做出有约束力的决策的实际能力看得过高。夸大国家能力的倾向源于国家在各种竞技场内的几乎无所不在的存在，也源于国家官僚自己的假设。

20世纪，世界上很少有这样的地方，无论是一个国家的最遥远的角落还是首都的中心区，在那里国家组织在支配和反抗的竞技场里都不是关键社会力量之一。有时，国家的主动行为引发了诸多社会斗争；有时，它只是单纯地对其他社会力量的攻击做出反应。国家有时极力支持经济发展和再分配；有的时候，其规划又变成了保护现有的经济支配模式。仅仅在上个世纪几十年里很少见

---

① Vivienne Shue, "State Power and Social Organization in China," in Migdal, Kohli, and Shue(eds.), *State Power and Social Forces*.

的情况下(这种情况曾在非洲发生过①),在争夺对社会各个部分的主导权的冲突中,国家缺席了。

毋庸置疑,随着技术进步和工业化的加深,有变革能力的国家的思想已经成为现代世界的关键性特点之一。将现代国家和历史上其他的大部分大规模的国家组织(例如帝国)区分开来的,是现代国家已将自身施加给其统治对象,并成为后者的"重要性地图"。"重要性地图"将日常生活中的人置于其与其他人的关系中。

但是人们生活中并不是只有谁重要的问题;因为,如丽贝卡·戈尔茨坦(Rebecca Goldstein)在她的小说《精神和身体问题》中所说:"谁重要实质是问什么重要。"她继续写道:"这个地图实际上是人们自己的感知的投射。一个人在其中的位置取决于什么对他重要,不可抗拒地,那种重要性产生了他对人类、自己和别人的感知:对于谁是无关紧要的人、谁是重要的人、谁缺乏教育、谁有才华、谁最好永远也别出生、谁是英雄等的感知。"②有变革能力的国家着手影响人们如何在"重要性地图"中定位自己,定位符号和准则的内容和排序——这些符号和准则决定什么对他们最重要。对重要性地图的关心意味着,有变革能力的国家就是不能在其统辖范围内让任何争夺支配的斗争缺少竞争对手③;国家领导层想要让国家最

---

① Victor Azarya and Naomi Chazan, "Disengagement from the State in Africa: Reflections on the Experience of Ghana and Guinea," *Comparative Studies in Society and History 29* (January 1987).
② Rebecca Goldstein, *The Mind-Body Problem: A Novel* (New York: Random House, 1983), p. 22.
③ 变化的事物并不一定是进步的。即使是一个寻求保存现有秩序的国家也一定是变化的,如果这个国家要在国际变化不断冲击的环境下生存的话。

重要,重要到人们可以为之牺牲的程度。

除了个别的例外,国家领导层都采取了领导一个有变革能力的国家的方法。他们视国家为能支配社会每一个角落的组织。它能够(至少应该)塑造人们看待自己在重要性地图上的位置的方式——定义道德秩序,规定日常行为的标尺,或者,至少授权和支持其他社会组织来完成这些任务。例如,即使在最近的市场私有化和自由化的案例中,其常有的潜在的假设是国家不应该完全放任市场来决定经济问题。它应该努力制定市场自治的界限,与此同时,授权、规范和维持市场的运行。①

简而言之,大多数国家领导人都声称在其领土范围内国家应当具有优先性。在一些情况下,国家会采取措施赋予一些与其结盟的强大的社会势力如市场、教会或家族以自主权。但通常而言,国家往往直接行使自主权:将其关于民众所有生活中价值意义和行为界限的规定置于中心地位。

国家领导者试图创造一种国家不可战胜的氛围。国家越是看起来全能,其[支配的]对象就越有可能在日常生活中接受它,而且在这个过程中国家也越能减少强制执行其命令时的困难。事实上,那些有意识地或无意识地夸大国家能力的社会科学家均成为国家表现自己全能无敌之工程的一部分。国家主权,即最高国家

---

① "国家既处于经济发展的中心,也处于其政治发展的中心。"Peter Evans and John D. Stephens, "Studying Development since the Sixties: The Emergence of a New Comparative Political Economy," *Theory and Society* 17 (1988), p. 723.

权威在其领土上的强制实施,经常被简单地视为理所当然。①

除了他们不懈的努力和永无止境的挫败,国家领导者们并没有一个明确的方法来向社会强加其支配——他们的价值体系,他们为社会行为制定的规则,他们的经济计划。所有的国家都未能如其领导者们构想的那样成功地重新塑造"重要性地图"。和其他组织一样,国家的权力也有其局限:它们能做什么,不能做什么,什么时候该征税,什么时候不征,它们能使哪些规则有约束力,哪些规则没有约束力。为国家设定的雄心勃勃的目标——将支配贯穿整个社会,规范社会关系的本质,收税,征用决定经济生活性质的资源,控制最终的符号,等等——很少能达到,更不用说在大多数新建立或重新建立的第三世界国家组织中了。

最近许多研究国家的学术著作不断地高估国家的权力和自主权,其原因之一是这些作品所运用的相似的研究方法。焦点太过经常地被置于国家的最高领导层上,那些国家组织阶梯顶端的精英们,好像他们的意志真正切实地在国家官僚机构的迷宫中再现。注意在曼的描述中,对国家的兴趣是怎样和对其领导层的兴趣相一致的:"我的主要兴趣在于总体上被称为'国家'的中心集权化的那些机构和任职其中的人员——在更高等级上,通常被称做'国家

---

① 金(King)如此写道:"宪法制国家的特点是,拥有单一主权——国家通行的单一货币可以证明这一点,一个统一的法律系统,以及运用单一'民族'语言的扩大的国家教育体系。这种'民族'语言的文学传统削弱着文化独立发展主义(cultural particularism),而一套全国性征兵体系——它代替了古代军事单元的地方征募制——也趋向于克服其'外围的'(peripheral)或地方性的身份。"Roger King, *The State in Modern Society: New Directions in Political Sociology* (Chatham, NJ: Chatham House, 1986), p. 51.

精英'——所具有的权力。"①

但是国家远不止是对国家精英的意志和目标的重现。就像国家的意识形态基础和政策形成一样,政策的贯彻实施也反映了国家与其他社会力量互相作用的动态过程。随着国家领导者们企图塑造和规范社会,要理解国家发生了什么,人们必须着眼于国家的各种不同层面。社会科学家必须发展一种新的国家人类学。他们需要一种能细致考虑国家不同组成部分的方法(就像人类学总是着眼于社会的细小部分一样);他们要求的是一种分析社会各种成分在相互冲突的利益和来自不同方向的牵引的驱动之下如何彼此相互联系的方法。这样一种人类学反对许多研究中暗含的假定,这些研究关注社会组织机构或仅反映领导意志的国家机构之内或之间关系的平稳的相互连结(interlocking)。

国家组织各种成分中的人员在极为不同的结构环境下运作。各种各样的国家单元(units)都有其自己形形色色的历史,并形成不同的团队精神、目标取向,以及其职员或政治家的褊狭思想。理解国家各种组成部分的驱动方向的第一步是确认构成国家官员运作环境的力量。只有这样,研究人员才能开始探索特定情形中特定国家组成部分这些力量所占的位置。

有五类社会力量和社会群体明显是国家官员的直接影响因

---

① Mann,"Autonomous Power of the State," p. 112. 将国家认同为其精英和最高领导层,带有这种观点特有的、独立于其他具体的社会经济利益的兴趣和视角;这种观点不是说作者们不承认金所说的"聚焦的多元化"(plurality of foci)。但是这些聚焦在很大程度上被看做一个单一意志的不同的制度性表达(differentiated institutional expressions)。

素:(1) 上级领导(至少对于那些不是通过选举产生的、也不是官僚体系最高层的国家公务人员来说);(2) 下级人员,国家雇佣的人员——这些人直接或间接地处于被管理监督地位;(3) 同僚,大致处于相同级别的其他机构人员或政客;(4) 国内社会力量——不属于国家组织,但是来自社会内部(包括国家政策的对象、选民集团、合作商及其他);(5) 来自国际体系的国外社会力量。

国家并不对一个事务或问题产生单一的同质的回应,甚至没有一套不同但相互协调的回应。相反,其结果——政策的形成和实施——是一系列建立在对压力——每一相关的国家组成部分在其特定的行为环境中面对的压力——的计算的不同行动之上的。那些行为发生的环境,即产生冲突和联合、压力和支持的地方,卷入了国家的组成部分和其他社会力量,即我们所讲的支配和反对的竞技场。

当然我们几乎不能保证,各种国家成分的行为的总和——每一种国家成分在其特殊的卷入其他社会力量的竞技场内面对截然不同的斗争——可以代表某种和谐一致的状态。其结果完全可能是不合适的回应的总和,而那些不合适的回应来源于不同的国家成分如何回应各种争夺支配和反对支配的竞技场。正如许慧文所言,毛时代的中国,"一线国家官员除了是国家的代理人外,他们还经常感到把个人利益与地方人民和本部门人员结合,以反抗国家官僚体系不通人情的要求,更为明智可取,更容易,更自然,或者正好与他们自己的信念相一致"①。

---

① Vivienne Shue, "State Power and Social Organization in China," in Migdal, Kohli, and Shue (eds.), *State Power and Social Forces*, p. 71.

在国家组织的不同层面,对公务人员所面对的压力的计算,因为其所处竞技场内社会力量的特定部署安排和它们的相对重要性不同而明显不同。像最近许多理论所做的那样,谈国家的完全自主性或许对于研究国家的学者来讲并不是最好的起点。研究者们必须首先探究国家各种成分的自主权;这是压力计算明显不同的原因。在国家森严的等级体制的不同的点上,什么样的社会力量取得主导地位?为什么?压力计算体系允许国家官员和代表拥有自由支配的空间吗?上级领导影响下级国家公务人员的决定吗?或者他们①会被其他社会力量压倒么?

当然,任何研究者都不可能研究每一个官员的压力计算体系。为了简化任务,我们可以从下到上确立国家组织的四个层级,它们分别是:第一线分支机构、分散于各地的下层机关、部门的中心机构和最高层领导机构。对于前三个层级,研究国家人类学的学者必须认真地选择案例,使之能够说明超越具体案例的过程和趋势——就是社会或文化人类学家们在选择"正确的"村庄作为研究对象时不得不做的那种选择。

第一线分支机构。位于国家官僚体系等级最底部的第一线分支机构中的是那些每天都必须与其他社会力量打交道的公务人员。他们必须面对可能产生的强烈的社会反抗,执行国家的指令。他们是收税人、警察、教师、士兵,以及其他被委任去直接执行国家法令法规的官吏。他们与国家政策的潜在的客户、对象和受益者打交道。对于基层国家公务人员,压力不仅来自上级领导,还来自

---

① 指上级领导(supervisors)。——译者注

这些客户,来自其他大型社会力量的低级别人士,或者那些依赖国家政策获取利益的小规模组织的领导。他们必须面对地方上的商人、农民或者全国劳工联合会的地方代表。这些其他社会力量卷入基层国家公务人员行为,他们可能加强了来自上级领导的压力,也可能在完全不同的方向上产生效果。

分散各地的下层机关。在国家官僚体系中略高一点的是地方性机构,它们为本地区消费修订政策法令并组织其实施,或者甚至完全形成和实施地方自己的政策。分散的下层机关包括办公署、立法部门、法院和军警体系,它们在国家领土范围内的本地方小领域内发挥作用。这些机构在地方如何征用国家分配的或自己积累的资源等问题上做出关键决定。国立学校应该建在哪里?地方邮政体系如何组织?哪些村庄可以从新挖的水井或浇灌系统受益?基层组织应该聘用哪些人?

在下层机关体系中有省级官员和立法者,直属警察长官,地方教育委员会成员,以及被梅尔里·S. 格林德尔(Merilee S. Grindle)称为[政策]执行者(implementers)的公务人员。这些执行者乃是中层官吏(middle-level bureaucrats)和下层行政机构的第一和第二等级人员,他们负有在地方贯彻实施组织政策的职责。① 和他们的基层下属一样,执行者也必须面对其部门的上级领导,只不过这些领导通常在地域上离得比较远。一旦一项政策(和与之相关的资源)从京城传达到它所适用的地方,执行者们就要对其实施全过程负

---

① Merilee S. Grindle, "The Implementor: Political Constraints on Rural Development in Mexico," in Grindle (ed.), *Politics and Policy Implementation in the Third World* (Princeton, NJ: Princeton University Press, 1980), p. 197.

责。他们的上级领导都在中央,照顾着全国的政策执行者以及他们自己在京城阴谋中的利益。事实上,如果一个人能在国家官僚体系中确定一个监督最为松弛的点,那可能就是这里了,因为上级领导离地方很远,而且他们对地方情况不熟悉。

有时,对国家公务人员在地方所承受压力的计算可能包括来自京城的强力因素——但是它包含着政党高层领袖、国家部长级大臣和中央政府议员们所阐释过的压力。中央的政治家通常只直接面对那些包含在国家中央政治过程中的社会力量。而另外的地方性社会力量有着不同的目标和社会起源,它们可能会使地方政治家和政策执行者转而在地方层面上从实质上改变由京城下达的国家目标。

即使分散各地的下层机构中的公务人员能够规避上级领导和中央官员的放大镜,他们仍然要面临来自其他地区和其他国家部门的同僚们的压力。政策执行者和地方政治家的地位要求他们格外谨慎;而地区之间的巨大差异又使他们改变中央指令来适应地方环境的做法成为必要。更重要的是,在第三世界国家,绝大部分地方资本都要经过下层机构的官僚之手。这种自由裁量权和手握资源的结合使他们承受激烈的竞争压力。毫不惊讶,那些掌握重要资源的下层官僚面临着来自其他地方政治家和政策执行者的严密监督。所有的人都在其他政策执行者或地方官僚手中所掌握的可自由支配的资源和不可自由支配的资源上下了巨大的赌注,同样的赌注也下在这些执行者将如何运用上级下达的指令,或者他们如何制定出完全地方性的法律法规。

分散各地的下层机构中的政治家和政策执行者处于紧密联结

之中,这个紧密联结也考虑到了国内外的社会力量——那些有很高代表性的、有能力的社会力量——在地方上的分量。农村组织的地方代表,例如政党、宗教团体以及大的跨国公司和国内企业,对下层机构的活动非常感兴趣。而包括地方商业头目、大农业家和其他人在内的强大的地方组织也同样如此。

部门的中心机构。京城内遍布着构成各种部门中心机构的神经中枢,它们是全国性政策形成、立法通过,以及政策实施的资源分配的地方。这些机构由全国性的议员和国家部委的负责人或者国家的代理媒介任职。是这些中心机构对国家试图在社会生活的特定领域渗透和规范社会负有全部的责任。它们可能对住房、福利、教育、税收、征兵、安全或其他定义宽泛但还是很有限的社会方面负有责任。或者它们可能是产生整个立法的中心环节,但不负有执行的责任。

主要的中心机构往往直接对国家的最高领导层负责,譬如总统办公室或其他同类部门,但是压力也来自许多其他方面。其中之一就是它们卷入了一个无止境的和别人讨价还价的过程。在谈判中,无论是竞争还是合作,它们都面临对手或伙伴能带给它们的最严酷的压力。它们最终为争斗稀有资源而竞争,而且它们同其他机构主管和立法者建立起无数的暂时性联盟以强化其自身机构在某一问题上的看法。

机构核心职员的团结有助于形成其与众不同的视角(perspective)。部分团结来自服务自我的目标——保护个人事业和部门人员的共同利益——并在中心机构负责人的庇护下有所加强。事实上,在其他压力——来自国家最高领导层,其他中心机构的指令和非国家的社会力量——沉默时,国家的大规模办公机构反而可能会以一种扩展的庇护网络的形式终结。但是来自机构内部的压力除了促进庇护竞技场,还能产生其他效果。对于机构的特殊观点对其长官产生了压力。如果他们不能真实地代表这些观点,他们将会在其机构内部和议会群体内部面对一段坎坷的道路。

最后,中心机构的官僚们经常必须处理来自国家组织之外的最强大的社会力量。其中,大型资本企业,无论是国内的还是国外的,都是最为显著的社会力量。其他社会力量可能包括政党、大型劳工联盟、主要媒体组织以及宗教组织。虽然不同的社会力量可能在国家不同层面上运作,但组织良好的社会阶层、社区群体和其他重要社会组织在部门中心机构级别上的政策制定中也起着举足轻重的作用。每一个都将自己的特殊利益——扩大组织的成员容量,承担重要的社会功能,寻求资本,甚至也许只是为了和重要的国家官员搭上关系——带入政策制定过程并以此向其施压。许多社会力量有着广泛的利益关注,并且因此不仅仅介入到某一个机构的运作,还介入到许多国家机构之间彼此讨价还价的过程中去。

在某些案例中,某一个特定的社会力量或者社会力量的结合是如此强大,以至于国家中心机构变成了其观点和利益的一种表达。在第三世界,近几十年来更加常见的是,在单一社会力量和国家部门中心机构的总和的利益之间存在着明显的分歧。强而有力的社会力量,肯定仍然会施加极为强大的压力,并作为各种压力计算的部分(经常是一个给定竞技场里主导的部分)施压于高层的官僚和政治家。

分散各地的下层机构和第一线基层中的下属人员的声音往往

被弱化或忽视。分散的下层机构和其中心机构之间缺乏亲近感,这使它们之间产生了分歧。类似的,依靠其设计的政策,部门可能会面对来自那些政策的目标或客户的有限的压力。当政策的实施面向分散的、无组织的客户时(例如,要求接种疫苗与外资企业的规章制度相左),直接施加到中央部门的压力可能相对较轻。最大的压力很可能来自京城内部,既来自国家组织内部,也来自其他中央组织的社会力量。

最高层领导机构。国家的巅峰是最高领导机构,占据着最高行政领导职位。社会科学家已经用了大量的笔墨来研究国家领导者们。总统、总理甚至是政党集团,当然不会像基层、分散的下层机构以及甚至也偶尔包括部门的中心机构在内的公务人员一样,默默无闻地工作。但是社会科学家往往没有将注意力放在最高领导层和其他层次之间的结构张力(structural strains)上。① 研究经常不分析国家大型组织给最高领导机构(一个用在这里带些讽刺意味的词)带来的局限。学者们著书立说往往向官僚机构点头致意,并关注国家最高领导人是如何顽强地发现它们的。除此之外,我们再也找不到其他著作。

国家领导层当然与在他们之下国家各个层级的人拥有共同的基本目标。不管怎样,领导者自己的成功是建立在国家各个成分的成功之上的。他们积累的税收依靠最底层的收税人;他们的安全仰赖步兵的表现和警察力量;他们的立法规划握在议员和官僚

---

① 特别请参见:John Waterbury,*The Egypt of Nasser and Sadat: The Political Economy of Two Regimes* (Princeton, NJ: Princeton Press, 1983)。

的手中。最高领导者的最终权力基础和他们将规划转变为现实成绩的能力要求国家拥有发挥作用的立法机构、有效率的法院,以及复杂的组织良好的官僚机构来制定并裁夺规则,同时将规则推广到社会,并从社会中动员资源。他们的成功也依赖于无数的国家组成成分,包括学校和其他成分——它们一起发挥作用以呈现一个连贯的意义体系。

然而,同样是这些国家领导者们,也发现自己与其他的国家公务人员有极大的不同。国家其他部门的人员保持着特定的观点;这些观点反映他们所处的有限的竞技场和与之相联系的特别的压力计算体系。受地域限制,基层和下层机构的国家公务人员的地方性基础往往引导其回应他们所服务的地区内的竞技场。即使当国家有规律地把他们从一个地区调派到另一个地区时,他们仍然必须每天应对在当下环境内发生的压力,这反映了其服务场所的特殊性。当监督不会随着他们的调派而实质性地转移的时候,压力计算的其他因素——来自下属、同等级别同僚和国内国外社会力量的压力——却跟着他们转移,并且促使他们做出相应的调整。对于这些国家公务人员来讲,国家支配的目标陷于和地方社会力量进行地方竞争和联合的罗网中。

当然,部门中央机构中的人员不必采取这样的地域性观点,但是他们也面对着各具特色的竞技场和必须处理的种种具体问题。他们的观点源于其部门的眼界。类似地,议员们也受制于他们所服务的地方选民,或者他们在立法过程中的特殊专长。对于处于最高层领导机构的领导人们来说,对国家组织其他部分的观点的优先选择与部署产生了意想不到的矛盾。当最高领导人与国防部长谈话时,他们听到安全和国防是目前为止国家利益的最重要因素。教育部长则追问,什么能比国家在未来拥有有文化、有技术的公民和劳动力更加重要呢?卫生部长又说,个人的健康就是全体国民的健康。

国家的最高领导人承受着来自所有这些因素的压力,但是他们却未能识别任何一个。换句话说,一个部门中心机构的行为本身就是在不断变换的竞技场中不同的压力组合的结果,而此时这些中心机构却成了最高领导层自己争夺支配和反对支配竞技场的一个压力点。向最高领导层施压的力量来自比影响低级别国家部分的力量更为广泛的领域。那些能够直达中央的重要国际力量参与者与最重要的本土社会力量领袖只是加剧了最高领导层的困窘。

小结本部分内容。社会科学中有一个不幸的倾向,将国家视为一个有机的、未分化的行为者。他们赋予国家本体论的意义,使得其与社会其他部分脱离。结果模糊了社会中争夺支配的斗争的动力;在这些斗争中国家成分在不同的竞技场中扮演了极为不同的角色。这些斗争并不仅仅是关于谁掌握了国家最高政治领导权。它们牵涉到各种社会力量,也包括国家各种成分在内,在各种竞技场内的联盟、联合和冲突。

国家成分变化多样的视角(狭隘的或全面的,地方的或全国性的)来源于其在其中运作的不同的争夺支配和反对支配的竞技场。所有成分对特定竞技场内——它们将各种社会力量拖进竞技场中——各具特色的压力组合的反应一起创造了国家。在各种成分相互作用的极为不同的各种竞技场内也有不和谐音,它们常常导致国家采取与其领导人或特定国家部门所设想的原计划或政策完全不同的国家行为。

但是国家政策的效果远不只是国家各种成分独立行为的累加。国家每一部分的相关竞技场的一部分,都是国家组织的其他部分。事实上,人们可以鉴于这些国家不同部分遇到的其他环境力量来追溯国家各种组成部分彼此之间不断演化的关系,并通过这种方法探究特定的国家形式的根源,例如民主的制衡或者暴政。

为了追溯这样的演化,我们需要发展一种国家人类学——研究位于其相应环境中国家部分和个人部分彼此之间的关系。我所勾勒的国家四层次仅仅是允许我们注意到在争夺支配和反对支配的竞技场中的各种国家成分的尝试性设计。分解国家的其他方法可能会说明,当国家成分把多样化的社会力量卷入其中时,国家行为的其他维度。

无论选择的是哪种特定的国家人类学,我们都能总结如下:各种国家成分遇到的压力组合越是多种多样且其组成越是不同,尤其当有多样化的社会力量施加压力的时候,国家越是不太可能以其部分的补充性行为终结,也越不可能成功地传达一套连贯的意义系统。国家,除了其在国际上的地位和在社会中的完全存在,可能会是一个寻求支配的残废的巨人。其巨大的体积当然说明在社会中争夺支配的斗争里不可能忽视它,但是更有意义的首创精神和更连贯一致的行为可能来自其他社会力量。

国家与社会的作用

国家与其他社会力量之间的相互接触和不接触的结果是确实

第四章　国家人类学——争夺支配地位的斗争

的,甚至是重大的,但是其结果很少反映包含于两者中的目标和意志。社会力量——包括国家——之间的冲突以发生在无数的社会竞技场内的斗争和妥协为中介。对于社会科学家来说,挑战在于理解那些分散的斗争如何改变社会的资源配置、社会分层的性质、性别关系的特点①,以及集体认同的内容。最后,那些地方互动以累积渐进的方式重新塑造国家或者社会力量,或者更经常地重塑两者;这些相互作用是国家与其他社会力量递归关系的基础。

在各种竞技场内的相互作用和非相互作用的累积结果是,如安东尼·史密斯(Anthony Smith)所说的,社会假定"形形色色的形态"②。初看起来,史密斯的观察似乎很平常,社会当然最终固定为形形色色的形态。但是史密斯的评论,如他所言,公然违抗主流的社会理论。当今社会科学著述之中,对国家和社会的描述浓墨重彩,但不同的国家和社会神奇地具有着统一的外观。如此多的当代学术模糊了各种不同社会竞技场所产生的丰富的差异。国家和其他社会力量交锋的阵地里,冲突和阴谋、敌对和联盟、腐败和笼络已经决定了全国范围内社会和政治转变的形态。它们决定了

---

① 在所有的有关身份认同和国家的因素中,最少受到关注的也许就是性别因素。一个特别的例外是帕帕特和斯汤德(Parpart and Staudt)最近写的一本书。他们写道:"对于我们来说,性别处于国家起源、接近国家(access to state)和国家资源分配的核心。国家由性别斗争所形成;它们一直带有显著的性别意识形态,以塑造物质现实的方式操纵着资源分配。通过它们的意识形态、法律和物质努力,国家促进对特定群体和事务的动员。这种动员通常有利于男性而非女性。虽然长期看来,国家行为可能会隐藏或模糊性别冲突,然而短期来看,男性特权的明显程度可能实际上会加剧这一冲突。"Jane L. Parpart and Kathleen A. Staudt, "Women and the State in Africa," in Parpart and Staudt (eds.), *Women and the State in Africa* (Boulder: Lynne Rienner, 1989), p. 6. 也请参见第二、第三和第十章。
② Smith, "State-Making and Nation-Building," pp. 229-30.

支配是统一的还是分散的,以及其不断变化的轮廓。

一些支配和反对支配的竞技场已经实现了在不同的地点和时间其社会力量间关系的稳定周期,但是这些可能只是偶然而非常规。在尼加拉瓜发生的一次地震,孟加拉的一次潮汐(tidal wave),墨西哥出生率的改变,世界经济对第三世界国家的完全渗透——所有这些都产生胜者和败者,并因此改变了各种竞技场内的力量平衡。通过其特别的意识形态和国家组织,现代国家在19世纪和20世纪曾处于现存竞技场扰动(destabilization)的核心。转型国家领导者的意识形态核心是,在各种竞技场,甚至是社会最边远的角落里,创造一个霸权的势力(presence)——唯一的权威支配。目标是要深入地渗透社会,以塑造全社会的个人为自己在重要性地图上位置定位的方式。国家的组织(the organization of the state)是要影响像这样的范围深远的支配。它包括纵向联系起来的国家部门——这些部门被设计出来深入领土内的每个地区,还包括专业化的成分,以强化国家的意义和合法性体系(例如,学校),制定普遍的规则(立法机关),执行那些规章法令(官僚体系)、裁决(法院)、威慑(军队和警察)。国家主要的政策倡议(initiatives)已经导致新因素(从新思想到人员和现金)的大量泛滥,也导致了通过征税、募兵、搬迁、大规模屠杀和其他方式造成的其他因素的削减。即便是最良善温和的国家也对其所宣称的臣民提出了异常的要求:每周将他们的孩子留在学校里至少30个小时,只能以规定的方式排泄身体的废物,只能去官方许可的医院就医,等等。无论它们具体的计划是什么,国家已经把社会竞技场内现存社会力量之间的关系打散,并重新挑起争夺支配的斗争。

在国家和社会力量的各种交锋场(meeting grounds)里,一些社会力量把自己的命运与国家的命运绑在了一起,或者干脆承认国家是建立所有社会力量规范行为的适当组织。但是,在其他情况下,一些社会力量企图利用资源、社会地位(positions)、人员甚至国家的全部机构来为自己服务。社会中的其他人群,如农民和城市里住在贫民窟的人,已经处于被其他社会力量支配的地位,有时仍然会积极地或悄悄地反抗国家公务人员强加新统治的企图。发生于国家成分与社会力量接合点上的斗争和调解产生了一系列后果。我们可以以三类理想化的结果类型来掌握这些后果。第一类,完全转型。国家的渗透导致地方社会力量的消亡或顺从,从而建立起国家的统治。在这种情况下,国家成分成功地改变了一个竞技场内的人们定位自己在重要性地图上位置的方式。被迫移民、外来定居人口取代本地人口、广泛使用暴力,以及其他严酷方法可能抵消或毁灭主导地方的社会力量和重要性地图的轮廓。在没有严重的社会混乱时,社会的完全转型不可能会在一代人之间发生。

第二类,国家对现存社会力量的吸纳(incorporation),国家向一个竞技场注入的新的社会组织、资源、符号和力量使其能够利用现有社会力量和符号来建立一种新的统治模式。但是随着国家各种成分适应竞技场的具体模式和力量,它们也被迫做出改变和调整。国家地方性成分的变化可能影响国家整体上的一致性——国家重新分配资源,建立正统,以及实现完全统治的能力。

第三类,现存社会力量对国家的吸纳。在这一类型中,国家成分的存在刺激处于主导地位的社会力量的调解,但是没有使统治模式发生根本的改变。或者在有些情况下,国家介入的新情况的确产生了新的统治模式,但是在其中晋升到主导地位的却是新兴的非国家力量。无论在哪种情况下,在人口中产生作用的重要性地图的轮廓都不像国家领导者所设想的那样。国家成分的组织和符号被社会力量所利用。在这种情形下,国家地方性成分的转化如此巨大,以至于严重破坏了国家实现对社会完整统治的几率。例如,迈克尔·布莱顿(Michael Bratton)表明,在非洲国家市场管理组织机构和农民合作机制的建立如何加速了国家领导者意想不到的安排的产生。农民建立起自己的不正规的交易网络以回应国家规划。布莱顿拒绝那种认为国家机构各个部分和这种第二产业(second economy)之间的相互渗透意味着某种国家统治的观点。"当公务人员接受贿赂而对违法行为置若罔闻时,他们不是在加强而是在削弱国家的权威。而且当公务人员把私人的财富积累和交易卷入公务时——即便只是通过亲属、中间人或雇员来完成——他们就是承认自己不受国家法令的约束。公务人员参与第二产业相当于不顾其不得不履行的社会职责,解构着正式的国家结构。"[①]

最终,国家向社会渗透的企图会遭到彻底的失败。国家在地方竞技场里没有介入或缺乏介入导致国家对社会几乎没有转变作用——以及社会对国家的有限影响。不能成功地参与竞技场的斗争——即便是一个国家最遥远的地区的竞技场——会影响远在京

[①] Michael Bratton, "Peasant-state relations in postcolonial Africa: patterns of engagement and disengagement," in Migdal, Kohli, and Shue (eds.), *State Power and Social Forces*.

第四章 国家人类学——争夺支配地位的斗争

城的国家(state)①，因为参与竞技场斗争的失败使国家成分不能从更广大的社会中取得资源和支持。

很少有实际案例接近两种极端的理想化类型：完全转化或完全脱离(disengagement)。大多数都是中间两种类型的变种；在这两种类型中，国家成分和社会力量卷入了一种递归式的关系之中，即互相改变的斗争。事实上，不仅国家和其他社会力量互相改变，它们也可能通过渗入另一方而使彼此的完整性受到影响。在这些斗争和调解之中，随着强大的社会力量在特定竞技场内利用国家成分或者国家成分拉拢有影响的社会人士，国家与其他社会部分的界限也许会持续地变动。当国家领导者试图将他们自己与其他人区分开来并视自己高人一等时，国家也只不过是另外一个社会组织。而作为众多社会组织之一，国家也受制于社会竞技场内能够改变它与其他社会力量界限的各种推力和拉力。

例如，英国殖民当局曾试图吸纳部落酋长做国家体系的领薪公务人员，以期在非洲殖民地的某些地方扩展其殖民国家的范围。对许多酋长来说，他们欣然接受其所能获得的薪金和其他额外收入，但是往往忽略来自国家官僚体系上级的指令。在这样的案例中，国家和其他社会成分的界限很难划分，而且常处于变动之中。酋长即是官员，但是有时——的确，许多时候——他们只是利用国家机构和资源来加强他们作为酋长的地位。

像近来许多学术理论那样，谈论起国家和社会的关系来时仿

---

① 指国家统治。——译者注

佛它们有着明确的界限,就是要忽略转变斗争中某些最为重要的动态。① 酋长和其他国家雇员和公务人员一样,扮演着各种不同的角色。国家组织可能会成功地使他们在履行国家职责的时候用不同的规范(norms)抑制住某些角色(譬如,作为亲族关系或部落的一员)。希望塑造特殊的国家规范并抑制其他角色的规范是国家试图为自己的公务人员创造空间——例如单独的办公大楼或者新的都城——的原因之一。假设认为,在国家分配的空间内,公务人员不大可能服从特定竞技场内的斗争逻辑。但是,国家也许不能"掌握"酋长或其他国家工作人员,这导致其他社会力量的规范的统治。

因此,在一个又一个的竞技场中社会力量已经重新组织,以应对野心勃勃的国家带来的新现实。当这些社会力量创造或发现了能够维持有时甚至增加其在国家道德秩序和规则框架以外的社会和经济力量的空间和方法的时候,社会就会表现出统治分散化的特征。这里,国家和社会力量都不能建立起绝对性的霸权;任何社会力量在一个竞技场内或超过一定数量的许多竞技场内达成的统治都不能延续到作为整体的社会。社会力量间针对从个人和集体身份到财产权符号的显著性、到使用武力的权利等一系列问题而斗争或平衡,而社会生活则打上了这些斗争或平衡的烙印。人们

---

① 在说明国家与社会的变化的分界这一点上,我要感谢蒂莫西·米切尔(Timothy Mitchell)。参见:Timothy Mitchell, "The Effect of the State."这是米切尔的工作论文,发表于1989年9月1—3日在伊斯坦布尔举办的关于国家的创造和转变的工作坊(workshop)上。该工作坊由社会学研究理事会中近东问题委员会(Social Science Research Council's Committee on the Near and Middle East)主办。

的重要性地图在这样的社会中仍然保持着明显的不同。

即使在那些更接近分散统治理想类型的 20 世纪的案例中,国家也是一个不能被忽略的因素。国家与其他社会力量的接合点产生于国家与社会的各种竞技场内,而且在大多数情况下,国家机构在竞技场内制造了强大的存在感,加速了地方力量的再联合。但是国家成分却未能迫使其他社会力量完全转型,甚至没有让国家吸纳所有地方或其中大部分地方的强大社会力量。这种模式与包括全部社会范围的完全统治相对立。在完全统治的情况下,无论作为权威的合法体系,还是作为统治阶级的威慑机制,国家处于创造和维护社会控制的中心。它的各种成分得到整合和协调,足以在现存霸权统治的各个层面上发挥中心作用。这一统治包括国家直接规范的社会生活的各个方面,以及国家在一定限制内授权的社会的组织和活动。

分析国家和社会的接合点时,许多理论家只是单纯地假设完整统治的存在。市民社会这一概念已被大量的自由主义者、马克思主义者和国家主义者广泛用来捕捉国家和社会其他部分的关系。这加强了社会存在完整统治的假设。① 市民社会这一概念在

---

① 黑格尔提出市民社会的概念,认为它形成于个人的相互依赖、矛盾和合作的需要。这些需要产生了国家;而且是法律和正义原则(principle of rightness)联接了国家和市民社会。*Hegel's Philosophy of Right* (Oxford: The Clarendon Press, 1942), pp. 122-3, 134-5. 马克思回应黑格尔的观点,指出国家只是在文明社会中保护特权利益的工具。他从物质意义上理解市民社会,认为市民社会是特殊财产利益的表现:"'官僚体系'是市民社会的'国家形式主义'(state formalism)。" David Mclellan, ed., *Karl Marx: Early Texts* (Oxford: Basil Blackwell, 1979), p. 68. 葛兰西认为,除了国家的教育机构帮助维护霸权,"事实上还有大量其他所谓的私人计划(initiatives)和活动也有同样的目的和作用——那些计划和活动形成了统治阶级政治与文化霸权的工具"。这对于葛兰西来说,就是市民社会。Gramsci, *Selections form the Prison Notebooks*, p. 258.

不同的理论语境中肯定有不同的意思——例如,在黑格尔和葛兰西的作品中。① 但是除了他们的不同,对许多理论家来讲,市民社会是一个带有令人惊奇的普遍性的方便术语。形形色色的作者使用这一概念来承认社会中各种不同利益的存在,而与此同时还能以那样一种方式看待这些利益,仿佛在某种程度上整个社会(在许多著述中甚至包括国家)齐心协力朝一个方向前进。② 注意斯蒂芬在他的有关军人政治(military politics)的著述中如何用一种人神同形的方式谈论市民社会:"市民社会必须考虑它如何能为民主制控制军事和情报体系做出贡献。"③

市民社会这一概念假定在社会力量之间,甚至在冲突竞争的群体之间,存在一个规范性共识或者基本思想的霸权;这一共识代

---

① 其不同点之一是因果关系的方向:是国家创造了市民社会,还是市民社会使国家成为可能? 黑格尔认为社会创造了对国家的需求,而其他人,包括斯蒂芬在内,争论说国家能够创造市民社会。奥托·欣策(Otto Hintze)间接提到了国家与市民社会的互相性(mutuality)和国家在创造自己的市民社会中的作用,他使用"民族性"(nationality)这一术语而不是"市民社会":"欧洲人民只是逐渐地发展了其民族性;他们并不简单地是自然的产物,他们自己就是国家的产物。"Otto Hintze, "The Formation of States and Constitutional Development: A Study in History and Politics," in Felix Gilbert (ed.), *The Historical Essays of Otto Hintze* (New York: Oxford University Press, 1975), p. 161.
② 本迪克斯等人(Bendix, et al.)确实注意到"市民社会只包含人口的一小部分"。那些市民社会之外的往往是边缘化的人口——被父母遗弃的,不参与市场交换的无家可归者,非法移民,等等。"Reflections on Modern Western States and Civil Societies," p. 23. 约翰·肯尼(John Keane)甚至考虑到了被排除在市民社会之外的欧洲社会存在的更大因素(大多数非白种异性恋男公民)。*Democracy and Civil Society: On the Predicaments of European Socialism, the Prospects for Democracy, and the Problem of Controlling Social and Political Power* (New York: Verso 1988), p. 14.
③ Stepan, *Rethinking Military Politics*, p. 128.

表了主流道德和社会秩序。对于许多作者来讲,市民社会几乎将有关社会的一切结合了起来,无论是财产权或是共同的需要,还是任何其他因素。直到最近十年左右,大多数理论家都断定国家和社会之间有密切关系。① 这种理解并不是说国家与市民社会之间从没有张力,或对于二者之间的分界没有问题。中间权利(pouvoirs intermédiares)的概念,即中间机构(intermediary institution),已被用于表示一种市民社会——在这种市民社会中,各种组织在国家统治下保持着一定程度的自主权。这样的自主权使国家与非国家性组织之间的不同点成为可能。

但是批评的论点是在大多数社会科学著述中,国家和市民社会彼此加强,即便是在它们的差异更为明显的时候也是如此。获得广泛承认的规范、财产关系或贯穿社会总和的各种组织的社会行为的方式,是这些因素即市民社会的存在,加强了国家的统治,并使其在不用诉诸武力威慑或在不用浪费可以使其瘫痪的资源的情况下进行统治。矛盾可能在具体问题上爆发并持续,但是在相互作用和竞争的规则上,各方达成默契。很大程度上,是合法的国家体制制造了对构成市民社会的组织和活动自主权的限制。

直至最近在拉丁美洲、东欧甚至西欧才发展出一种话语方式;

---

① 本迪克斯指出,"私人组织的独立等同于市民社会,"对于将要存在的市民社会而言,国家与社会之间达成"共识"是必需的。Bendix, et al., "Reflections on Modern Western States and Civil Societies," pp. 14 - 5.

它更加认真地考虑市民社会与国家对抗的可能性。① 即使在那些抱持这一观点的人中间,市民社会与国家之间的张力也在总体上被看做处于这两个一体化的实体之间。市民社会仍然是不同利益的累加,它在某一层面上朝单一方向前进。总之,他们试图推翻国家的道德秩序而施加自己的道德秩序。

通过这样的市民社会观点来分析国家与社会的接合点存在着几个问题。举例来说,如我在本文其他地方所讨论的那样,即使在市民社会内部,各种社会力量也不总是集合的和包罗万象的,以至于会导致对基础观点的垄断。② 我们需要对市民社会的构成因素有一个更加细致的理解,而不是假设它只是由那些企图在社会上制造一种和谐共识的利益集团和私人志愿组织组成的。而且,对市民社会的一体化观点(integrative view)完全忽略了统治分散的情况。社会和市民社会不是同义词;社会各种竞技场内的不同源的斗争——社会力量向不同方向发展——也极大地影响着国家。市民社会这一概念最经常被使用的方式没有给这些争夺社会道德秩序的分散的社会力量留下余地。正如查赞(Naomi Chazan)指出

---

① 20世纪80年代,市民社会这一术语始被东欧分析家所用。他们想要找到一种方法打破国家与市民社会之间的在理论上的紧密联系(umbilical cord)。对于他们来讲,市民社会这一术语意味着一种勇气可嘉的社会,它通过反对国家的组织形成自主权。例如,请参见:Andrew Arato, "Empire vs. Civil Society: Poland 1981-2," *Telos* (1981-2)。批评性评论,请参见 Zbigniew Rau, "Some Thoughts on Civil Society in Eastern Europe and the Lockean Contractarian Approach," *Political Studies* 35 (1987), pp. 573-92。关于西欧的文章,请参见:Keane, *Democracy and Civil Society*(例如,第31—32页)。
② Joel S. Migdal, "Civil Society in Isreal," in Ellis Goldberg, Resat Kasaba, and Joel S. Migdal (eds.), *Rules and Rights in the Middle East* (Seattle: University of Washington Press, 1993).

的:"市民社会只包含后来成为一个复杂不同的社团舞台(associational scene)的一部分。使那些市民社会所包含的群体与其他组织区分开来的是它们局部的性质:它们与国家分离,但是与国家打交道。"[1]社会作为整体可能包括其他有组织的成分(并不只是处于边缘的个体),这些成分不直接与国家接触,努力创造它们自己的规则和道德秩序。

一些重要社会成分反抗国家,声称自己是具有最高权威的社会组织;许多当代社会已经包容吸纳了这些重要成分。一些社会力量对国家的装模作样并不买账,同样对市民社会故作姿态地反对国家也不买账。它们[2]与国家处于一种抵抗关系(公开的或隐蔽的),或者处于一种它们寻求改变和利用国家的某些部分为自己服务的关系。类似地,它们对构成公民社会的其他力量的态度往往从没兴趣到彻底的敌对。

社会各种各样的竞技场及其中的各种互动是一个大漩涡,每一个社会和其国家的特定的历史结果都在其中酝酿。国家的最终形式(民主制或其他类型的政府形式)、其目标、其能力、其规模、特定社会力量对其的主导或者其自主权,以及其他社会力量的形式、意义系统、能力和自主权,所有这些都是由社会竞技场内的斗争和调解、各竞技场之间的关系决定的。国家不会自然而然地建立自己的统治。事实上,它们可能和那些转型的国家一样,最终都要被转化。

---

[1] Naomi Chazan, "Engaging the state: associational life in sub-Saharan Africa," in Migdal, Kohli, and Shue (eds.), *State Power and Social Forces*, p. 278.
[2] 指重要成分。——译者注

扼要地讲,学者们需要问这样一个问题:各种竞技场内的斗争是否且如何持续到另一些竞技场,而且,可能的话,持续到完整社会的统治之中。在一个竞技场的斗争与调解中产生的资源和支持被转移到社会其他领域,能创造一个完整的统治吗?完整统治,无论是由国家、阶级、市民社会还是其他群体达成的完整统治,均来源于对从一个竞技场转移到其他竞技场的活动中获取的资源和支持的重新分配。① 对于西德尼·塔罗(Sidney Tarrow)所说的社会中的"重大问题,混乱的冲突和根深蒂固的社会经济裂痕",我们不能理解为与更加有限的竞技场冲突无关。人们是在后者②之中"组织其与国家的关系,调和或解决利益冲突,并试图在政治上适应更宽泛的社会压力"③。任何社会力量,包括国家在内,其发展内聚力、获取物质和象征资源以在全社会表现一个有意义的存在的能力取决于其在较小的竞技场内的表现。在那些竞技场中,其统治的成功必须达到一定程度(近似于完全转型,或者至少吸纳了现有的社会力量),才能创造资源,以运用于其他竞技场斗争之中,且最终运用于全社会。社会力量——从阶级到国家——是否能成功地成为完整统治的基础,还远非我们所能预料。

---

① 在美国,关于承认国家正在行使最高权威,社会理论家总是保持沉默。焦点往往更多地放在自我规范的社会组织上,而较少注意国家如何创造了市场和其他社会组织运作的权威性合法框架。参见 Gary C. Hamilton and John R. Sutton, "The Problem of Control in the Weak State," *Theory and Society* 18 (January 1989), pp. 15 - 6。
② 指更加有限的竞技场冲突。——译者注
③ Sidney Tarrow, "Introduction," in *Territorial Politics in Industrial Nations* (New York: Praeger, 1978), p. 1.

第五章　为何大多数国家没有分裂？

当今世界上大多数的国家都保持着完整性,这种现象其实足以引起人们的困惑:为什么这些国家就没有分崩离析呢?要知道,近些年来这样的事虽非屡见不鲜,但也绝非罕见:黎巴嫩、南斯拉夫、索马里、扎伊尔,甚至于曾经不可一世的苏联,都是这样的例子。为什么其他国家没有如此呢?大部分国家的内在凝聚力如何来解释呢?在这些不同的国度里,散布着各个民族的居民,成千上万的人在不同的机构按照各种不同的程序在工作,他们有着纷繁芜杂、数不胜数的目标、利益、压力、动机。潜在的分裂因素看起来无穷无尽:不同机构间的勾心斗角、对稀缺资源的疯狂争夺、立场各异的势力集团、国际上各种力量在国内的竞争、不同利益诉求之间的冲突和碰撞……所有这些可能导致巨大暴乱的因素都在国家这种组织内伺机而动。

在考察了过去5个世纪中欧洲的扩张过程之后,大卫·斯特朗(David Strang)却发现非欧洲国家——至少那些被认为是主权国的国家——具有显著的生存能力。① 他发现在1415年到1987年间,只有11个国家从主权国沦为他国的附庸,15个非欧洲国家被吞并或解体。而令人吃惊的是,20世纪下半叶以世界历史上前所未有的数量产生了如此众多的新生国家,而与此同时,消失、解体、崩溃的国家却少之又少。

事实上,在冷战期间人们很难找出几个国家覆灭或分裂的例子——也许巴基斯坦和尼日利亚在某一时期还算得上,黎巴嫩也是一个典型的例子,还有埃及、叙利亚、阿拉伯联合酋长国等少数例子。同期倒是有许多学者就国家为何如此孱弱撰写了大量著作。他们使用"准国家""软国家""弱国家"等概念来描述许多政治实体面对外部势力或国内利益集团时的孱弱性。② 这就出现了一个矛盾之处,国家的孱弱不是正应该导致其无可避免的分崩离析吗?

"一战"和"二战"之后几大帝国的覆灭和强有力的民族自决理念结合在一起,导致了新生民族国家的激增,其中的大部分既缺少内在的凝聚力,也无法有效地通过公共政策按自己的意愿改变人民的行为。仅仅在"二战"结束后的二十年里,世界上国家的数量就增长了三倍多。而20世纪中叶也成为民族国家作为普世政体形式的全盛时期。

---

① David Strang, "Anomaly and Commonplace in European Political Expansion: Realist and Institutional Accounts," *International Organization* 45(Spring 1991), pp. 143 - 62.
② Robert H. Jackson, *Quasi-State: Sovereignty, International Relations and the Third World* (New York: Cambridge University Press, 1990); Joel S. Migdal, "Studying the State," in Mark I. Lichbach and Alan S. Zuckerman (eds.), *Comparative Politics: Rationality, Culture and Structure* (New York: Cambridge University Press, 1997).

而现在,到了21世纪之初,这些国家却已是苟延残喘。由欧盟和强大的非政府组织代表的新型政体正初露峥嵘。一本又一本的著作不厌其烦地描述国家的转型。① 还有一些人则用"世界黎巴嫩化"②这样让人不寒而栗的词语来预测国家的穷途末路。国家越来越被描绘成元气大伤的利维坦,随时可能一命呜呼。但这些关于国家行将就木的观点其实并不成熟:国家的孱弱并不意味着国家的崩溃。

在接下来的两节中,我将对学者们给出的关于大多数国家为何没有分裂的原因进行回顾。首先要谈到国际环境中的力量内化于国家和社会中。第二种解释借鉴了组织理论,强调国家没有分

---

① Joseph A. Camilleri and Jim Falk, *The End of Sovereignty? The Politics of a Shrinking and Fragmenting World* (Brookfield: E. Elgar, 1992); Ivo D. Duchacek, Daniel Latouche, and Garth Stevenson, *Perforated Sovereignties and International Relations: Trans-Sovereign Contacts of Subnational Governments* (New York: Greenwood Press, 1988); John Dunn, *Contemporary Crisis of the Nation State?* (Cambridge, M. A.: Blackwell, 1995); Julie A. Erfani, *The Paradox of the Mexican State: Rereading Sovereignty from Independence to NAFTA* (Boulder: L. Rienner, 1995); Gidon Gottlieb, *Nations Against State: A New Approach to Ethnic Conflicts and the Decline of Sovereignty* (New York: Council on Foreign Relations Press, 1993); Christine Ingebritson, *The Nordic States and European Unity* (Ithaca, N. Y.: Cornell University Press, 1998); Peter Katzenstein, *Tamed Power* (Ithaca, N. Y.: Cornell University Press, 1997); Edmond J. Keller and Donald Rothchild, *Africa in the International Order: Rethinking State Sovereignty and Regional Security* (Boulder: Lynne Rienner, 1996); Gene M. Lyons and Michael Mastanduno, *Beyond Westphalia?: State Sovereignty and International Intervention* (Baltimore: Johns Hopkins University Press, 1995); Claus Offe, *Modernity and the State: East, West* (Cambridge: M. A.: MIT Press, 1996); Michael Shapiro and Hayward R. Alker, *Challenging Boundaries: Global Flows, Territorial Identities* (Minneapolis: University of Minnesota Press, 1996).

② Jean-Marie Guehenno, *The End of the Nation-State* (Minneapolis: University of Minnesota Press, 1995), p. 35.

裂是其与属民进行交易的结果:人民提供对国家的忠诚和拥护,而国家则提供公共产品的选择性准入。第三种解释则是上述交易理论的变形,认为国家为多种形式的委托庇护关系起到了保护伞和摇钱树的作用,这种关系反过来又能够维持国家的稳定和统一。

尽管这些解释有助于我们理解是哪些因素抵御了分裂国家的力量,但它们所揭示的还不够完全。本章最后一节将对此进行补充,即国家-社会互动的某些领域会对社会中的人民产生意义,而这种意义则会使国家自然化。这里所说的自然化是指在人民眼中,国家的存在如同环绕其身边的景观一样自然;他们不能想象生活中缺少国家这一部分。如果这种信念得以广泛传播的话,就能够强有力地化解分裂力量对国家统一的影响,即使国家难以有效地提供公共产品,难以有效地制定并实施公共政策。

我们将就三个互相重叠的领域进行研究,这些领域中产生了使国家"自然化"的意义和实践,它们分别是:社会中法律的产生,剧场政治语境下公共仪式的使用,以及对公共空间的建构和持续重建。现在我们还难以确定在哪些条件下意义在这三个领域中被创造出来并对国家起到支持作用,哪些条件下会发生相反的过程。但当下对国家-社会关系的这三个领域进行研究仍然十分重要,因为我们可以就此理解它们与国家统一与分裂的内在关系。

国际环境对国家的赋权

我们能从那些研究大多数国家为何没有在无数的离心力作用下分裂的著作中得出些什么结论呢?大多数作者认为这个问题根

本就不存在,或者对其置之不理。① 正如詹姆斯·N. 罗斯诺(James N. Rosenau)所敏锐地指出的那样,对以往文献的回顾会让我们感到"国家对于政治学来说就如'看不见的手'对于经济学一样不证自明"②。许多人都忽视了国家稳定性的问题,而是想当然地在他们的著作中把国家这个概念自然化了。直到19世纪初期,他们都认为国家已经变成"国际体系中独一无二的构建因素"③。作为规范和合法的组织治理的方式——事实上,几乎是作为20世纪唯一成功地建立统治的方式——国家已经如同山川河流一样成为自然景观中理所当然的一部分。很少有什么原因能让我们质疑它的现状和未来。

国际法和由国家组成的国际社会使得国家这种形式神圣化,并为各个国家共同组成的国际社会和每个国家提供保护。确实,正如杰克逊和罗斯伯格所坚持认为的那样,如果我们用除了法理存在之外的另一个标准来考量国家,比如是否能够有效地控制领土,我们会发现许多国家其实早就孱弱涣散、国已不国了。他们写道:"我们不能用一个对国家的(国际)法人财产的属性缺乏足够重

---

① 杰克逊(Jackson)、罗斯伯格(Rosberg)、罗斯诺和斯特朗则明显不在此列。参见:Robert H. Jackson and Carl G. Rosberg, "Why Africa's Weak States Persist: The Empirical and the Juridical in Statehood," *World Politics* 35 (October 1982), pp. 1 – 24; James N. Rosenau, "The State in an Era of Cascading Politics: Wavering Concept, Widening Competence, Withering Colossus or Weathering, Change?", *Comparative Political Studies* 21 (April 1988), pp. 13 – 44; Strang, "Anomaly and Commonplace in European Political Expansion: Realist and Institutional Accounts"。
② Rosenau, "*The State in an Era of Cascading Politics*," p. 14.
③ Hendrik Spruyt, *The Sovereign State and Its Competitors: An Analysis of Systems Change* (Princeton, N. J. : Princeton University Press, 1994).

视的国家概念来解释一些国家的延续。"①杰克逊将支撑着国家的国际环境称为"消极主权"。

尽管已经有一些学者考察了国际环境对国家的支撑作用,但大部分人还是简单地对国家的持续存在作想当然的处理。此外,国际关系理论的基本假设也强化了国家不可侵犯的理念。关于国家的模型强调其理性,因此也就假定了国家具有完整性和凝聚力。② 国际关系思想家几乎把国家当做独一无二的自变量,而不是因变量。③ 这些学者都反对多元主义的研究途径、系统理论和马克思主义概念,但他们也正如同其所反对的一样,将国家这一概念简单化了,而对国家复杂的内在的工作视而不见。

现实主义理论家们倾向于忽略那些可能导致国家分裂的内部力量,而是通过国家间的政治结构来解释国家的稳定性。他们认为,国家间的理性,经常会使得强国为弱国提供支持,以防止另一个强国取得对世界的统治权。④ 但斯特朗已经证明这种理论并不能解释他所发现的五个世纪以来的国家稳定性。在现实主义和新现实主义理论在国际关系理论中成为主流的同时,政治学和社会学界的比较主义者也在他们"把国家带回来"⑤的努力中作了类似的假设。

---

① Jackson and Rosberg, "Why Africa's Weak States Persist: The Empirical and the Juridical in Statehood," p. 4.
② Lars-Erik Cederman, *Emergent Actors in World Politics: How State and Nations Develop and Dissolve* (Princeton, N. J.: Princeton Univesity Press, 1997), p. 29.
③ Cederman, *Emergent Actors in World Politics*, p. 213.
④ Kenneth Waltz, *Theory of International Politics* (Reading, M. A.: Addison-Wesley, 1979).
⑤ Peter Evans, Dietrich Reuschmeyer and Theda Skocpol (eds.), *Brining the State Back In* (New York: Cambridge University Press, 1985).

然而，进入20世纪90年代以后，将国家视为稳定不可侵犯的似乎越来越难。诸如"解体""无政府状态""崩溃"这样的词汇在关于国家的著作中开始悄然出现。① 建构主义者和使用基于规范的研究方法的学者开始质疑国际关系理论的陈旧假设②，而"社会中的国家"这样的概念取代了那种完全自治、主权统治的国家概念。③ 在后冷战时期，国家的孱弱更经常地造成国家的分裂，学者们也开始重视国家内部状况的复杂性，此时，解答为何有些国家分裂而另一些则能保持统一这一问题就变得更加紧迫和现实。

在冷战时期，人们认为是世界政治两极争霸的大格局支撑起了那些摇摇欲坠的国家。超级大国之间的竞争使得世界上各个角落的国家都能够获得大国支援的各种充足资源，这为其部分的统一提供了激励，与此同时，它们传统意义上抵御外侮的国防负担也

---

① Cederman, op. cit., Robert Kaplan, *The Ends of the Earth: From Togo to Turkmenistan, from Iran to Cambodia, A Journey to the Frontiers of Anarchy* (New York: Knopf, 1997); Klaus Schlichte, "Why States Decay: A Preliminary Assessment," *Mimeo*.
② Alexander Wendt, "Constructing International Politics," *International Security* 20 (1994), pp. 71-81; Michael Barnett, *Dialogues in Arab Politics: Negotiations in Regional Order* (New York: Columbia Press, 1998); Peter Katzenstein, *Culture of National Security: Norms and Identity in World Politics* (New York: Columbia University Press, 1996); Audie Klotz, *Norms in International Relations: The Struggles Against Apartheid* (Itahca, N. Y.: Cornell University Press, 1995); Martha Finnemore, *National Interest in International Society* (Ithaca: Cornell University Press, 1996).
③ Joels S. Migdal, Atul Kohli and Vivienne Shue (eds.), *State Power and Social Forces: Domination and Transformation in the Third World* (New York: Cambridge University Press, 1994); Peter Evans, *Embedded Autonomy: States and Industrial Transformation* (Princeton, N. J.: Princeton University Press, 1995).

得以免除。而现在,随着冷战的结束和经济全球化的日益深入,看起来国家已经到了穷途末路。失去了原有的国际支持,国家的屡弱性将直接导致其分崩离析。

冷战的结束确实导致了国家覆灭的激增,这足以促使我们去思考个中缘由。[①] 但我们也要注意到,包括那些在两极竞争格局下被大国扶植起来的屡弱国家在内,大部分的国家仍然保持着统一和完整,而且现在看来并无分裂之忧,即使有些国家中腐败盛行,政治黑暗混乱。

国家能够保持相对稳定的一个原因就在于,那些支撑和维持国家的国际因素并未随着冷战的结束而消失。各国的外交机构,联合国,世界银行,提供外国援助的各种国际机构,所有这些机构都直接或间接地指定国家作为一定区域内所有人民的代表。经济和环境的因素已经使得许多国家的边界形同虚设,但是各种国际机构和国际制度也强有力地支持着国家,使国家成为唯一具有合法性的统治形式,抵消了经济和环境因素的作用力。[②] 正如斯特朗所指出的,国家的稳定性很大程度上可以由"西方文化中将国家系统视为一个彼此认同的共同体"[③]来解释。

国际组织和国际惯例中一般都将国家视为其领土上人民的代表并直接与其对话。但也有例外,比如海湾战争后联合国就库尔

[①] Kaplan, *The Ends of the Earth*; Schlichte, "Why States Decay"; and Cederman, *Emergent Actors in World Politics*.

[②] Finnermore, *National Interests in International Society*, pp. 2-3; Klotz, *Norms in International Relations*, p. 24.

[③] Strang, "Anomaly and Commonplace in European Political Expansion: Realist and Institutional Accounts," p. 162.

德人问题对伊拉克实施制裁时就绕过了政府。但是这种情况毕竟殊为罕见。更为常见的情形,是像道维哥尼(Peter Dauvegne)关于所罗门群岛的文章中所描述的那样①,在那里,国家的管理能力可以低下到让人难以置信的程度,但是仍能够从一大批国际组织和邻国政府获得大量援助。

像联合国一样的国际机构不仅仅将国家神圣化为规范的统治组织形式,也通过塑造国家的职能、影响国家的构成方式来对其进行赋权。各种国际机构早已就国家应该如何行使职能作了全面的假设。它们要求国家不仅要保护其人民,也要致力于提高人民的物质生活水平,保证人民享有尊严,组织大部分的群众活动,改善妇女、儿童和原住民的境况,等等等等。

换言之,人们对关于国家应该是什么样子的各种规范而刚性的期望已经将国家锁定了。这些规范在约束国家的同时,也对国家进行了赋权。一个世纪以前,只有少数几个国家,甚至没有国家能够担负起的职能,如实施义务教育、保护环境、规范劳动力市场等,现在这些已成了所有国家必须承担的任务。尽管有些国家在义务教育和改善工人日常生活状况方面表现得一塌糊涂,但它们至少也在名义上建立起了庞大的政府机构来专门负责教育和劳工事务。所有的国家,不管在实施国际规范方面成功与否,都建立起了不断扩张的国家官僚机构、令人生畏的国家安全机关和广泛的司法体制。这些都是国家必须做的,至少要表现出致力于处理这些事务的样子。即使是弱国家也能够获得国际合法性,更不要说那些具有庞大官

---

① In Peter Dauvergne, ed., *Weak and Strong States in Asia Pacific Societies*.

僚系统的国家了,它们有能力将国际规范内化于国内的实践。

从农业发展到儿童福利,国家的各个职能部门都已与国际机构接轨。这种关联性使得不同国家的对应政府部门看起来如此的雷同,虽然它们履行职能的效率有天壤之别。加入到某个国际组织中,比如说 WTO,会起到重塑一国数据采集系统(事实上数据采集也是国际组织的主要活动)的作用,也会改变其行政程序、知识基础和行政方式。这种作用,至少在表面看来,已造成了全世界范围内国家行政的方式、规范和技术方面的趋同。不管是大国还是小国,看起来都是如此的千人一面,所不同的只是有些国家能更有效地将国际规范运用于国内环境罢了。

所有国家的领导人都宣称捍卫本国的领土、主权、自治、独立。他们提出相同的号召,要求人民的服从,以配合政府管理人们的日常生活:征税,规范性关系,限制家长的权威。从地球的一端到另一端,所有国家的职能部门也都如此千篇一律。简而言之,全球化虽然导致国家在国际事务中前所未有地被忽视,但另一方面也以同样的力度巩固和充实了国家的角色。

但不管规定恰当治理形式和方法的国际规范如何发展,不管政治领袖们关于国家不可侵犯性的言论如何虚张声势,仅仅依靠国际因素对国家主权的扶持是不足以解释为何国家能够保持完整和统一的。对国际因素的关注不应该模糊我们的视线,令我们忽视国家内部结构及其与社会大众的关系,也不应该使我们忘记国际力量也可能会削弱国家,而国际规范和惯例可以也可能会变得空洞而肤浅。

即使是邻国、世界霸主或国际机构以经济援助、技术支持、军事保护形式提供的直接的扶助与支持,也只能部分地解释为何许多国家仍能勉力支撑。因为如此众多的国家在腐败和低效的打击下早已千疮百孔,以至根本无力将国际规范贯彻到国内,所以我们不能仅仅依靠国际规范和国际力量扶植这种解释来说明为什么大部分国家能够免遭覆灭噩运。

组织理论对国家的解释

组织理论界的学者,在解释为何包括国家在内的许多组织保持完整稳定方面取得了一定成果。但他们的研究途径只能说是差强人意。这某种程度上是因为他们的大部分著作都预先假设了组织是完整的,而并不去质疑组织的内在凝聚力。许多这方面的讨论都充斥着功能主义的论调:人都有目标、愿望和希望;组织之所以存在就是因为人们需要结合起来实现这些目标。换而言之,组织存在就是因为人们需要它。戈兰·阿尔纳(Goran Ahrne)曾写道:"组织一开始就存在。归属和依附是人类的基本经验。"[1]组织所面临的不同的压力和机遇可能会具有不同的影响,但是处于等级结构顶端、拥有最高权威和控制力的组织领袖会做出战略性回

---

[1] 在另一本书中,阿尔纳认为功能主义的思想主导着组织理论。"虽然亚历山大(Alexander)认为反功能主义运动取得了完全和彻底的胜利,但功能主义的理论仍然健在。虽然功能主义的社会理论垮台了,但大多数被布瑞尔(Burrell)和摩根(Morgan)认定为功能主义的组织理论保留了下来。"Goran Ahrne, *Social Organizations: Interaction Inside, Outside and Between Organizations* (Thousand Oaks: Sage Publications, 1994), p. 30. 阿尔纳进而论证组织理论已经"把自己从对范式的依赖(比如功能主义)中解放了出来"(p. 31)。我对此表示怀疑。

应、调整组织结构来迎接这种挑战。① 这个过程就是组织理论者所说的"适应"。

对于国家这种组织来说,由于能够满足人民的基本需要,如个人安全等,所以人们倾向于想当然地认为国家之所以存在是因为人民需要它。但是在解释为何国家是满足人民需求的主导组织形式这个问题上,这种论证对我们帮助甚微。为什么就不可以是其他类型的组织取代国家来满足人民的需求呢?为什么有些国家能够取得成功而另一些则一败涂地?

公正地讲,社会学家其实已经认识到了组织失败的可能性(甚至是概然性)。亚瑟·斯廷奇科贝(Arthur L. Stinchcombe)在这方面进行了更深入的探讨。他认为,与成熟的组织相比,处于初始阶段的组织更容易因失败而消亡。② 但具体到关于国家的案例上,他的分析就遇到了困难:在过去的四十年中新生的国家事实上发展得还都不错。迈克尔·汉南(Michal T. Hannan)和约翰·弗里曼(John Freeman)认为组织的惯性会降低组织成功适应变化的几率,是不同的环境选择了那些适应地方具体环境的组织,而那些不适应这些环境的组织则会走向失败。③ 他们的这种思想必然会导致这样的结论,即不同环境中的组织将具有极大的差异性,但是,具体考察国家的例子,我们就会发现世界上的各国实际上看起来

---

① Michael T. Hannan and John Freeman, "The Population Ecology of Organizations," *American Journal of Sociology* 82(1994), pp.161 - 62.
② Arthur L. Stinchcombe, "Organizations and Social Structures," in James G. March (ed.), *Handbook of Organizations* (Chicago: Rand-McNally, 1965).
③ Hannan and Freeman, "The Population Ecology of Organizations," p.161.

是如此的相似和雷同。①

近期,阿尔纳进一步指出了组织为避免失败而需要采取的措施。"组织中的各个部分必须结合为一个整体来消弭离心力的作用。即使不同部分之间的磨合很难达到完美,这样也能够产生出向心力来平衡来自周围社会环境的影响。"②也就是说,组织的解体从来都是具有现实可能性的,只有那些能够发展出相应机制来抵消离心力的组织才能够生存下来并取得成功。但是从这种表述的被动语态("向心力被发展出来")中,我们就不难发现它其实还未触及本质的问题。什么发展出了离心力?怎么发展的?为何有些组织成功而另一些则失败了?

但是这些问题在组织理论中却常常被掩盖,许多人用代理结构来分析公共产品的提供过程。这种方法强调组织的向心力来源于组织的产权和对公共产品的控制。只有成为组织的成员或者依附者,人们才能获得组织提供的公共产品和各种资源,更重要的是,组织成员还要依照组织的指定角色完成相应的职责,通过这些方式,导致不满和分裂的向心力就会消弭于无形。

换句话说,这里存在着一个很简单的交易过程:个人通过纳税、承担社会义务、服从国家命令的方式配合国家的管理(这些都是使得组织完整的必要因素),而国家则为个人提供相应的资源,如个人安全、健康保险、稳定的工资等。当然,这种解释也并不完

---

① Jitendra V. Singh, David J. Tucker and Robert J. House, "Organizational Legitimacy and the Liability of Newness," in W. Richard Scott(ed), *Organizational Sociology* (Brookfield: Dartmouth, 1994).

② Ahrne, *Social Organizations*, p.104.

整,我们还是无法透彻地明了为何组织采用现在这种形式,为何只有少数的组织能够克服惯性,有效地为个人提供公共物品。不过,组织理论在帮助我们理解包括国家凝聚力在内的组织完整性方面已经做出了不小的贡献。正如阿尔纳所说:"激励和服从在任何组织中都是能够帮助维系组织权威的向心力。"①

虽然国家和其他组织一样,是通过向成员提供公共物品来维系自身存在的,但是它们在这方面算得上是一种特殊的组织,克拉斯纳(Krasner)对此是这样理解的:

> 无论从统治广度还是深度来看,主权国家都已经日益成为一种凌驾于一切之上的机构。主权国家通过"公民"这个概念来影响其治下个体的自我认知,通过社会化这个有力的工具实施控制。
>
> 从广度来看,国家是当今世界上彼此联系最紧密的机构。一旦改变了国家的形式,那么人类社会的其他一切都会改变。因此,虽然自17世纪国家体系建立以来,国际环境的激励因素已经改变了许多,但我们仍然没有足够的理由相信人类能够轻易用其他形式来替代国家,组织人类的政治生活。②

国家确实是一种复杂的组织,其影响深入到人类日常生活的方方面面。作为组织,国家包括作为组织一部分的个体成员(政府官员)和在组织外服从于组织控制的其他人。后者又可以依据明

---

① Ahrne, *Social Organizations*, p. 111.
② Stephen D. Krasner, "Sovereignty: An Institutionalist Perspective," *Comparative Political Studies* 21(April 1988), p. 76.

显的附属性——公民身份——被划分为本国的公民和外来的旅游者及定居在国内的外国人等。国家在不同的层面上与不同个体进行协商和谈判,这一方面在某种程度上分散了国家的风险,另一方面也导致国家在为不同群体提供相异的——有时甚至是相斥的——物品时,面临着极为复杂的局面。国家所面对的严重的离心力来自上述几个层面基础谈判的失败:首先是与非内部组织成员谈判的失败(如无法给士兵和政府雇员支付工资);其次是与公民就不同制度安排产生分歧(如关闭民众可以影响政府的渠道或采取开放性的移民政策导致影响本国公民的生活);最后是与外国人的纠纷(如不能保障外国人在本国的安全,或是禁止外来移民从而导致一些家庭不能团聚)。

与许多其他的组织不同,国家更容易仅仅因为组织内存在大量的裂痕——无论裂痕的深度如何——而分崩离析。奥菲(Offe)指出,国家的高度复杂性会侵蚀其组织完整性。他引用了迪特尔·格里姆(Dieter Grimm)"职能增加导致的国家权力分解"的用语并且注释道:

> 国家职能的增加相应地伴随着繁文缛节、部门势力和行政代理人的增加,这些都导致国家不可能进行完全的理性决策,并且造成了政府内部部门视角的多样化和碎片化,部门间彼此竞争的加剧,这些部门各自出台的具体政策几乎难以协调,而这些政策的协同作用和长期后果也难以预测。①

---

① Offe, *Modernity and the State*, p. 63.

总的来说,组织理论在关于组织为何保持完整方面给出了一些有说服力的解释,尤其是阐释了公共物品的选择性准入是如何产生组织向心力的。但是他们的这种方法仍然使我们困惑:为何组织是现在这个样子而没有采用其他的形式?为何其他的基础谈判没有导致对现有组织结构的取代?尽管组织中个人的动机已经得到了清晰的阐述——他们是理性的交易者,期望通过最好的选择来达成自己的意愿——可是关于组织本身形式和功能的解释却还是晦暗不清。具体到国家这种组织上,这些问题变得更加突出,国家内部多层次的谈判对维系组织的忠诚度构成了额外的挑战,这些谈判的复杂性又加强了组织内已经存在的离心倾向。简而言之,许多国家都表现出了持续的孱弱性——在与庞大而复杂的人群进行谈判时,效率严重缺失。如果这就是所谓的保持国家完整的组织凝聚力,为什么那些没有表现出凝聚力的国家会持续存在下去?

　　历史制度主义者曾试图解释这些问题,他们的论证超越了作为组织谈判基础的理性——组织为个人提供公共物品,个人履行对组织的职责。他们强调,向心力同样也可以由惯例发展而来。也就是说,使用这种分析方法的学者们更倾向于考察任何给定情况下的制度习惯而不是从效用最大化的角度分析问题。托马斯·科布勒(Thomas A. Koelble)写道:

　　　　在进行决策时,人们首先想到的不是"我如何才能在这种情况下使自己的利益最大化"这样的问题,而是"处在我的位置和职责上,什么才是对这种情况合适的回应"。在大多数情况下,规则和程序(即制度)被清楚地树立起来,人们正是遵从着这种惯例。他们会选择人们已经走过很多遍的路,做那些他们被认为应该做的事。①

历史制度主义者并不否认个人对自身利益的理性计算,但是他们强调这种个人的计算因为难以表现出来而无法被充分理解。只有在一定的环境下,在组织规则和程序的规制下,这种计算才会发生。另外,人们不会不厌其烦地对其每一次选择都进行理性的计算,相反,他们的行为在组织所处的客观条件下变得惯例化了。人们也并不需要组织在任何事情上都必须做出可能的最优选择以履行其职责,因为他们并不总是在追求效用最大化。在大多数情况下,人们所追求的是詹姆斯·马奇(James G. March)和约翰·奥尔森(Johan P. Olsen)所说的"满意"②。

当然,这种理论没有考虑到组织所面临的压力。国家(和其他组织)即使无法为个人提供最优的选择,也仍然不会被推翻,即使在政策的协调和协力程度很低的情况下。在这些情况下,人们可以想象得到,孱弱和无效率的国家组织会持续存在下去。公民服从命令和履行职责的习惯能够增强向心力,有助于抵消分裂的倾向。人们并不会因为一时兴起就放弃国家这种组织形式。

但是历史制度主义的重心仍然放在分析个人在神秘迷宫中的活动路径上,而组织这个迷宫本身却往往没有得到足够的重视。

---

① Thomas A. Koelble,"The New Institutionalism in Political Science and Sociology," *Comparative Politics* 27(January 1995), p. 233.
② James G. March and Johan P. Olsen, *Rediscovering Institutions: The Organizational Basis of Politics* (New York: Free Press, 1989).

而且对个人的分析与描述仍是采用被动语态。在历史制度主义的语境中,个人完全成了习惯的产物,而与满足其需求与愿望的组织的有效联系则寥寥无几。

最后我们就得到了这样一种个人:既永远理性又无比被动。默里·埃德尔曼(Murray Edelman)过去的告诫似乎没有引起人们足够的重视:"将政治行为解释为对稳定的个人需求、理性论争、态度和基于经验的直觉所做出的回应……这种看法太简单而具有误导作用了。合适的解释必须要聚焦在环境与人类行为之间互涉的复杂因素上:人们按照所具有的不同的利益、压力、威胁和机遇形成不同的团体,在这些团体中,一般行为的意义在符号化理解的过程中产生了创新和变异。"[①]

无效率国家的存续

组织理论和国际因素使我们对于国家为何保持统一、国际力量如何维系国家的存在有了大概的了解,但这些都只是浮光掠影式的分析,没有深入考察国家治下的人民对其凝聚力的影响。这种因素只在关于物质资源分配的问题上被考虑到,因为组织理论的一大基本理念就是组织通过高效率地、有选择性地分配公共物品来最大化地换取组织成员的高效行为。这样所得出的结论就是最有效率的组织能够最长久地存在下去。

但是,正如马歇尔·迈耶(Marshall W. Meyer)和林恩·朱克

[①] Murray Edelman, *Politics as Symbolic Action: Mass Arousal and Quienscence* (Chicago: Murkham, 1971), p. 2.

(Lynne G. Zucker)所说的,"有效行为并不常见",可组织仍然继续存在。① 国家就是这样一个低效率有时甚至是无效率的组织持续生存的主要例子。本尼迪克特·科夫里埃特(Benidict Kerkvliet)曾举过菲律宾的例子,曾几何时,该国政府总是无法向人民兑现其进行农业改革的承诺②,但菲律宾仍然保持着完整统一,而且在耐心等待改革的人民心中还威望颇高。许多看起来可怜而羸弱的国家能够持续生存,这一现象值得我们注意,也要求学者们的理论解释超越效率和物质分配的范畴,如科夫里埃特所说,我们应更细致地确定一下"弱"和"强"的含义。

亚太地区的一些案例显示出,国家的存续是其所参与的非正式交易的结果。这些交易发生在权势阶层和他们的被庇护者之间。有些情况下掌握权势的人就是在位的政府官僚,有些情况下则不一定。但不论在哪种情况下,国家结构都为这些交易提供了庇护。此外,国家的行政机构并不过分干涉这种交易,正是在这种交易中国家才真正用物质资源换来了被庇护者的服从,这才是真正有意义的交换过程。在这个过程中,不存在什么韦伯式的理性,也没有组织理论中反复提及的效率最大化。事实上国家的稳定性正是建构在其能够融入一个强人——追随者的关系网络中。

虽然一些国家凝聚力很低,也无法为人民提供安全保障和物质繁荣,但是它们却能够为无数各自分立的庇护关系提供生长的温床。国家尽管无法按照国际规范的要求有效地打击犯罪,保护

---

① Marshall W. Meyer and Lynne G. Zucker, *Permanently Failing Organizations* (Newbury Park: Sage, 1989), p. 47.
② In Dauvergne, ed., op. cit..

人权,促进经济发展和保护环境,但是仍然可以因为其他强大组织和权势人物的支持而继续存续下去。对于权势阶层来说,维系国家的存续大有裨益,因为他们可以获得通过国家持续提供的国际资源(他们当然具有挪用之能),而且国家所具有的国际合法性也为他们的活动提供了最好的遮羞布。

对于被庇护者来说,国家在他们的日常生活中似乎没有什么意义,比如在所罗门群岛,国家的低效能几乎无处不在!正如道维哥尼所指出的,当该国的首都处于近乎解体状态时,政府官员却在他们的办公室里坐视不理。① 不管怎样,人民也就只能向权势阶层寻求各种帮助了。道维哥尼还着重指出,即使在这种情况下,国家仍然没有任何改变。其中的一部分原因可能是在人民心中国家对其日常生活的影响实在是过于微乎其微了。这样的国家几乎都不值得去反抗和推翻。当然,国际力量的支持和该国对紧迫情势的迅速反应也是让所罗门群岛的领导人高枕无忧的原因之一。

然而,国家的长期稳定性仍然让人惊讶。国际势力为各个国家提供大量的资源,其数量对于各国来说非同小可,从中也绝对有利可图。只要还存在国内外权势集团基于争夺上述资源的有效联合,国家就一定会继续存续。但是权势集团仅仅凭自身所建立起来的联盟毕竟还显得有些脆弱,索马里、黎巴嫩、卢旺达和其他国家的例子就证明了这一点。

---

① In Dauvergne, ed., op. cit..

如果说所罗门群岛是一个稳定(至少迄今为止还算稳定)而极度孱弱的国家的例证,那么南亚的国家则更多地展现出了其强健的一面。这些国家维持着较强的凝聚力,如印度尼西亚,这种凝聚力来自其发展完善的高效的暴力压制人民的武装系统,这个武装系统减少了反对力量对其造成的威胁。对于一些这种类型的国家来说,庇庸关系网络十分重要,而国家与这种网络的关系也是一种重要的稳定因素。但仅仅用高压政治还无法确保一个国家的完整稳定(比如伊朗王朝和前苏联的情形),一些国家的孱弱性也并非来自其与强大的权势集团的关系。例如,印度尼西亚长久以来的国家孱弱性,如哈罗德·克劳奇(Harold Crouch)所言,更多地来自其内在的结构而不是屈从于强势的庇护阶层,而它的生存能力,甚至是发展繁荣的能力,还没有得到过严肃的质疑。① 面对着国家持续的孱弱性,当国家以外的分配方式(如庇庸关系)并非起决定性作用的因素时,我们该如何解释国家的存续呢?

建构国家

国家能力中一个很重要但同时也很难被考虑到的因素,就是在其人民赋予周围世界的意义中,国家处于什么样的位置,人民处于什么样的位置,这对于国家能否保持完整统一也具有重要影响。如果国家被自然化——即国家的解体和消失对于其人民来说将是不可想象的,因为其存在和提供公共物品的职能及其他国家特有

---

① In Dauvergne, op. cit..

的因素已经成为人民生活中不可缺少的一部分——这时国家就更有把握来抵消其效率和效能的缺失所带来的负面影响。带有霸权话语色彩的思想,比如说国家就是不可或缺的,绝不能保障国家这种政体形式的主导地位——在历史进程中,这种话语是缺乏解释力的。但是当这种思想成为主导思想时,国家就有了抵御分裂的保障。在这种情况下,资源分配中的效率缺失和政策执行过程中的其他问题并不一定会导致国家的崩溃。

许多国家,即使是那些孱弱的国家,也能够对社会的结构和人民对其自身意义的认识产生影响。与此同时,社会结构和人民对自身赋予的意义也影响着国家和国家的存续性。国家和社会之间存在着一种互构的关系。国家在人民生活中的中心地位,国家与社会中正在发生的冲突的关系,人民对国家的表达关系,都依赖于国家的凝聚力。这些国家-社会关系中的因素也同时塑造着国家的形式、内容和最根本的活力。

想要理解国家为什么没有分崩离析,我们就必须了解这样一个双重变化的过程——一方面社会对于国家的形式和凝聚力产生影响,另一方面国家也影响着人民的思想和行为,并且从中获得自己存在的意义。我们可以从许多方面进行分析来理解这一互变的国家-社会关系。接下来,我将从三个方面进行考察,这将对我们理解国家的弹性大有帮助。这三个方面就是法律、公共仪式和公共空间中的非正式行为。

1. 法律

法律这个词,乍看上去似乎含义直接而明确,罗伯特·科弗认为"法律这个词语本身就常常是争论的主要对象"①,但对于国家来说竭力用似乎这种争论并不存在的方式来表述法律才符合它们的利益。在初始的形态上,法律含有强迫人民按照某种方式行事之意。但一套法律制度却显示出了公平正义的色彩,而将强迫他人服从某一特定意志的过程合法化和模糊化了。国家的领导人尤其热衷于使法律显得除了公平正义之外似乎没有什么其他的意义。他们希望人民能够相信国法之外再无法律,而人民对于公平正义的观念在国法之中也已有恰当准确的表述。国家的合法性和取得人民服从的能力正依赖于这样的法律。科弗再次说道:

> 给某种体制安上"法律"这个名字或者指认其出产的是"法律",并不能使其自动获得合法性。这种标签化的行为是为了在合法化这一复杂的社会战略中为自己寻找一个支点。相对于争论什么是具有合法性的而言,对"什么是法律"这一问题的法理学探讨已经深入了一层。②

国家找到了这样一个战略支点,使法律成为帮助其统治合法化的强有力的因素,使得人民相信公平和正义就依赖于国家的存在,没有了国家,他们的生活将变得一团糟。国家是如何做到这一点的呢?要回答这个问题,我相信我们必须超越对法律的传统理解,采用一个更多元化的法律概念。

---

① Robert Cover, "The Folktales of Justice: Tales of Jurisdiction," in Martha Minow, Michael Ryan and Austin Sarat (eds), *Narrative, Violence and the Law: The Essays of Robert Cover* (Ann Arbor: University of Michigan Press, 1995), p.174.
② Cover, "The Folktales of Justice," p.175.

传统上，人们一般从两种角度看待国家的法律。第一种强调其社会控制的功能。国家所实施的法律可以有效地为其治下的人们设定可预见性的行为限制和参考标准，如果人民违反了这些规定，国家还可以按照法律的规定用强大的暴力机关来保障这些规定的顺利执行。这种控制既被施于组织外部的人（公民、外国人和旅游者），也适用于国家机关中的政府官员。在这种观点看来，法律是国家规制和引导个人行为的工具，既是为了控制人民，也是为了控制国家机器内部的人员。

第二种对法律的认识则涉及国家通过创设——或至少是尊重——个人权利和财产权利所呈现出的自我克制。在这里，国家尤其指那些宣传个人权利和财产不可剥夺、个人权利和特权不可侵犯的自由主义国家。这种观念下的法律也会涉及为人民的行为设限，尤其是在资本主义社会中，但不会像第一种作为社会控制工具的法律那样对人民进行限制和管制。

这两种法律观念都强调国家在其中的中心地位。国家操持着立法、行政、司法的大权。国家创造并实施法律。普通法系的国家也会在国家组织之外寻求法律的起源，认为法律起源于日常生活的交易和习俗，但即使是在这些国家中，也是政府的立法和司法部门承担法律的正式化和合法化职能。无论在上述哪种法律观念中，国家都处于中心地位，是国家组织决定了或者至少是编制了个人所享有的权利。国家那令人生畏的力量——警察、法官、监狱和刽子手——正是法令背后的保障力量。

当然，法理学家们和其他学科的学者已经认识到实践中的情况并不一定总与国家的法律相符合。最明显的违反法律的情形就是犯罪了，不过习惯法和社会习俗也是国家成文法律的一种隐性违法。然而，这种国家中心的法律观念仍然具有很强的影响力，这一方面是因为国家制定的法律与社会习俗之间差异的不断缩小，另一方面则是由于人们日益将国家法律视为统治的适当和公正形式。这种看待法律的角度，对我而言，似乎是忽略了一个问题，那就是当国家的暴力威慑力量不存在或不甚强大时，人们为什么还要服从法律？也就是说，除了政府的暴力威慑，是什么使得法律在人民的眼中具有合法性？

科弗关于争夺法律制定权冲突的评论展现了国家中心法律观的另一种观点，即法律多元主义。这种观点强调，社会上存在着多套法律，一些直接反对国家，另一些并不被国家所控制但也不一定反对国家，还有一些则对国家法律形成有益的补充。这其中的有一些拥有正式的法典，比如说伊斯兰教法典；其他的也长期存在，但并不那么正式，比如说封建社会中封建领主领地上的法律；还有一些则是松散的，如近世产生的一系列规范。最后的这一种法律——"尽管用法律来形容它似乎太大或太小了"[①]——包含了社会上不同人群心目中的正义和对恰当行为的规范。

在这种观点看来，国家法律是唯一的法律的观点不过是国家为增强其自身权力和合法性所进行的一种意识形态宣教。事实上，国家法律只是众多法律中的一种，其他的法律有些与其立场接

[①] Norman J. Finkel, *Commonsense Justice: Jurors' Notions of the Law* (Cambridge, M. A.: Harvard University Press, 1995), p. 2.

近,有些则相反。① 这种观点也认为其他的法律和习俗不可避免地也要对国家法律产生影响。芬克尔(Finkel)认为国家中心的法律观念和法律多元主义观念之区别就在于:"是法律(国家法律)遵从社会群体设定的路径(即其他形式的法律)还是社会群体遵从法律设定的路径?"②在法律多元主义的观点看来,国家法律经常要遵从非国家法律形式所设定的路径。

国家法律已经被或应该被其他法律形式所影响的观点其实并没有得到广泛的接受。法律理论的主流一直以来都认为,政府制定的法律作为国家官方宣布的文件,应该规定社会该做什么和不该做什么,而不是反过来被社会所影响。在这种观点看来"在法律体制外的人应该接受而不是创设法律权威"③。法律通过规则和创设权利塑造了社会,影响了社会的结构——"法律创造并维系了社会中的等级结构和统治格局"④。但是,另外一方面,理解社会是如何塑造和再塑造国家法律,也具有十分重要的意义。

如果科弗是正确的,即法律是强大的生成合法性的力量——我认为确是如此——那么国家保持完整统一的能力就部分来自其与除了国家法律外其他法律体系的关系。其他法律颠覆、强化和改变国家法律的能力对于国家维持完整统一,保持自身效能,具有很大影响。大部分的法律——无论是国家法律还是其他形式的法

---

① Mark Galanter, "Justice in Many Rooms: Courts, Private Ordering and Indigenous Law," *Journal of Legal Pluralism* (and Unofficial law) 19(1981), pp. 56 - 72.
② Finkel, *Commonsense Justice: Jurors' Notions of the Law*, p. 1.
③ John Brigham, *The Constitution of Interests: Beyond the Politics of Rights* (New York: New York University Press, 1996), pp. 6 - 7.
④ Susan Burgess quoted in Bringham, *The Constitution of Interests*, p. ix.

律——其内容都是为人民创造出价值的集合:什么是可以接受的而什么又不是,什么是正确的什么是错误的。法律并不仅仅是规定什么能做什么不能做,它也要昭示什么是正确的什么又是错误的。当国家法律成功地创造出广泛认同的价值时——涂尔干将其称为社会团结——这种价值的出现改善了国家的生存状况。广泛的社会团结加强了国家的凝聚力。国家法律在这种情形下成了人们划分正确与错误的标准。法律作为一个价值判断性的过程"将诉求各异的团体整合成为一种单一的政治力量,并向个体参与者灌输了捍卫个人身份认同的强烈意识"①。但是国家法律在社会中与其他形式的法律相处不睦,损害了其为人民提供共同价值和加强自身急需的合法性的能力。

关于各种形式的法律如何互动,我们仍旧知之甚少。国家法律与其他形式法律的互动所导致的其自身的变化,这种变化是如何为人民创造出广泛共享的价值并增强国家凝聚力的,我们同样不是很了解。我们所知道的就是,社会上其他形式的法律——尤其是人们心中对正义的定义以及指导人们恰当行为的规范——对国家法律影响极为深远。劳伦斯·弗里德曼(Lawrence M. Friedman)曾阐述过从19世纪到20世纪,美国人民对自身理解和对于恰当行为的认识的转变是如何导致美国法律的重大转变的。②他的研究就是为了说明个人价值(或者,用一个更好的词来说,个人主义)的转变,最终导致了一个与一个世纪之前非常不同的法律

---

① Edelman, *Politics as Symbolic Action*: *Mass Arousal and Quiescence*, p. 12.
② Lawrence M. Friedman, *The Republic of Choice*: *Law, Authority and Culture* (Cambridge, M. A.: Harvard University Press, 1990).

系统。

在任何社会中,意义非凡的社会变迁都会随之带来不同法律和法律价值的涌现。这些新的法律价值往往成了科弗所说的"反抗的教科书",威胁着国家的凝聚力。① 但当国家法律被其他形式的法律所转化的时候,当它能够融合社会上产生的其他形式的法律时,它就能使得国家从社会上广泛共享的价值中获益。也就是说,社会公众的变迁和在公众中产生的新的非国家形式的法律能够改变国家的结构和国家构建的根本方式。而国家反过来通过新法律的实施和整合其他可能彼此相异的社会法律,又能够转变社会。在这种双重转化过程中,国家与公众所认可的正确行为与价值联系了起来,从而从共享的价值中获得了至关重要的合法性。

在殖民地社会的背景下,我们或许会认为不同法律体系间的冲突一定相当严重,但我们在社会转化过程中发现的例子却出人意料。帝国主义强加在殖民地之上的法律与该地原来的行为准则之间存在着十分复杂的互动。举例来说,奥纳尔夫·加尔布兰德森(Ornulf Gulbrandsen)曾经研究过贝专纳(今博茨瓦纳共和国)的北茨瓦纳(North Tswana)地区,在那里,殖民之前有效运行的立法和司法系统与后来强加的英国法律之间产生了互动。② 而这种互动的结果也许会令人吃惊,那就是殖民化之前的立法和司法系

---

① Robert Cover, "Nomos and Narrative," in Martha Minow, Michael Ryan, and Austin Sarat (eds.), *Narrative, Violence and the Law: The Essays of Robert Cover* (Ann Arbor: University of Michigan Press, 1995), p. 150.
② Ornulf Gulbrandsen, "Living Their Lives in Courts: The Counter-Hegemonic Force of the Tsawana Kgotla in a Colonial Context," in Olivia Harris (ed), *Inside and Outside the Law* (New York: Routledge, 1996).

统得到了加强,因为当地社会"具有抵御欧洲事务和价值的足够潜力"①。

对于茨瓦纳地区来说,维系一个法律系统对于抵御英国强加单一的、霸权主义的法律具有很有意思的结果。一方面,它们强有力的法律体系"使英国人愿意保留保护领地以应对持续存在的加入南非种族隔离政体的要求"②。这也促使英国的殖民统治者进一步将当地的政治领袖吸收进法律和政治的领导机构中。尽管英国殖民者没能在该地如愿以偿地建立起英国式的法律系统,但它们却从社会变迁中获得了一定程度的合法性。

马丁·卡诺克(Martin Chanock)发现了另一种非洲范式。在他所举的案例中,试图建立英式法律体系的努力最终取得了一个意想不到的成果,即创建出了一个全新的非洲习惯法系统,"对传统体制的深入认知来自对当前现实问题的关注,对当前的局面也十分重要"③。卡诺克认为殖民地的国家法律和这种新的习惯法(英国人伪称其预示着殖民主义的到来)的互动具有互补的效应,而且这种互补的效应将会持续下去:

> 西方法律形式和法律制度对非洲的殖民化将继续得到生长壮大中的法律职业的庇护和支持,而在其他情形中,殖民地本土的法律从业者往往是殖民化最狂热的反对者。这个过程合法性的取得部分是由于其推动者宣称这是非洲当地习惯法

---

① Gulbrandsen, "Living Their Lives in Courts," p. 127.
② Ibid., p. 152.
③ Martin Chanock, *Law, Custom and Social Order* (New York: Cambridge University Press, 1985), p. 8.

的发展和进步,是殖民前本土制度力量的再生。①

在殖民地以外的社会中,国家也要依赖于社会上其他法律系统来维持自身的存在,同时对其做出回应并与之竞争。在19世纪的沙皇俄国,国家难以通过法律为社会提供共享的价值。社会变迁造就了大批的城市中产阶级,在这一阶级的推动下,19世纪末的法制改革家引进了起源于西欧的"现代"法律体制,尤其借鉴了法国的法律体制。新法律体系的核心原则与领主控制农奴的封建法律和男尊女卑的父权制法律发生了严重的冲突,不同法律体系间的摩擦产生了严重的矛盾。妇女和农奴(或者说是过去的农奴)现在是国家法律保护下的具有权利的个人,还是仍然是父权和夫权权威下的附庸?俄国能否一方面使过去被男性统治的妇女和被地主剥削的农奴得到法律权威的保护,另一方面保持足够的社会稳定?

正如劳合·恩格尔斯坦(Laure Engelstein)指出的,不同法律体系间的互动迅即导致了实践中的困境。② 国家应该如何对待那些"公共女性",她们可既不附庸于夫权也不受父亲的管制?警察应该扮演什么样的角色?是捍卫其他传统法律体系所奉行的道德价值,还是将妇女视为拥有权利的个体(这可就涉及一整套不同的关于"什么是正确的"的观念了)来对待?面对这些问题国家显得十分困惑,在新法律的贯彻执行上逡巡不决,一直无法在其广大领

---

① Chanock, *Law, Custom and Social Order*, p. 238.
② Laura Englestein, "Gender and Juridical Subject: Prostitution and Rape in Nineteenth-Century Russian Criminal Codes," *Journal of Modern History* 60 (September 1988), pp. 458–95.

土上建立一整套价值系统。国家法律确实发生了变革,但是这种变革没有和社会上其他的法律价值体系有机地整合在一起。俄国愈发难以创造出足以生成社会共同价值的法律,这最终对其合法性和凝聚力都造成了严重的损害。

关于不同法律体系间的互相影响,当下学者们的研究还很不深入。我们还无法总结出什么情况下国家法律才能在与其他法律的互动中成功地变革,反映出社会变迁并为社会生成广泛共享的价值。但是如果我们要考量为什么大多数国家能保持完整(以及为什么有些不能),在哪些制度适应的过程中国家存续或分裂,那么对我们的研究来说法律就是国家和社会一个重要的交汇点。虽然国家的官僚队伍、立法和行政机构似乎难以受到大众的影响,但在全世界范围内司法体制相对于国家其他机构正变得日益自治,也许这就能够证明法律是怎样作为社会改变国家的工具而发挥作用的。[①] 不同法律体系间的互动,国家法律的变革,以及司法部门日益凸显的作用,能够帮助我们解释国家组织的适应性和国家为人民提供中心价值的重大意义。

2. 公共仪式

社会学家发现,国家尽管经常难以履行自己的职能,却能够大

[①] Paula R. Newberg, *Judging the State: Courts and Constitutional Politics in Pakistan* (New York: Cambridge University Press, 1995); Mark J. Osiel, "Dialogue with Dictators: Judicial Resistance in Argentina and Brazil," *Law and Social Inquiry* 20(Spring 1995), pp. 481–560; Martin Shapiro and Alec Stone, "The New Constitutional Politics of Europe," *Comparative Political Studies* 26(January 1994), pp. 397–420.

难不死:"我们的身边充斥着难以实现既定目标的组织,它们的这种失败不是暂时的和偶然的,而是具有长期性和结构性。"[1]毫无疑问,国家就属于这样的组织,国家经常难以通过效率这一关,有一些国家的无效率简直不可救药。国家的种种失败是难以掩盖的:从难以提供公共安全,这已经由持续的犯罪所证明,到没有能力完成与其成员的物质资源交易,比如没钱给军人和政府官员发工资。为了克服其效率的缺失和难以实现中心目标的困境,国家所采取的一种方法就是通过公共产品的有效分配以外的途径来获得支持和忠诚。国家用公共仪式模糊了官员和公民间的界限,从而获得了民众的支持。

约翰·迈耶(John W. Meyer)和布莱恩·罗万(Brian Rowan)认为,如果国家能够成功地运用仪式来表现出一种制度化的统治,并为其增添一种强大的神话式的色彩,那么国家生存的前景就会变得明朗起来。这些仪式可能会影响到效率的实现;因为组织通过这些仪式"显著地体现出其制度环境的神话性,而不是其工作职能的要求"[2]。具体到国家这种组织上来,国家通过采取种种仪式来塑造自身的特殊性而不是最大化地提高其效率。国家"融合了具有外在合法性的因素,而没有提升效率"[3]。举例来说,一场奢侈的加冕典礼可能会耗费大量本可以用来履行国家职能的资源,但

---

[1] Paul DiMaggio, "Foreword," in Marshall W. Meyer and Lynne G. Zucker (eds.), *Permanently Falling Organizations* (Newbury Park: Sage, 1989), p. 9.
[2] John W. Meyer and Brian Rowan, "Institutionalized Organizations: Formal Structures as Myth and Ceremony," *American Journal of Sociology* 83 (1977), p. 341.
[3] Meyer and Rowan, "Institutionalized Organizations," p. 348.

它也能够确认那些社会大众所认同的国家应该具有的道德价值；这是一种"国家交流"的行为。①

仪式和典礼——缺少了它们,国家就不可能出现,从法庭宏伟的入口到盛大的阅兵式,都属此列。② 从封建王权时代一直到共和时代,国家的活动都充斥着精心设计的仪式。盛大的典礼能够塑造出一种统一性,无论是国王本人同国家成为一体还是分散的个人因为同一种事业而聚集到一起:对国家的忠诚和支持。③ "一个有秩序的社会的中心权威,不管其是世俗社会还是神权政治下的社会,"希尔斯认为,"都被认为是通向神圣的价值的交流通道。"④仪式和典礼将国家和政府体制变得神圣化。国家和社会都塑造着公共仪式和支撑这些仪式的理念,同时,也被其塑造着。

仪式和典礼与剧场政治互为题中之义。剧场和政治之间有一种孪生式的关系,二者如此相像,彼此的领域又经常纠缠不清。⑤于埃(Marie Helene Huet)关于法国大革命的一本书就是以革命的最高潮处死路易十六为开篇的,当时人民代表们一个一个地走到人群前,向人们高呼这样的问题:"我们应该对他施以什么样的惩罚？"于埃写道:

---

① Edward Shils, *Center and Periphery: Essays in Macrosociology* (Chicago: University of Chicago Press, 1975), p. 139.
② 仪式是与终极事物有关的信仰、情感的模式化、象征性的集中表现形式(Shils, p. 154)。亦可见他在该书第 154 页对"仪式"(ceremonial)的讨论。
③ 参见 Emil Durkheim, *Elementary Forms of Religious Life* (London: Allen & Unwin, 1915), p. 427。
④ Shils, *Center and Periphery*, p. 151.
⑤ James E. Combs, *Dimensions of Political Drama* (Santa Monica: Goodyear Publishing, 1980).

我们的确处于一个剧场式的环境之中：那些实实在在的组织，公众，国家，包厢，引座员和剧场楼座上的观众，都能一一找到对应。其他的因素：喧闹的气氛，放肆的叫喊，狄德罗所欣赏的激昂的人群，尚保持着一定程度冷静的人民代表高声宣判对犯人的刑罚，一次次的重复使得这种宣判显得更加有力。审判以对话的形式进行，就像是在剧场里演戏一样；但是在这里，这种对话远远超出了戏剧，在这种对话里，在礼堂中骚动和疯狂的气氛里，蕴含着革命的力量。①

最后的宣判，几乎就是先前指控的原版再现。于埃继续写道："这里的剧场当然不是指现实中的剧院；在其表现出的疯狂场景和似曾相识的骇人轻狂之下，历史的大幕正徐徐拉开。"②但是这种诱惑如此之强，经常能够将现实中的政治推向剧场式的发展轨迹，或者如林·亨特（Lynn Avery Hunt）在《法国大革命的家族传奇》中所说，成为一出事先排演好的戏剧。在上述两部著作中，政治与戏剧或小说的象征性关系都使得那些血腥的事件在人民心中产生了长久存在和广泛认同的意义。而且，正如法国大革命所生动体现的，社会能够以自己的情绪和意愿设计政治事件的轨迹，而同时其自身的命运也被这些事件所建构。亨特对此是这样说的："我之所以用'家族传奇'这个词是为了显示出在有意识的政治话语的表面之下，起作用的是这种对政治的想象（即人民对其与政治权威的关

---

① Marie-Helene Huet, *Rehearsing the Revolution: The Staging of Marat's Death 1793-1979* (Berkeley: University of California Press, 1982), p. 3.
② Huet, *Rehearsing the Revolution*, p. 4.

系的重新设定)。"①

从西塞罗到霍布斯到伯克,政治活动的观察家反复地强调着政治与戏剧的关系。例如伯克就看到了这两者之间的紧密联系,他对戏剧因素在英国君主制中的应用赞赏有加,而法国大革命中政治与戏剧的紧密联系在他看来则是恐怖的代名词。② 理解政治与戏剧关系的常用方式是:考察政治家如何利用观众以增加其自身的权力。政治家创造了观众,创造了剧场环境,让公众参与其中,从而使得法律被烙印在人民的心中,变成"不是外在的而是内生的自我施加的道德准则"③。

克利福德·格尔茨(Clifford Geertz)则认为政治与戏剧的关系,权力与仪式的关系,并不总是工具性的。④ 他所举的案例是19世纪巴厘岛的国家尼加拉。在这个国家中,权力不是统治者心中的第一要务。事实上,那里的统治者对于实际的政府管理漠不关心,也懒得去规制人民的日常行为,对领土和主权的完整也缺少兴趣。他们关注的是"壮观的景象、典礼,巴厘文化中对统治迷恋的公共戏剧化:社会不平等和地位优越感。这里是一个剧场国家,国

---

① Lynn Avery Hunt, *The Family Romance of the French Revolution* (Berkeley: University of California Press, 1992), p. xiv.
② Edmund Burke in C. C. O'Brien (ed), *Reflections on the Revolution in France* (London Penguin, 1969); Stephen K. White, *Edmund Burke: Modernity, Politics and Aesthetics* (Thousand Oaks: Sage, 1994); Paul Hindson and Tim Gray, *Burke's Dramatic Theory of Politics* (Brookfield: Avebury, 1988).
③ Scott C. Bryson, *The Chastised Stage: Bourgeois Drama and the Exercise of Power* (Saratoga, C. A.: Anma Libri, 1991), p. 3; Murray Edelman, *Constructing the Political Spectacle* (Chicago: The University of Chicago Press, 1988).
④ Clifford Geertz, *Negara: The Theatre State in Nineteenth Century Bali* (Princeton: Princeton University Press, 1980).

王和王子是主角,祭司是导演,农民是配角,是剧务,是观众……政治权力是为营造宏大场面而服务的,而不是宏大的场面为权力服务"①。

按照这种观点,"朝廷与首都"(尼加拉的政治秩序)"不仅仅是政治的核心、发动机,不仅仅是国家的枢纽,它就是国家本身……它是统治性的政治理念的陈述——即,通过提供一种模范,一种范式,一种完美无缺的文明存在的形象,朝廷至少将其周围的世界变得接近于其自身的优越性"②。在他的研究中,格尔茨直面国家解体的威胁。他发现国家持续面临分裂力量的威胁,而这种力量来自"由十数个独立的、半独立的和略有独立特征的统治者组成的权力系统"③。但是在政治舞台之下,"统治性的政治理念"(或者可以被贴上主导叙述的标签)可以很大程度上抑制分裂力量。主导叙述"是政治秩序不变的首要原则,使得等级制度对于统治者和被统治者都变得自然和正义"④。

参与在巴厘岛仪式化的政治中塑造了一种统一感,也通过剧场国家的存在使人们感知到这种统一一直都存在。难道在我们现在的时代政治和公共仪式不是以类似的形式联结起来的吗?尤其是在当下,技术的发展使得剧场政治在广大舞台上的操控和推广都变得更为容易,而当今的政治中也充斥着戏剧化的影像。尤其

---

① Geertz, *Negara*, p. 13.
② Ibid., p. 13.
③ Ibid..
④ Sean Wilentz, *Rites of Power: Symbolism, Ritual, and Politics Since the Middle Ages*
 (Philadelphia: University of Pennsylvania Press, 1985), p. 4.

是电视这个小小的盒子,将政治的复杂和含混都变成了一种道德叙述,其中的内容则是人们早已知晓的陈词滥调。埃德尔曼指出:"在大众传媒的时代政治中的戏剧手段已经变成了重中之重,虽然其套路都是陈腐的老套。"① 戏剧演出是一种建构:"为那些麻烦的问题提供了解决之道。它摆明了什么是健康的,什么是有威胁的,谁应该对成功和失败负责。"②

我们与国家联系起来的所有精心设计的典礼——从就职典礼到新闻发布会——并不一定像我们经常想的那样,是一种实现目的的手段。也许,正像巴厘岛的例子所展现的,它们自身就是一种目的,是人民大众(所有人都是政治产品的一部分)中自发的统一性的表现,是一些人发出而另一些人要遵从(这表现了政治生产中人们不同的角色划分)的命令。在主导叙述(潜在的戏剧式的统一性)的生成和维系过程中,政府官员在人民的思想意识中处于领导地位,他们保持着其职位的权威。

当然,剧场政治的做法不能保障国家万寿无疆。尤其是在社会和政治迅速变革的时期,关于政治权威合适位置的不同观念不断涌现,剧场政治的功用就难以为继了。这种旧有剧场政治被打破的情况在许多关于法国大革命之前的"旧制度"的案例中得到了多次分析和评价。③ 但是这些作者却没有意识到法国大革命会设计出一种新的剧场政治形式来代表统一和权威。

---

① Edelman, *Constructing the Political Spectacle*, p. 120.
② Ibid..
③ Bryson, *The Chastised Stage*; Hunt, *The Family Romance of the French Revolution*; Huet, *Rehearsing the Revolution*.

到目前为止,在法国大革命和巴厘岛国家的案例中,使用剧场政治隐喻的人们仍是把它当做一种国家塑造和强化社会的工具。我们可以将这种思想视为政治学中的制作人理论。剧场政治的隐喻暗示了一个制作人统领整个生产的过程;在政治上,制作人就是领导一切的国家。① 我们可以反向提出,制作人模型也可以是一个集体模型。在这里国家在引导人民行为和思想方面并不是完全自由的;仅仅靠精美的戏剧式的政治演出救不了任何国家。演员的意志,观众的反应,甚至舞台工作人员的态度——所有这些都对政治产品的最终成败具有重大影响,所有的制作人在戏剧上演的过程中都必须对其做充分的考虑。国家并不是仅仅对社会做出回应,它也被治下人民的性质和信仰所改变。

要抵御分裂的势力,国家就要在一部分或所有人民中创造出一种统一性,就像制作人模型所表明的那样;国家还要根据社会的主要信仰重新形塑自己,正如集体模型所展示的。在统一性中,被统治者将自己的角色视为与其周围的朋友和陌生人紧密联系在一起,包括那些素昧平生的陌生人和那些要求他们服从的政府官员。对于国家领导人来说,这就意味着"剧场政治要技巧性

---

① 郎西曼(Runciman)在 *Pluralism and the Personality of the State*(New York: Cambridge University Press, 1997)中将这种模型与一种在剧场隐喻的语境下更多元主义的模型进行了对比。他提到了霍布斯的观点,即所有的自由都取决于戏剧的创作者,即主权国家(p. 237)。他将这种观点与英国 20 世纪早期政治学家巴克尔(Ernest Barker)的观点进行了对比。"一开始,巴克尔乐于将所有的国家都描述为一种舞台,就像他将所有的人都描述为登台演出的演员一样。然而,这种国家的文学意象过于被动,无法传达巴克尔的国家思想所基于的代理的意味。所以他对自己的类比进行了扩展,以吸纳代理人的因素——那些剧作家和制作人——哪些剧目能够登台上演正是由他们决定的。"(p. 251)

地创造出一个谈判过程来达成演员间自发的合作"①,仪式正是在彼此各异的人群间创造出这种统一表象的关键。正如在剧院中一样,仪式是为了唤起人们的激情,在演员和观众之间建立其有效的情感联系。每个国家都精心打造的宏伟首都和其耗费巨资建立的公共建筑也是这种剧场式生产不可缺少的一部分。保罗·辛德森(Paul Hindson)和蒂姆·格雷(Tim Gray)在对伯克的分析中这样写道:

> 在伯克的戏剧隐喻中,政治戏剧现实上演的场所也是另一个重要的特征。这种场所应该是雄伟的,是宏大的,其气势要超越大众的想象,让他们感到敬畏,敬畏到无言以对。这样的场所,是人类成就在建筑史上的顶峰,它恢宏而又庄严,让人印象深刻。②

汤普森很重视非物质力量在维持国家权威和凝聚力中的作用,他认为这种力量正可以解释人们为什么会服从:"政治和法律的重要组成部分之一永远是戏剧;一旦社会系统被'设定',它不用获得每日的认可就会自动上演权威的展示……更重要的是这种展示永远都是剧场风格的。"③政治戏剧塑造了"力量和权威的形象,培植了大众的附庸心态"④。这些形象在格尔茨和汤普森所举的

---

① Hindson and Gray, *Burke's Dramatic Theory of Politics*, p. 8.
② Ibid., p. 31.
③ E. P. Thompson, "Patrician Society, Plebian Culture," *Journal of Social History* 7 (Summer 1974), p. 389.
④ Thompson, "Patrician Society, Plebian Culture," p. 387.

19世纪的例子以外也仍然十分重要。① 格尔茨认为:"王冠和壮观的场景也许不再流行,但是政治权威仍然要求一个自我定义和推进其主张的文化框架,也同样需要反对力量的存在。"②任何国家保持稳定的能力都以产生这种文化框架的能力为基础,这种框架通过一整套的仪式将国家与神圣性联系起来,促使国家自我转变以适应这种能够与人民产生共振的文化框架。

3. 公共领域中的非正式行为

不管我们如何理解戏剧隐喻,是从制作人模型的角度还是从集体模型的角度,国家总是处于中心位置。国家的成功建筑在对社会异质部分的整合上。除了直接控制力以外,还有一个方面也对国家统一能力具有重要影响。这一因素,同样也是塑造社会共同价值,铸就社会统一性和使得国家自然化从而得以存续的关键因素。这个因素就是公共空间中的非正式互动。

公共空间或公共领域这样的概念曾被广泛而深入地讨论,这主要是哈贝马斯的影响。③ 他关注的是(与政策制定者和其他政治

---

① 参见:Joseph Esherick and Jeffrey N. Wasserstrom,"Acting Out Democracy: Political Theater in Modern China," *Journal of Asian Studies* 49(November 1990), pp. 835 – 65。
② Clifford Geertz, *Local Knowledge: Further Essays in Interpretive Anthropology* (New York: Basic Books, 1983), pp. 142 – 3.
③ Jurgen Habermas, *The Structural Transformation of the Public Sphere: An Inquiry into a Category of Bourgeois Society* (Cambridge, M. A.: The MIT Press, 1991); Craig Calhoun, *Habermas and the Public Sphere* (Cambridge, M. A.: The MIT Press, 1996); Stephen Edgell, Sandra Walklate and Gareth Williams (eds.), *Debating the Future of the Public Sphere* (Brookfield: Avebury, 1995).

从业者相对的)私人对公共问题的讨论。这种自发的讨论经常发生,可以覆盖各种问题。

哈贝马斯和其追随者主要关注的是公共讨论的数量和质量及其对民主政治的影响,而他们理论中一些重要的前提假设所激发的问题却涉及了我的研究领域,即国家保持完整统一的能力。一方面,公共领域应该是一个平等的空间,是"由论争而不是由身份主导决策"①的空间。除此之外,公共领域不仅要包括关于公共问题的讨论,还要有对互相协调合作的理解。塞拉·本哈比(Seyla Benhabib)将这些条件称为"普遍的道德尊重和平等主义的互惠"②。她还认为"民主辩论就像是没有裁判对规则和其适用进行明确解释的球赛"③。然而不管怎样,即使没有国家和其他权威性的仲裁者,陌生人之间的讨论规则也一样会发展起来,至少在一些群体中是如此。

本哈比所说的那种游戏规则与导向公众参与的社会互动相联系。这种规则正是对话能够进行的前提,且对政治决策具有很大影响,而这种影响,正是民主的核心内容。但是并不仅仅只有民主讨论与没有裁判的球赛相似。所有的社会,不管是民主的还是非民主的,其公共生活(一个人在家庭之外的生活)都具有广泛的维度,在公共生活中,社会互动经常发生并且大部分不受政府法律的

---

① Calhoun, *Habermas and the Public Sphere*, p. 1.
② Seyla Benhabib, *Situating the Self: Gender, Community and Postmodernism in Contemporary Ethics* (New York: Routledge, 1992), p. 105.
③ Benhabib, *Situating the Self*, pp. 106 – 7.

管制。这些因素都要求规则不能使得裁判者受益,以保持社会的平静,同时能创造出社会的统一感和团结感。

在上一章关于法律的讨论中,我提到了那种非国家形式的法律,即包含了社会各个群体所定义的"正义"和他们的行为规范的法律。一个人私生活和家庭之外的社会领域犹如角斗场,可能是骇人且充满危险的,而对此国家法律并不能提供太多的安全保障。不管国家的政府机构是如何的有效和具有渗透性,它都不能仅凭一己之力来保障这种霍布斯想象中的安全。的确,能被感知到的**政府的效能依赖于其他形式的隐性法律和规则如何指导人们的行为**,以及将政府必须处理的越轨行为限制在可控的范围内。

思想家们也注意到了这些非国家形式的规则。例如,伯克认为,这些规则的特征就是"人类的'联系',虽然不具有法律地位,但是能够约束,限制,也能够推动社会有组织的活动"①。当代的学者们,也继续关注社会参与的规则问题。罗伯特·普特南(Robert D. Putnan)就将意大利不同地区政府治理的有效性同社会参与的总量联系了起来,这其中包括世俗的活动比如合唱队和足球俱乐部的作用。② 他还担忧在美国"社会资本"——"促进协调与合作的社会网络、规则和社会信任"——会日趋减少。③ 他认为"社会参与

---

① Hindson and Gray, *Burke's Dramatic Theory of Politics*, p. 8.
② Robert D. Putnan, "What Makes Democracy Work?", *National Civic Review* 82 (Spring 1993), pp. 101–7.
③ Robert D. Putnan, "Bowling Alone: America's Declining Social Capital," *Current* 373(June 1995), p. 4.

网络培育了普遍的互惠准则并推动社会信任的形成"①。出于同样的思路,戴维·拉丁(David D. Latin)强调社会能够发展出他所谓的共同的"关注点"的重要性。② 要对公共议程的内容和恰当的异议形式产生广泛的认同,上述因素都是重要的基础。

强社会网络是怎样在公共空间中形成的? 它们为什么会形成? 哪些社会能够形成共同的关注点,以决定哪些事项进入议程,哪些被排除在议程之外,而哪些社会又做不到这一点? 人与人之间的参与形式是怎样迅速建立起来的? 所有的社会都有不同的司法起源和法律创设过程,但什么样的社会中这些法律与恰当的公共行为相吻合? 不幸的是,我们还无法回答这些对理解国家的凝聚力至关重要的问题。

目前我们所能了解的是现代的公共空间表现出了三个互相关联的特征,这些特征使得社会创造并维持社会团结的能力变得复杂。第一,**公共空间的参与规则一直在不断的重新协商中**。城市化,移民,旅游,大众传媒,还有妇女解放,加上其他强势的社会进程,不断地将新的群体和个人注入公共空间,也将完全不同的理念和互动形式带入了公共空间。简而言之,公共空间一直在剧烈地扩张。这种无止境的过程给社会的稳定和团结造成了极大的压力。在一些情况下,公共空间中的新因素被老的传统所同化;另一些情况下,它们则促使原有的因素发生变化以适应它们的出现;还有一些情况下,它们激化了对于谁有权利参与到公共领域和谁的

---

① Putnan, "Bowling Alone," p. 4.
② David D. Laitin, *Hegemony and Culture: Politics and Religious Change among the Yoruba* (Chicago: University of Chicago Press, 1986), p. 175.

习惯应该占统治地位的争夺。这里所说的习俗包罗万象,从两个人在人行道上迎面相对走来时的行为规范(谁应该让路?)到对话中个人情感表露的限度。

第二,是**平等主义的主张使新群体更加活跃地进入到公共领域中来**。哈贝马斯强调市民社会在创造公共领域和公共领域概念中的重要性,正如我们前面所提到的,在平等的空间中,是论争而不是特权地位主导决策。① 一旦生根发芽,这种关于参与和塑造公共空间的权利的平等思想就会悄然生长。平等的主张不独属于市民阶层。不管一个群体参与公共领域的社会基础如何,在阶级、性别、种族等方面相异的各群体都会利用平等的主张来挑战其他一些群体对公共空间的主导地位。平等确实是一种强有力的主张。

第三,**不同的团体都声称自己代表了平等主义的主张,从而导致了关于谁才属于公共空间的争论与争夺**。在其中一些最紧张的争夺中,比如美国由于奴隶制问题爆发的内战或阿富汗塔利班限制妇女权利的运动或前南地区不同的族群间互相驱逐对方的要求,在这样的过程中,国家会不可避免地分裂。在所有这些主张和反主张的例子中,社会同一性遭到了严重的考验。我们现在还无法回答为什么有些社会能够重构它们的公共空间并发展出能延续或重新建立社会同一性的办法。但我们知道这些因素对于国家保持完整统一的能力具有重大意义。

---

① Habermas, *The Structural Transformation of the Public Sphere*, p. 23.

第五章　为何大多数国家没有分裂？

结　论

　　国际因素，比如资本全球化和联合国的影响，为国家设置了缓冲并维持了国家的稳定。但是要全面地解释为什么大多数国家避免了崩溃，保持了完整，我们必须在这些系统的、环境的因素之外做更多的探究。我们必须考察国家与它们理论上应该治理的部分之间的关系。对此，组织理论为我们指出了社会交易的存在，即个人用对国家的忠诚换来国家提供的公共物品。这种更深一层的含义就是国家有效的公共产品分配将会增加其生存的几率。虽然这种概念很有帮助，但是它仍无法回答为何如此无效的国家能够在分裂力量的压力下持续存在。当国家的分配系统名存实亡之时，它是如何保持人民的忠诚和顺从的呢？

　　我们的答案要从"思维不会质疑心灵的理由"[①]这句话开始。这个论断表明，在理性计算之外，人类还有一个感性的领域，还存在着对一些事物内在而不自觉的理解。对国家而言，仅仅依靠向人民提供服务和分配物质产品，不管是直接通过一个复杂的官僚系统还是通过间接的庇庸关系网，都不足以成为维持统一的坚实基础。国家维持统一的能力最终要建立在它们与人民内心的联系上。

　　若能够在社会上创造出一种共同的价值，国家就会被自然化，

---

① Shils, *Center and Periphery*, p. 135.

国家消失或解体的想法则会变得不可想象。国家的存在像山川河流一样自然而然,这种共同的感觉有力地抵御了分裂的力量,其中包括国家自身的无效率。我们已经确认了三个领域,在其中社会的变迁和随之而来的国家-社会关系的改变会对国家的凝聚力产生正面或负面的影响,这三个领域就是社会中法律的产生,国家和社会共享的公共仪式,以及公共领域中持续的对非正式行为的再协商和再谈判。

然而还有一些事情我们现在无法确定,即在哪些情况下上述三个领域会对国家的完整统一起到积极作用。我们仅能够就它们如何维持国家的延续提出一些见解。首先,这三个领域中国家和社会的接合会提醒国家官员对社会上的重要变迁加以注意——**谁在参与,哪些行为在出现,这种变迁具有怎样的重要性和意义**——并诱导国家去适应社会的重构。第二,参与者、新出现的行为和意义有时候会导致社会团结和同一性的加强,也会强化对国家的存在不加质疑的思想。除此之外,国家还提供了一系列的象征、平台和制度来增强社会变迁同社会的契合,营造社会团结。第三,当社会变迁能够与社会契合时,社会的稳定性就会加强。公共领域中的非正式行为和其他形式的非国家法律会导致公共文明和安宁,从而进一步强化国家。最后,所有这些都会极大地减轻国家的负担。霍布斯想象中的国家要对所有的社会安全负全责,这样的国家覆盖面虽广,但是在每个领域都无法完全胜任,因而显得很单薄。当非政府的机制能够提供一些安全保障时,国家将会更有效地整合与分配其稀缺资源。

非正式行为和公共空间中意见集团的变迁将会帮助国家维持

统一还是相反？从哈贝马斯开始，一种阴暗的悲观情绪在关于公共领域和（民主的）国家的讨论中蔓延开来。尤其是在美国，关于公共领域恶化的表述已是司空见惯。① 我们经常可以看到一些学术书籍的标题做出这样的预测：公共人的衰落②，或者将其称为"美国的创伤"③。

我倾向于认为，在宣称一个能够产生社会团结的公共空间将要恶化和衰落时，我们应该更谨慎些。公共空间的现状的确容易引起人们群起而攻之的冲动，部分是因为这是一个存在持续的再协商、论争和争斗的领域。这样的纷乱给公共领域蒙上了一层不祥的阴影，使我们更加怀念它田园牧歌式的过去，在那个时候，公共领域是一个真正文明进步的空间。

工业革命后这样温暖的过去究竟是否存在过一直让人生疑。但是，不管如何，公共空间的论争和争斗同样也很有可能造就公共空间的重生，激发新的活力。围绕着公共空间的主张和反主张也向国家发出了信号，促使国家一点点改变自身并与其来自社会不同部分的盟友重新进行协商。在与公共空间打交道的过程中，

---

① 例如：Ray Oldenburg, *The Great Good Place: Café's, Coffee Shops, Community Centers, Beauty Parlors, General Stores, Bars, Hangouts and How They Get You Through the Day* (New York: Paragon House, 1989); Robert D. Putman, "Tuning in, Tuning Out: The Strange Disappearence of Social Capital in America," *PS: Political Science and Politics* 27(December 1995), pp. 664-83。
② Richard Sennett, *The Fall of Public Man* (New York: Knopf, 1977).
③ Marty E. Martin, *The One and the Many: American's Struggle for the Common Good* (Cambridge, M.A.: Harvard University Press, 1997).

一些政府官员也开始致力于将多元化的社会变迁整合到同一个方向上来,在不同的主张间取长补短,而不是任由社会分裂。这些过程,也许就会通向国家复兴这个结果,而对这几种国家-社会关系的关注在未来会为我们提示这样的情况何时将会发生。

第六章　社会和政治变迁中的个体变迁

关于剧烈的政治和社会变迁的学术论著——尤其是关于第三世界的研究——具有一种两面性。有些学者关注宏观层面的问题，研究结构和组织层面的变革，被称为政治发展、社会和政治现代化、经济发展，而依附论的理论在这个层面的研究中十分风靡。还有一些学者更关注个体，认为个体是理解剧烈社会变迁的方向和内容的关键。很少有著作努力将两个层面的分析相结合。

关注于某一个层面研究的学者，除了指出另一个层面所存在的问题与被忽视的复杂性之外，经常是成果寥寥。研究宏观问题的学者多半用基本假设将个体变化中的主体——个人——掩盖了起来，而没有明确地说出个人到底怎样变化。或者说，有时候他们关于个人变化的思想完全是建立在个人作为理性行动者这一纯粹机械的观念之上，个人只进行简单的成本收益计算。① 而研究个体层面的人也同样对复杂的宏观政治和社会变迁做出了过于简单的假设。

每一种关于政治和社会变迁的理论都必然有与之相应的个体变迁模型：没有个体变迁，就不会有社会变迁，反之亦然。这两个层面分析间的隔阂导致了一些有趣的情况。宏观变迁的文献在"二战"后的几十年内受到了大量的批评，从而导致了这一领域新的研究方法开始出现，而剧烈的社会和政治变迁中的个体变迁研究所受到的批评则少得多，也轻得多。结果就是，个体观念变迁的模型和个人行动动机的理论已经与20世纪50年代后人们对于非洲、亚洲和拉丁美洲的宏观变迁的认识脱节，没有做到与时俱进。

本文有两个目的。首先是要呈现出人们对第三世界研究背景下个体变迁研究主题的思考的演进，以及这种研究对上述主题的学术影响。其次是展现出上述思考为何没能为宏观变迁研究提供有益的补充。本文将论证那种抛弃过去对社会和政治体制进行详细分类，仅仅采用诸如传统和现代这种区分的两分法，并没有导致相应的对个体变迁性质的重新评估。如此一来，对于社会和政治变革的新研究途径就建立在了一个不牢靠的微观基础之上，这样的基础理论过于依赖一致的人性了。

---

① 参见 Samuel L. Popkin, *The Rational Peasant* (Berkeley: University of California Press, 1979)。

丹尼尔·勒纳和个体变迁模型的肇始

丹尼尔·勒纳(Daniel Lerner)的《传统社会的消逝》,是最早也最有影响力的结合第三世界变迁研究微观和宏观层面的著作之一。在他开拓性的分析中,所有正在"现代化"的社会都开始复制西方的社会和政治变迁的进程。[1] 那么西方现代化的背后是什么?为了回答这个问题,他转向了西方人的特征——即他所说的"流动人格"(mobile personality)。具有这种人格的人认为"未来是可以掌控而不是命定的,他们个人的前途应取决于自身努力取得的成就而不是一生下来就注定的地位"[2]。"现代"人——即具有"流动人格"的人,其主要特征是移情,即设身处地理解别人的处境的能力。移情是现代人格的标志,一定的人群保持移情的品质将能够使一个社会变得勤勉,提高城市化和文明程度,增强其参与性。

勒纳对于人们观念和动机变迁基础的理解有一些重要的假设。这些假设值得一提,因为它们在随后的许多理论中都扮演了重要而突出的角色。它们是:

(1) 当个人到达一个**关键的心理阈值**时,就会激发其内在人格动机的重大改变。实质上,对个人而言只有两种心理状态——在勒纳的例子里,就是移情的和非移情的——而这两种状态是互斥的。个人在二者间只能够择一而处。正如勒纳将整个社会的变迁

---

[1] Daniel Lerner, *The Passing of Traditional Society* (New York: The Free Press, 1958), p. 46.
[2] Lerner, *The Passing of Traditional Society*, p. 48.

视为"系统性的"一样(现代性的综合征),个体的变迁也同样如此。人们从一种动机的表现变化到另一种。到达心理阈值导致了个人价值取向、基本观念和行为模式在生活各个方面的变迁,包括经济、家庭、政治,等等等等。

(2)这些心理变化是不可逆的。勒纳认为社会不可能变得更加传统,同理,人的移情品质也不会减少。人的内心一旦到达了关键的心理阈值,就不会再倒退回去。

(3)重大的心理适应只在人一生中有限的几个阶段出现。对于大部分学者来说,这种假设就意味着人只有在儿童时期才有可能在应对外界刺激时发生重大的心理改变,这就是所谓的童年社会化的过程。① 勒纳则并不认为人只有童年时期才会经历如此巨大的心理改变。但他也同意这种心理适应的过程只发生在人一生中几个有限的阶段里。在勒纳看来,通过大量接触新的和不同的生活方式,尤其是在大众传媒的作用下,在成年人身上也同样可以发生重大的内在心理变化。简要地说,他认为"传统人"在某一个阶段具有极大的可塑性,非常可能发生某种特定类型的改变,即在适当的外在刺激下达致一种动态人格。

(4)与那些所谓的行为主义者和强调童年社会化的人不同,勒纳将心理改变从人们的个人生活经历中脱离出来。勒纳并没有考察个人日常经历对其心理的影响,比如受教育、与父母的关系、职

---

① 例如,伊斯顿(Easton)和海斯(Hess)认为政治社会化大致是在八年级时完成的。参见 David Easton and Robert Hess, "Youth and Political System," in Seymour Martin Lipset and Leo Lowenthal, eds., *Culture and Social Character* (Glencoe, IL: The Free Press, 1961), p. 240。

第六章 社会和政治变迁中的个体变迁

业经历,或者是基于社会阶层的互动,相反,他更关注替代性经验的作用。勒纳似乎是很严肃地认为,电视荧屏(或者电台广播?)对人心理的影响比生活经历还要大。对勒纳而言,一个人日积月累的社会经验对其新的价值和行为模式的导向不会起到太大的作用。所以,在社会层面勒纳对于变迁持有一种非文化和非历史的理解也就不足为奇了。"传统"的结构,不管是作为信仰和价值的范式还是作为社会生活的组织方式,都对变迁的方向、内容和速率没有影响。他认为面向所有阶层的大众媒体的渗透,才是促使变迁向"现代性"发展的最重要因素。

作为一个研究个体变迁的社会学家,勒纳吸收了心理学领域在20世纪50年代和60年代刚出现的学术潮流。例如,让·皮亚杰(Jean Piaget)的著作于50年代首次在美国得以传播和推广。劳伦斯·科尔伯格(Lawrence Kohlberg)也是在50年代中期开始发展他的理论。二者在他们的书中都认为,人们的生活经历对他们的认知和道德发展并没有特别大的影响。① 科尔伯格则将个人的道德变迁描述为单一方向的和目的论的,发生在六个前后相连的

---

① 这并不是说他们的理论是完全"成熟"的,事实并非如此。但他们也没有走向另一个极端,即学习型的(行为主义的)模型。科尔伯格在个体认知向社会化发展的问题上观点比较中和,强调个体内生的认知结构和外部环境之间的互动。然而,毋庸置疑的是,这样一来,在探寻"普适的发展(模式)"时,强调的就是"有机结构的倾向"。参见 Lawrence Kohlberg, "Stage and Sequence: the Cognitive Developmental Approach to Socialization," in David A. Groslin, ed., *Handbook of Socialization Theory and Research* (Chicago: Rand McNally, 1969), pp. 348-52. 还有一种对科尔伯格这一理论的批判认为,这些变迁只可能在童年发生,参见 Todd Isao Endo, "The Relevance of Kohlberg's Stages of Moral Development to Research in Political Socialization," Ph. D. dissertation (School of Education, Harvard University, 1973).

阶段中。①

道德和认知发展理论中,另一个至关重要的假设就是20世纪50年代另一个重要的心理学理论——认知失调理论。② 简单地说,就是如果一个人面临着艰难的道德和认知冲突,而他现有的认知水平又不足以解决这个问题,那么这种情况会迫使其道德和认知水平发展到一个更高的阶段以做出抉择。

认知失调理论包含着对人类人格的重要假设:人类对于原则一致性的需求高于一切,贯穿于个体生活的各个方面。③ 这一假设来自于杜威的理性概念,包括了"办公室思考",其目的在于"解决现有活动中的纠纷,恢复连续性,恢复和谐,增强动力,改变习惯的

---

① "思维有六种形式,它们共同构成了不同文化中的前后相连的阶段。"Lawrence Kohlberg, "Education for Justice: A Modern Statement of the Platonic View," in James M. Gustafson, ed., *Moral Education* (Cambridge, MA: Harvard University Press, 1970), p. 70.科尔伯格也进行了一些第七阶段的研究。他承认对于个体而言,在这六个顺序阶段中会出现暂时倒退的现象,但总体来说不会这样。道德的发展像政治发展一样,可能会停止,但科尔伯格和勒纳等研究政治发展的学者都坚持认为,最高的阶段才是最好的阶段。参见 Ben Zingman, "Lawrence Kohlberg: Morality sans Community," unpublished paper, p. 18。需要指出的是,在认知变迁的理论中,对于互斥的认知阶段也有这样一种概念化的倾向。参见 O. J. Harvey, David E. Hunt, and Harold M. Schroder, "Stages of Conceptual Development," in Edward E. Sampson, ed., *Approaches, Contexts, and Problems of Social Psychology* (Englewood Cliffs, N. J.: Prentice-Hall, 1964), pp. 16 – 26。

② Leon Festinger, *A Theory of Cognitive Dissonance* (Palo Alto: Stanford University Press, 1957).

③ 参见 Ronald Duska and Mariellen Whelen, *Moral Development* (New York: Paulist Press, 1975), Chap. 1. Festinger, *A Theory of Cognitive Dissonance*, p. 1, 在此处,作者指出,个人会努力达致内在一致性。"简而言之,我认为,正是各种认知之间的不一致,也即失调,导致个人采取行动。"(p. 3)

方向"①。简而言之,就是"人格一致性"原则。科尔伯格认为:

> 人格的组织和发展具有一个基本的一致性,被称为自我。社会的发展是多方面的(比如性心理的发展、道德的发展,等等),但所有这些方面都被其共同包含在单一社会中的单一自我的概念联结起来。②

马斯洛里程碑式的著作《动机与人格》出版于1954年,这本书也是从人格一致性和人格具有有限的不同层级这一前提开始的。③人类的基本需求和目标具有不同的层次,所以在一个人较低层次的需求得到满足之前,他不会试图满足较高层次的需求。

尽管马斯洛在其发展出的理论中并没有提出认知失调这个概念,但他却用自己的语言创造出了一个与之相似的概念。这就是他所说的"新的不满足感和躁动",他认为这是那些满足了前四个需求层次的需求,继而要寻求下一个层次需求满足的人所呈现出的特征。④ 马斯洛认同在人格变化过程中的关键阈值假设的重要性。一旦一个人满足了其所在层次的需求,他就会到达通往下一个动机层次的临界点。马斯洛这样写道:"当人类被某种需求所主

---

① John Dewey, *Human Nature and Conduct: An Introduction to Social Psychology* (New York: Henry Holt, 1992), p. 199.
② Kolberg, "Stage and Sequence," p. 349.
③ Abraham H. Maslow, *Motivation and Personality* (New York: harper, 1954). 马斯洛在论证他的人的完整性观念和需求层次理论时,比大多数学者更小心谨慎。他特别指出了有机体一般以整体方式行动,但有时候也并非如此(p. 75)。而且,他还指出大多数的需求都要按照他所表述的各级来满足,但也存在不遵循这种顺序的情况(p. 98)。
④ Maslow, *Motivation and Personality*, p. 91. 他将这一概念表述为各需求层次的"相对优先性的金字塔"(p. 83)。

导时,其另一个独有的特征就是其关于未来的哲学倾向于发生整体的改变。"①这就是说,一个人的全部观念能够反映出其所处的动机层次。而且,马斯洛认为人格的发展具有一般性(或如他自己所写的,"关联一致性"),社会历史和文化对其不会产生重大的影响。②

勒纳对于动态人格出现的理论的假设与科尔伯格和马斯洛所代表的心理学学派的基本假设相同。勒纳认为,构建起一个传统人的因素,是无法与现代人的因素在同一个人身上共存的。对于个人来说,这种共存是一种非常态、难以忍受的冲突。面对着与过去截然不同的各种生活方式,个人不得不在一个新的更高层次的状态中做决策。社会-政治生活中的重大变化,也会在足够的人具有了动态人格之后出现。而一旦人民在认知失调迫使其寻求新的决策方式的影响下到达阈值,这种动态的人格就会出现。人格原则的一致性意味着人们不会在逐渐形成新的动态人格的过程中还保持着一些传统人格;现代人格会全面、完整地出现,形成"一种关于未来的完整哲学体系"。

这样一种个人变迁的模型给第三世界社会和政治变迁的研究造成了不幸的后果。应用勒纳假设的学者过于相信个人会被新的刺激所改变,尤其是西化所形成的刺激(描述这些刺激的词汇都大

---

① Maslow, *Motivation and Personality*, p. 82.
② Ibid., p. 101. Erik H. Erikson, *Childhood and Society* 2nd ed. (New York: W. W. Norton, 1963). 埃里克森(Erik H. Erikson)几乎与马斯洛《动机与人格》一书同时提出了自己的心理学理论。他对历史因素对人格发展的作用更为敏感,但他也接受单向性、阶段和阈值等假设:"The human personality in principle develops according to steps predetermined in the growing person's readiness to be driven toward, to be aware of, and to interact with, a widening social radius." (p. 270)

同小异）——而没有充分考虑到社会阶层和其他因素（与人们的日常生活和日常关系相关）的作用。他们将变迁视为单向的，好像个人一下子就能跨过区分较低阶层（传统的）和较高阶层（现代的）的临界线，然后来一个彻头彻尾的大改变，就像是实现了一个一揽子计划一样。

勒纳的重要著作为20世纪50年代末和60年代在政治发展和社会现代化新领域中的个人研究定下了基调：变迁是一个扩散的过程，大众传媒（还有其他因素）的作用使得一个又一个的个体内部发生全面的改变。这种变化了的个体成为建设一个现代的、先进的、参与性的社会的基本原料。扩散意味着变迁过程中没有特别顽固的障碍；扩散意味着连续性，其绵绵之力化解了暴力的可能，在扩散的过程中没有失败者；扩散覆盖、深入到社会的各个部分中，社会的各个部分无一例外地都要受到扩散的影响。

个体变迁的问题性与遴选性：白鲁恂和麦克里兰的理论

到了20世纪60年代中期，越来越多的事实证明了个体变迁的不均衡性和艰难性，由此引发了新的理论，这些理论不再坚守个体变迁的广泛性，而是开始强调其问题性和选择性。例如，白鲁恂（Lucian W. Pye）①开始研究那些按照勒纳的分类既不适用于传统型也不适用于现代型的人的心理结构。② 在对缅甸的研究中，他认

---

① 美国著名政治学家、汉学家，中文名白鲁恂。——译者注
② Lucian W. Pye, *Politics, Personality, and Nation-Building* (New Haven: Yale University Press, 1962).

为缅甸的混乱情形可以被概括为一种"过渡型社会"——这片土地上另一种历史的残留。白鲁恂放弃了阈值假设,转而关注个人面对的困境,这种困境不是指要在短期内在更高的层次做出决策,而是深刻的个人不安全感的基础。他同样不接受心理适应的有限阶段假设和心理变迁与个人生活经验无关的看法。在后殖民时期缅甸的政府管理者主要面临着两个互相矛盾的社会化过程:他们在家庭中完成的童年社会化和在官僚机构中所接受的社会化。

白鲁恂认为,个体变迁的困难会造成制度层面的问题。要创造一个有效的组织,最根本的因素是组织中的个体互相联结的能力。① 阻碍缅甸发展的,正是缅甸人的人格特点,在其作用下人们与合作者联结的能力被削弱。白鲁恂认为缅甸社会化模式中一致性的缺少削弱了缅甸人的认同感,导致他们缺少发展的方向感和进取精神。

白鲁恂引入了一种新的复杂性来理解个人的心理,进而解释个体变迁是如何与社会和政治的变革联系起来的。他不再将个人的变迁简单地用清楚的临界点分为移情和非移情两个阶段,而是深度关注个人持续的生活经历,尤其是他们的政治甄补经历及随后的社会化过程。一个人的政治甄补、政治训练和作为管理者的角色对其人格具有重要作用,从而影响其在更大范围内进行政治和社会变革的能力。

然而,白鲁恂所选择进行理论阐述的语言限制了他,使他难以

---

① Lucian W. Pye, *Politics, Personality, and Nation-Building* (New Haven: Yale University Press, 1962).

完全脱离之前十年相关理论的预设。"过渡型"这个概念就强烈表明该阶段不过是传统社会向现代社会转变中的暂时状态。这种状态是过渡性的,是不长久的。白鲁恂的理论仅仅在社会过渡阶段放松了对人格一致性假设的限制。而且即使是对这个阶段,他也认为这不过是一种心理焦虑阶段。白鲁恂所引入的复杂性和不安全感并没有开创一条全新的学术道路,而只是在人们已经很熟悉的单向的、目的论的过程中详细区分出了一个短暂的停顿阶段。

白鲁恂关注的是个体变迁的问题性,而麦克里兰则注意到了其遴选性。① 第三世界国家在按照西方的道路重塑社会的过程中遇到了阻碍,这促使他们重新检验关于这种变革的不可避免性和普世性的假设。在20世纪50年代末和60年代初出现了两种解释:一些国家和国家中的集团要么是受阻于经济结构的不完善,要么是受阻于价值体系的不完善。② 麦克里兰就是研究不完善的价值体系的典型代表。麦克里兰关注的是经济增长的基础(或基础的缺失),但他也将经济状况视为整个文明兴衰的重要表现。对于其他人用个体这个因素来解释组织能力,他写道:"我并不惊讶于这些力量大部分都在人自己身上——在他最基本的动机和他组织同他人关系的方式里。"③

与马斯洛一样,麦克里兰也转向了行为动机或人格的"需求"。但是,与马斯洛关注全面的人格和人各个层次的综合需求不同,麦

---

① David C. McClelland, *The Achieving Society* (New York: The Free Press, 1961).
② Daniel Chirot, *Social Change in the Twentieth Century* (New York: Harcourt Brace Jovano vich, 1977), p. 2.
③ McClelland, *The Achieving Society*, p. 3.

克里兰的研究专注于一个较窄的范围,专注于一个并不那么普世的动机,"对成就的需求",或者是如他所说的成就需要。他的论点是:某些社会之所以能在某些阶段取得经济高速增长,是因为它们能够在其社会成员儿童时期培育出较高的成就需要,即对取得成就具有强烈的动机。

麦克里兰虽然不认可转向高增长率、具有先进技术的社会的不可避免性和单向性,但仍然保留着其他一些早期的预设。例如,心理适应只发生在人一生中被限定的某个阶段。事实上,麦克里兰几乎是全神贯注于童年社会化及其对一个人人格塑造的决定性作用。[①] 此外,他的理论还是要依赖于阈值假设和个体心理发展过程的两分法——具有成就动机的阶段或不具有成就动机的阶段——他仍然假设,人格具有一致性,所以一个国家的人格特点看起来难以与另一国的人格特点相适应。麦克里兰还反对那种"一个社会**既能**保持传统价值**又能同时**取得经济发展"的观点。[②]

尽管麦克里兰举了很多历史事例并强调不同的历史环境与不同的人格具有一定关联,但是他的理论却带有强烈的去历史化的色彩。他不认为阶级关系、资源和技术方面的主要变化对个人的动机有什么影响。依照这种观念,那么历史就应该是中性的。然而麦克里兰却又要用社会集团取得成就的意愿的变化来解释一些

[①] McClelland, *The Achieving Society*. 在第十章"促进经济发展"中,麦克里兰指出了一些高成就需要能够被诱导出的方式。其中的大部分都与他所强调的成就动机的主要来源——儿童教养方式(参见该书第九章)有关。但也有一些方式表明了在一定的紧迫条件下成年人的成就动机发生变化的可能性。

[②] McClelland, *The Achieving Society*, p.394. (强调为原文所有)

社会中动机的变化:"当一代人最想得到某样东西时,他们就能得到。"①

振聋发聩的新发现

20世纪60年代末和70年代,新的经验主义的研究几乎在所有的社会科学中蓬勃发展起来,并被用来研究第三世界几乎所有领域的问题。看起来,一些身处其中的研究者并不知道他们的成果正在挑战关于剧烈变迁的性质,尤其是关于个体变迁模型的已被广泛接受的原则。他们甚至宣称正在支持该领域的学术肌体。然而事实上,他们的研究成果向这一派学说所依赖的原则提出了根本性的挑战。其中的许多人虽然并没有直接关注个体心理学的问题,但他们的研究成果指出了旧理论的不足,即使是那些注意到了个人变迁的问题性和选择性的理论也在此列。如果要用他们的材料来作为对主导理论进行批评的基石,那么这种使用就必须大部分建立在推论上。在对于第三世界不同地区的新的研究中,有一些例子能反映出他们的发现给现存的个体变迁模型所造成的问题。

印度复杂的社会结构和文化为发现与主导理论不相吻合的变迁范式提供了广阔的空间。早在1952年,印度杰出的人类学家斯利尼瓦斯(M. N. Srinivas)就引入了梵化(sanscritization)这个概念。简要地说,"这个过程就是指一个较低等的印度种姓或者是部

---

① McClelland, *The Achieving Society*, p. 437.

落或集团,通过改变自己的习俗、仪式、意识形态和生活方式,成为更高层的、'再生'的种姓"①。这一概念涉及低等级阶层对于高等级阶层的习俗和生活方式的采纳,并且十分强调梵文经典中的观念和价值。

正如斯利尼瓦斯所指出的,英国的殖民统治在推动了广泛的社会变迁后,随之而来的一个很有意思的矛盾就是,当婆罗门变得越来越"西方化"的时候,另外的种姓则变得越来越向梵化发展。②变迁不仅仅在群体的层面没有呈现出单向性,不是一个群体又一个群体的简单复制,而且在个体层面上,变迁的范式也比过去的理论所阐述的要复杂得多。例如,斯利尼瓦斯指出,婆罗门这一阶层成为西方的人格特点向社会其他人群传播的渗入渠道,但也是同样的这批人,认为一些西方的方式是难以接受的。③

斯利尼瓦斯的发现在许多方面都具有开创性的意义。他发现,与西方接触后的快速环境变迁没有削弱旧的社会制度,比如说种姓制度,反而增强了它们。④ 社会其他领域的变迁并不必然导致个人社会价值的破裂。在家族亲缘关系和其他传统群体的影响下⑤,集

---

① M. N. Srinivas, *Social Change in Modern India* (Berkeley: University of California Press, 1966), p. 6.
② M. N. Srinivas, *Caste in Modern India and Other Essays* (Bombay: Asia Publishing House, 1962), chap. 2.
③ Srinivas, *Caste in Modern India and Other Essays*, chap. 2. 关于对埃及的梵化情况的分析,参见 Hussein M. Fahim, "Change in Religion in a Resettled Nubian Community, Upper Egypt," *International Journal of Middle Eastern Studies* 4 (1973), pp. 174 – 5。
④ Srinivas, *Caste in Modern India*, chap. 1.
⑤ 关于原有社会价值的破裂,参见 Karl W. Deutsch, "Social Mobilization and Political Development," *American Political Science Review* 55(1961), pp. 493 – 514。

体行为(比如在集体的社会流动中)会变得比任何个人化的过程都重要。社会变迁所导致的将不是世俗化,而是更强烈的宗教精神。

这些发现将会动摇变迁过程中动机互斥的观念和达到阈值后个人将接受全新哲学的理论。尽管早在20世纪50年代斯利尼瓦斯就已经开始论述他的发现,但是直到60年代,他的理论并没有促进对当时的个人或制度变迁模型的挑战。即使是在60年代,这种挑战也大部分要归因于现代化理论在结构和组织层面的有效性。人们很少将个人心理和变迁的假设与斯利尼瓦斯的发现联系起来。直到1966年,研究印度的社会学家约瑟夫·古斯菲尔德(Joseph R. Gusfield)才开始直接挑战现代化理论,并质疑当时广为接受的"传统"和创新一定会互相冲突的观点。① 然而,即使是古斯菲尔德也只是关注于结构和组织分析层面的谬误,而没有关注个体层面的问题。

不仅仅是印度,研究中国的地区专家似乎也对意图解释变迁普世过程的理论不甚关心。② 到了70年代初期,才出现了基本直

---

① Joseph R. Gusfield, "Tradition and Modernity: Misplaced Polarities in the Study of Social Change," *American Journal of Sociology*, 72(November 1966), pp. 351 – 62. 同主题的作品还有:Lloyd I. Rudolph and Suzanne H. Rudolph, *The Modernity of Tradition* (Chicago: The University of Chicago Press, 1967)。

② G. William Skinner, "Chinese Peasants and the Closed Community: An Open and Shut Case," *Comparative Studies in Society and History*, 13(July 1971), pp. 270 – 81. 施坚雅曾经问研究中国农民的学生为什么对理论问题毫无见解。"一方面,这是由于研究农民的人本来就不多,而且大多关注本国农民的研究。然而更重要的是,我们在农民问题上所具有的人类学知识对于研究中国社会的学生而言显得太异类和不相关了。"(p.270)从实际经验来看,被研究地区的语言越难学(因此学者也就必须花费更多的时间在这门语言上),这一地区的研究就越难与该领域的更广阔的理论思考联系起来。

接挑战变迁模型陈旧假设的专著。例如施坚雅（G. William Skinner）著名的文章《中国农民和封闭性社区》，就启示我们去质疑变迁单向性、心理适应限定阶段和个体变迁与个人生活经验分离的种种假设。① 施坚雅认为，历史地来看村庄并不是一个简单的自给自足的封闭单位，而是会对外界的机遇和危险时刻做出回应，并由此既可能更加封闭也可能变得更加开放。他还认为重大的变迁会发生在规范领域（这一领域在危险面前最先被加强，在机遇面前最后被打开）。② 当外部环境不稳定时，人们更难以容忍对规范的违背，也更加抵触外来文化的影响。因此，个人对新事物的开放，不仅仅与替代性体验（勒纳）相关，也不仅仅受童年时习得的价值（麦克里兰）的影响，还与个人在变迁生活中的个人体验密切相关。此外，个体变迁可能会朝着更加宽容新事物的方向发展，也可能恰恰相反。人们的观点和需求并不是确定不变的。③

也许，在第三世界的所有地区中，非洲的情况最能够证明关于社会变革中的个体的假设是多么的苍白无力。克莱德·米歇尔（J. Clyde Mitchell）关于非洲的卡勒达舞的文章是研究个人变迁的

---

① Skinner, "Chinese Peasants and the Closed Community."
② Ibid., p. 278.
③ 关于中国社会结构的另一端——知识分子——可以参见本杰明·史华慈（Benjamin Schwartz），"The Limits of 'Tradition Versus Modernity' as Categories of Explanation: The Case of the Chinese Intellectuals," *Daedalus* 101(1972), p. 83. 史华慈的思路表明，个体的变迁——不管是印度的婆罗门还是中国的知识分子——之所以以一种难以预料的方式发生，是因为在从旧的阶段向新的阶段的变迁过程中，造成矛盾和紧张的不和谐因素可能要比人们过去认为的少得多。

最优秀的著述之一。① 他发现当 20 世纪 50 年代非洲的非人开始城市化进程时，他们并没有形成一种广泛的基于国家的认同（如欧洲人过去的情况），也没有放弃他们的部落认同感。相反，部落主义处于上升势头，而部落舞蹈也成为南部非洲城市生活中最显著的特征。

大部分情况下，这种舞蹈都是一种有组织的娱乐形式，每周一队队的舞蹈者还会进行竞赛。当地的基督徒大多是不熟练的劳动力，到了周末，他们的假日舞蹈活动中常常融合了来自两个完全不同的世界的元素。他们的着装是完全欧式风格的，为之伴奏的乐器是用 42 加仑装大油桶改装成的鼓，上面蒙着一层牛皮。有的时候是用足球比赛的裁判哨来开始舞蹈比赛。不同的队伍唱不同的歌曲，他们不用自己的母语，而是用城市所在地区的语言来演唱。在歌曲中，他们歌颂自己的祖先和故土，对其他部落则大加嘲讽。舞者们不提他们来自完全不同的农村地区，而是大肆宣扬他们与城市所在地区部落的一致性。对此，米歇尔这样写道：

> 也就是说，我们面对着一个明显的悖论。他们跳的舞蹈明显是其部落的舞蹈，这种舞蹈正是为了强调不同部落的差异性，而他们唱歌时用的语言和土语，舞者的着装，则明显来自会消除这种差异性的城市。②

---

① J. Clyde Mitchell, *The Kalelia Dance*, Rhodes‑Livingstone Papers No. 27 (New York: Humani ties Press, 1956). 另一位在非洲研究方面对主流理论构成了很大挑战的学者是惠特克（C. S. Whitaker）。参见 Whitaker, "A Dysrhythmic Process of Political Change," *World Politics*.
② Mitchell, *The Kalela Dance*, p. 9.

非洲人有时诉诸部落主义（比如舞蹈比赛），有时则向更现代的、更具社会地位的生活方式靠拢，这使得上述悖论更加得到强化。米歇尔是这样解释这种悖论的："不考虑到互动发生的特定社会状况，是不可能总结出这些原则的应用的。"① 与欧洲人打交道的时候，非洲人经常忽略了自身社会阶层和部落的差别，转而通过共同的肤色达到了广泛的彼此认同。在特定的部落中，阶层就成了维系认同的主要因素。而在城市化了的非洲人的社会互动中，共同的部落就是彼此认同的最重要决定因素。"部落主义只有在某些情况下才在社会互动中起到重要作用，这一点也许可以解释那些敏锐的观察家们时不时发现的明显矛盾。"②

米歇尔的发现同斯利尼瓦斯的成果一样，并没有很快地产生影响。然而，他们两人的著作同许多关注第三世界各个地区的其他经验性研究一道，在20世纪60年代和70年代初，激发了对社会变迁，尤其是现代化的理论框架的质疑。不幸的是，批评家们经常忽视这些对用观念和动机描述个体变迁的模型的质疑，忽视了其有力的证据作用。然而，深入探究现有模型存在的问题是十分必要的，当个人在不同的社会状况下应用不同的原则进行社会互动时，我们就会发现现有的模型根本无法解释米歇尔和其他人发现的这种个人随机应变的特点。当然，那种一条分界线划分出两种状态的假设现在看来也极不合适。人格一致性的基本假设——处于单一社会领域中的单一个体——并不适合第三世界研究的新思

---

① Mitchell, *The Kalela Dance*, p. 43.
② Ibid., p. 43.

潮。关于"迟滞"的理论对于解释新的问题也毫无帮助。米歇尔研究的部落并不仅仅是传统社会的遗迹,他们在功能和组织上与那些留在农村的部落完全不同,这些新的城市部落是新出现的半工业城市的重要组成部分。一种新的个人似乎正在缓缓出现,这种人对于其个人生活经历——在米歇尔的例子中就是阶层、部落和种族的结合——具有很强的回应性和适应性。而这种个体变迁,过去曾被诸如阶段、阈值、单向性和心理适应的限定阶段等理论所错误地解释。

从传统人到现代人:理解个体变迁的另一种尝试

20世纪70年代中期,在学术界期待了近十年后,亚历克斯·英克尔斯(Alex Inkeles)和大卫·史密斯(David H. Smith)所著的《从传统人到现代人》终于出版。这本著作也许是个体变迁领域所进行过的最大规模的研究。作者在六个国家进行了大约6 000次的访谈,并对这些采访中获得的大量数据进行了分析。[1] 该书的目的,如作者所说,其实很简单:"我们认为社会心理学最相关也是最具挑战性的工作就是解释人们从传统人变为现代人的过程。"[2]

这项研究并非是在一个更广大的范围内验证早期个体变迁研究的假设和原则。这项研究试图弥补这一领域一些越来越明显的

---

[1] Alex Inkeles and David H. Smith, *Becoming Modern* (Cambridge, MA: Harvard University Press, 1974). 这六个国家是阿根廷、智利、巴基斯坦、印度、以色列和尼日利亚。

[2] Inkeles and Smith, *Becoming Modern*, p.5.

缺陷。亚历克斯·英克尔斯和大卫·史密斯强调个人和其所处的环境的主要因素所进行的关键性互动,尤其是当环境变化的时候。他们发现,一个人在工厂工作或者上学(不管教育的质量如何)的时间越长,他就越容易在调查量表中的全面现代性(OM)一项上取得较高的分数。他们由此放弃了过去的一些已被接受的预设,包括:(a) 童年社会化独一无二的重要性;(b) 个人的心理调适只能在几个被限定的阶段发生;(c) 个人变迁与真实生活的体验无关。此外,并不存在一个由传统性和现代性的特质交汇所创造出来的、以个体的心理焦虑为特征的过渡阶段。相反,他们发现:"一个人越具有现代性,其心理调适就进行得越顺利。"①

《从传统人到现代人》一书并不仅仅剔除了一些在该领域已经不适用的预设,而且也为自己的观点找到了有力的证据。事实上,两位作者最精彩的表现就是宣布可以解释个体现代性中62%的变化。②

然而,如果从为理解剧烈社会变迁中个体的复杂变化寻找基础的角度来看,那么这个研究项目的设计和成果仍然存在着一些基本的问题。OM是调查问卷上166个量度之一,包括24项次量度,从政治活跃性到宗教-世俗倾向。③ 量度和次量度之间的高度

---

① Inkeles and Smith, *Becoming Modern*, p. 264.
② "我们的基本解释性变量与个体现代性之间的交叉相关系数高达79%。"(Inkeles and Smith, *Becoming Modern*, p. 7.)
③ 次量度源于作者所采取的三个"视角":分析的视角(关于现代性有一种全面协调的观点,这里的现代性包括对新经验的开放性、趋时性等等),局部的视角(关于各种可能成为现代性阻碍的制度和问题,比如说宗法关系、妇女权利的缺乏等)和行为的视角(被报道的行为和实际情况下的行为)。Inkeles and Smith, *Becoming Modern*, ch. 2.

第六章 社会和政治变迁中的个体变迁

的交互相关性使得作者更加确信现代性是一种综合的现象。而如果把现代性理解为一种综合的现象，则是又戴上了人格一致性假设的枷锁。英克尔斯和史密斯又一次退回到了心理调适的两阶段论——即传统人和现代人的划分——他们认为这种变化一定是单向而不可逆的。尽管从现代向传统的转变并非不可能，但英克尔斯和史密斯还是为个体变迁设定了一个唯一的方向，那就是从传统向现代。

为什么这样一种经验主义的实证研究会与新的令人不安的证据(在该书出版之前十年已经大量出现)相矛盾？两位作者为什么能无视学界对一个一致性原则和单一社会领域中的单一个人的批评？要知道这种批评在关于个体在不同的社会形势下应用不同原则的研究中已经十分明显。一个可能的答案就是这两位作者似乎对新的研究进展一无所知。至少，从他们所列的参考书目中可以发现，他们在进行印度研究前没有读过斯利尼瓦斯的著作；他们在进行尼日利亚研究前没有参考过惠特克的研究成果；他们在对以色列研究的过程中也不知道温格茹德(Weingrod)的观点。[1] 以上提到的所有著作(还有许多其他著作)都表明个人的动机、观念和行为并没有呈现出一种全面的综合，而是极度的异质化和混杂化。许多近期的著作都采用了这种多样综合化的概念："在中东，许多

---

[1] C. S. Whitaker, *The Politics of Tradition, Continuity and Change in Northern Nigeria* 1946 - 1966 (Princeton, NJ: Princeton University Press, 1970); Alex Weingrod, *Reluctant Pioneers* (Ithaca, NY: Cornell University Press, 1966).

观察者都发现了多样的、互相冲突的、自发秉持的价值、态度和信仰。"①在《从传统人到现代人》这本书的酝酿阶段，就已经有足够的数据启示人们从另一个角度理解个体变迁。

英克尔斯和史密斯所设计的这个项目并不适合检验个体行为和个体所达到的变化程度的幅度。62％这个数据也许更能解释他们的测量工具的变化而不是实际的个人人格特征。全面现代性这一量度的测量过于主观——不过是人们说出他们相信什么和他们都做了什么——而没有去认真考察他们在千变万化的形势下实际上做了什么。就是行为量度的测量也仅仅依据人们在表格上所声称的日常的行为。② 如果个体确实是根据不同的情况在不同的原则指导下行动，那么这种行为观察极为狭隘（甚或根本不存在）的基础就使得全面现代性成为一种不适当的测量标准。

这些采访大多在私人场所中进行，其长度（有的长达四个小时）和受访者回答的真实性应该没有太大的问题，但是这种观点调查在单一的场景中仅仅运用单一的研究工具就显得很不适当。《从传统人到现代人》一书让人失望的一个原因就是，作为十年间研究个体变迁的主要著作，其狭隘的、单一场景的访问技术难以检验出在不同的情况下个人是否运用不同的思考原则，是否会采

---

① Jon W. Anderson, "Sentimental Ambivalence and the Exegesis of Seir in Afghanistan," *Anthropological Quarterly* 58(October 1985), p. 204.
② 他们也采集了其他关于行为的独立信息。"然而，这些补充材料在本书的分析中并没有得到系统的运用。"Inkeles and Smith, *Becoming Modern*, p. 34. 更重要的是，这些关于行为的补充信息都是在工厂中采集的，所以我们无法得知工厂中的行为与其他机构比如说家庭和部落中的行为是否有差异。

取不同的行动,即使这种行动会同已有的价值观念和道德判断相冲突。

事实上,我们可以说这本书在个体变迁模型的发展方面是一个重大的倒退,它无法与第三世界研究领域制度层面的新发现相吻合。它轻易地就倒退回了两阶段假设、单向性假设和人格一致性假设。即使在他们自己的研究目标方面,英克尔斯和史密斯也毫无建树。在书的最后,作者说道,没有什么比服饰更能塑造一个人,或者说得更精确些,个人原则形成的背景决定了个人的倾向性。这样的结论并非将已有的发现琐碎化,因为它指出各种因素结合起来决定了人的动机、观念和行为——这事实上是一种很重要的发现。但是这两位作者并没有兑现该书开篇所许下的诺言,为我们建构一个个体变迁的模型,他们许诺在这样的模型中,"思想和情感"(个体层面)会告诉我们"组织和行为"(社会和政治变迁层面)不能告诉我们的东西。如果英克尔斯和史密斯确曾向我们展现了"思想和情感"仅仅是制度变迁的产物,如果制度对现代人有所"需求",那么我们的结论似乎应该是,制度创造了他们,而不用大惊小怪地去考虑"思想和情感"的因素。个人所处的组织环境——不管是工厂、学校还是农业合作组织——是解释变迁的最好的自变量。①

---

① 《从传统人到现代人》并不是以社会心理学或文化路径作为研究基础的唯一例子。另外两例参见 George M. Foster, "Peasant Society and the Image of Limited Good," *American Anthropologist*, 67(April 1965), pp. 293 - 315, and F. G. Bailey, "The Peasant View of the Bad Life," *The Advancement of Science*, 23(December 1966), pp. 399 - 409。

走向对个人和个体变迁的新认识

如果学者们急着超越个体变迁的理论,对"组织和行为"不进行深入的研究,那么他们必须首先考虑一下是否能够对经历剧烈变革的社会生活进行一般性的概括。在许多第三世界国家,个人在不同动机的驱动下随机应变地以各种原则参与到不同的组织环境中来。这些社会还是面临着异质化的社会组织之间的冲突——从家庭到社会一直到大型的工业组织再到国家本身。这种冲突所发生的环境中,还充满了基本价值和规范的紧张对立,这些价值和规范是博弈的基本规则,有一些甚至约束着人们的日常生活,包括葬礼、宴会、借贷等。尽管政治领导人可能会声称国家是对社会行为建立规范的唯一具有合法性的权威,但事实上其他组织针对国家制定的规则也会制定出有效的反规则。

在这种混乱的、碎片化的环境中,个体要对许多组织所引起的束缚和机遇做出反应,而不是面对唯一的组织。其中的一些组织彼此间相安无事,但其他一些激烈地争夺对规则的控制权。这样一来,个体就面临着他所处的社会领域中基础性的凝聚力缺失,太多的组织奉行彼此矛盾的价值观和行为模式。那些假设人的行为、情感和思想都具有基础一致性的模型是无法解释个人采用多样化战略来应对异质化的组织环境的。许多心理学家这时也发现人格一致性的原则同样难以令人满意。"社会心理学和人格心理学的大部分历史都可以被理解为为求证心理一致性而进行的不成功的尝试。"①最近,不同的心理学分支的研究一致表明:"人格的不统一和不一致已经成为主要的研究主题。"②

如果人格一致性不能够作为理解个体动机和行为的基础,那么我们同样不能认为通过个人的理性计算可以对不同个体的行为进行聚合。正如安·斯威德勒(Ann Swidler)所写的:"当下对于'一致行为'有一种过分的强调,认为人们在进行决策时会条分缕析地选择自己的行为,对每一种行为都不遗余力,以得到一个最大化的最终结果。而个人的行动需要跟大环境的形势结合起来。"③

这种关于组织和制度变迁的更加复杂的观点指出了研究个体变迁的新方向。新的个体变迁的模型需要考虑到个人如何以有限的本体概念应对多样化的组织环境和社会领域。斯威德勒认为:"个人和群体其实都知道在不同的情境下要做不同的事情。"④这个新模型还必须指出人们的价值和原则可能互相冲突,而国家和其他组织则在这种冲突的环境里为推行自己制定的博弈规则而争斗不休。

---

① William B. Swann, Jr., John J. Griffin, Jr., Steven C. Predmore, and Bebe Gines, "The Cognitive-Affective Crossfire: When Self-Consistency Confronts Self-Enhancement," *Journal of Personality and Social Psychology*, 52(May 1987), p. 887.
② Swann, *et al.*, "The Cognitive-Affective Crossfire," p. 887.
③ Ann Swidler, "Culture in Action: Symbols and Strategies," *American Sociological Review*, 51(April 1986), p. 276.
④ Swidler, "Culture in Action: Symbols and Strategies," p. 277.

第七章 发展和变迁的政治研究：当前的发展状况

近半个世纪前，当勒纳对中东的社会进行调查时，他首先想到的用来形容他所见景象的词就是"混乱"①。这可不是一个社会学家面对任何情形时都愿意使用的词汇。勒纳对变迁的程度之剧烈和范围之广泛所产生的困惑其实很典型，不过对这种现象他给出了一定程度的解释，并没有陷入一头雾水之中。如哈里·艾克斯坦（Harry Eckstein）所说："研究发展的理论家们试图透过复杂纷乱的表象，去发现一种本质的范式——在一个缺少确定性和先例的领域去发现事物间的关系。"②勒纳同其他许多社会学家一样，想要总结出一个范式，一个系统——即使现实中的社会秩序和政治

---

① Daniel Lerner, *The Passing of Traditional Society: Modernizing the Middle East* (New York: The Free Press, 1958).
② Harry Eckstein, "The Idea of Political Development: From Dignity to Efficiency," *World Politics* 34(1982), p.457.

秩序还无法被确认,也可以对其首先形成一种学术的秩序。于是"发展"这个词应运而生,用来指称亚非拉美地区从社会和政治混乱向某种人们还并不甚明了的秩序变化的过程。

从一开始,发展和变迁这一研究领域就是建构性的;学者们意欲探求出政治和社会秩序的原则以及造就秩序的条件。尽管对正式的宪法过程的研究在 20 世纪 50 年代末就已经被政治学界认为是过时的,但是关于非西方国家政治的著述仍然围绕着社会和国家该如何建构——或者说得更确切些,重构——这一主题。① 发展这一领域,从某种意义上来说,培育了霍布斯、孟德斯鸠等政治哲学家的继承者,这些早期的学者也试图为当初欧洲相似的混乱情形找到建构性的方法。

从 1945 年到 1965 年间所发生的全球范围的巨大的政治变迁使得政治学的学者们十分兴奋,他们想要抛弃过去的学术体系,为新的学术秩序建立起基础。大多数学者认为要想完成这一任务,不能仅仅依靠一种途径。白鲁恂就在一篇文章中历数了政治发展这个词汇在学术文献中已经被赋予的含义。② 五年之后亨廷顿也提出,由于缺少一个准确的定义,政治发展这个术语已经不再具有任何分析价值。政治发展唯一的意义,亨廷顿宣称,就是指称一个

---

① 很少有学者将自己的研究与早期研究国家建构的学者的著作联系起来。一个例外是基尔森(Martin Kilson)关于非洲的极为出色的著作。参见 Martin Kilson, *Political Change in a West Africa State*:*A Study of the Modernization Process in Sierre Leone* (Cambridge, M. A.:Harvard University Press, 1966)。
② Lucian Pye, "The Concept of Political Development," *Annals of American Academy* 358(1965), pp. 1 – 13.

学者们共同关注的学术领域。①

尽管在这一领域中人们见解各异,但是关于第三世界政治和社会变迁的性质大家却具有共同的观察视角。然而,在20世纪60年代末和70年代初,一些这样的概念遭到了强烈的批判,包括目的论、单向性和对于发展的演化决定论。② 这些批评为这一领域开启了一个充满活力的新时代,但这绝不意味着旧的视角已经被抛弃,新的研究路径将会发展壮大。

在考察这一学术领域当前的状态时,有必要回顾一下这些共同持有的重要概念。即使在今天,一些这样的思想也能够影响对于变迁是如何发生的解释,接下来我会转向对近年的研究具有重大影响的三种思潮,最后会讨论这些新的学术成果是如何影响这一领域最初的原则的。

发展和变迁研究的路径

几本相继出现的里程碑式的著作,在社会科学中开启了发展

---

① Samuel P. Huntington, "The Change to Change: Modernization, Development and Politics," *Comparative Politics* 3(1971), pp. 282 - 322.
② 一些人并不认可范式变迁的思想,最突出的可以参见 C. S. Whitaker Jr., "A Dysrhythmic Process of Political Change," *World Politics* 19(1967), pp. 190 - 217。其他对这一思想进行严肃批评的文章可以参见 Dean C. Tipps, "Modernization Theory and the Comparative Study of Societies," *Comparative Studies and Soceities and History* 15(1973), pp. 199 - 240; Benjamin Schwartz, "The Limits of Tradition Versus Modernity as Categories of Explanation," *Daedalus* (1972), pp. 71 - 88; Joseph R. Gusfield, "Tradition and Modernity: Misplaced Polarities in the Study of Social Change," *American Journal of Sociology* 72(1967), pp. 351 - 362。

和现代化研究这一领域。① 阿尔蒙德和科尔曼的论文集确立了发展地区的研究在比较政治学中的一席之地。这一著作催生出了后来广受赞誉的系列文集《发展中地区的政治》,这一系列共出版了9卷,前后跨度达15年。阿尔蒙德与科尔曼的著作和其后的一系列研究都得到社会科学研究委员会下属比较政治学委员会的帮助。奇怪的是,这些作品在20世纪60年代和70年代对当时正处于繁荣时期的发展研究只具有微不足道的影响。当然,这些著作被不断地阅读、讨论和回顾。② 他们也确实使政治学家们对嵌入在亲属关系中的政治也采取和对待西方议会政治一样的严肃态度。但是这些著作也确实被大大忽略了,它们没有发展出学派,也没有影响到整个领域内的研究走向。这些著作在其他的专著和文章的脚注中被不断引用,但是没有足够的迹象显示它们对这一领域的方法或内容做出了实质性的贡献。

真正催生政治发展几个分支领域的是社会学家勒纳的研究。③ 所有这些分支,都或多或少地借鉴了勒纳的现代性系统。这种系统的概念建筑在一种理念之上,即社会政治变迁的多个方面都是相互关联的,共存于一个高度共变的范式之中。

---

① 参见:Gabriel A. Almond and James S. Coleman, *The Politics of the Developing Areas*. (Princeton, N. J.: Princeton University Press, 1960); Max F. Millikan and W. W. Rostow, *A Proposal Key to an Effective Foreign Policy* (New York: Harper, 1957); Lerner, *The Passing of Traditional Society: Modernizing the Middle East*。
② John D. Montgomery, "The Quest for Political Development," *Comparative Politics* 1(1969), pp. 285 - 95.
③ 在勒纳的移情概念中,我们发现了"心理-文化学派"的基础,这一学派中包括了像麦克里兰这样的著名学者。

到了20世纪60年代中期,尽管并不一定认同勒纳的中心假设,但许多学者都已经接受了勒纳书中的三个特征。第一,近些年的主要研究关注的是国内变迁的层面。导致这种变迁的先兆是国际环境的剧烈变化,但是国内的转型吸引了学者们的全部兴趣。第二,在宏观层面上,政治学家们关注中心制度(那时"国家"这个词已略显过时)和其转变社会的能力。第三,在微观层面学者们用调查统计方法和其他研究工具来评估个体变迁的过程,及其与其他社会过程——如工业化、城市化——的关系。卡尔·多伊奇(Karl Deutsch)社会动员的概念强调个人承诺的破坏与近乎普遍的大规模社会过程的关系,这种概念已经成为解释集聚的个体变迁的典型词汇。①

理解宏观变迁——在整个社会中制度变革的结构——需要一个完全不同的框架。一些名称各异的此类框架正在被使用,最为流行的就是传统和现代的两分法,使用者包括勒纳和其他重要的学者如阿尔蒙德和科尔曼、戴维·阿普特(David E. Apter)、布莱克(C. E. Black)、艾森斯塔特、马利安·列维(Marian J. Levy)和爱德华·希尔斯。② 另外一种被广泛使用的隐喻是中

---

① Karl Deutsch, "Social Mobilization and Political Development," *American Political Review* 55(1961), pp. 493 – 514.
② 参见:Lerner, *The Passing of Traditional Society*; Almond and Coleman, *The Politics of the Developing Areas*; David E. Apter, *The Politics of Modernization* (Chicago: University Press, 1965); C. E. Black, *The Dynamics of Modernization: A Study in Comparative History* (New York: Harper & Row, 1966); S. N. Eisenstadt, *Modernization: Protest and Change* (Englewood Cliffs, N. J.: Prentice-Hall, 1966); Marian J. Levy, Jr., *Modernization and the Structure of Societies: A Setting for International Affairs* (Princeton, N. J.: Princeton University Press, 1966); Edward Shils, "Political Development in the New States," *Comparative Studies in Society and History* 2(1960), pp. 265 – 292.

第七章　发展和变迁的政治研究:当前的发展状况

心和边缘。① 其他类似的划分包括:精英-大众②,融合-衍射③,大传统-小传统④,甚至有的时候还包括城市-农村⑤。一些学者还在其中加入了一些中间阶段,如过渡阶段和棱柱型行政生态,这些概念并没有什么本质区别,都落脚在发展的连续统一性这一最具理论重要性的概念上。尽管一直没有正式的理论来解释这两个阶段间的关系,但我们还是有必要考察一下使用这些两分法的人们所广泛接受的观点。在每一种划分下,两分的各部分范围和强度都各有不同,但两分法本身就意味着一种不受时间和空间限制的持久的分析工具。在政治发展领域使用这种划分的人们是想描述一种抢滩登陆式的图景,即:在当代社会,发展的阵地在社会的现代部门或中心(或者是精英、大传统、城市化地区)——也是变迁的方向——而社会的"落后"部分则存在于传统部门或边缘(或大众、小传统、农村地区)。

现代部门或中心被视为活跃和进取的;其权威则是社会和政治变迁的推进器。中心的力量在于整合性,而这种整合性是具有共同现代价值的精英间的高度共识达成的结果。("现代价值",对

---

① 参见:Daniel Lerner,"Some Comments on Center-Periphery Relations," in Richard L. Merritt and Stein Rokkan (eds.), *Comparing Nations* (New Haven: Yale University Press, 1966) and Edward Shils, *Center and Periphery*。
② Gaetano Mosca, *The Ruling Class* (New York: McGraw-Hill, 1939).
③ Fred W. Riggs, *Administration In Developing Countries: The Theory of Prismatic Society* (Boston: Houghton Mifflin, 1964).
④ Robert Redfield, *Peasant Society and Culture* (Chicago: University of Chicago Press, 1960).
⑤ 参见:Gideon Sjoberg, *The Pre-industrial City* (New York: The Free Press, 1960); Charles Tilly, *The Vendee* (New York: John Wiley & Sons, 1967)。

于大多数学者来说,与帕森斯的五种模式变量中工具性的一面相差不远。)对于政治学家来说,公共制度的集合——国家——应该是中心最有意思的组成部分。然而,直到20世纪60年代末和70年代,国家作为一种活动者组织,才成为研究的主要对象。① 在此之前,人们对于现代部门或者说中心中连锁的权威机构的认识还十分模糊,但是对权威的重要性已经有了清晰的理解。对权威的强烈需求意味着社会上存在着反抗。价值观不能完全和均匀地辐射到社会各个部分中,也不能驱动每一个人朝向相同的行为模式;不然的话,政治就根本不会存在了。使用现代-传统和中心-边缘这样的两分法,就意味着存在对不完全融入部分的社会和政治控制。

传统部门或边缘不包括行使权威的那部分人,包括的是"接受并非自己创造和传播的命令和信仰的那部分社会阶层,包括处于奖励、尊严和便利的分配体系末端的人们"②。社会中的威权力量将现代部分扩张到传统部门中,这种领导阶层决不仅仅满足于让现代部门和传统部门和平共处,而是要让所有的人都服从于他们,并接受其统治的合法性。通过现代组织所进行的奖赏和惩罚是精英们手中的工具,用来使人们更好地接受他们的决策和观点。

关于政治发展的早期的研究倾向于漠视传统部门与边缘的结

---

① 参见 J. P. Nettl, "The State as a Conceptual Variable," *World Politics* 20(1968), pp. 559 - 92; and Charles Tilly, "Western State-Making and Theories of Political Transformation," in Charles Tilly (ed.), *The Formation of National States in Western Europe* (Princeton, N. J.: Princeton University Press, 1978)。

② Shils, *Center and Periphery*, p. 39.

构、韧性和自治,许多现在的研究也同样如此——尽管确实存在一些例外。① 能够变迁的边缘在20世纪50年代和60年代成为广为流行的概念,而现在,这个概念也总是披着一层两阶段论的外衣。

在欧洲的发展过程中,民族主义成为信仰体系的重要组成部分,从而使人民越来越附着于他们所生活的领土之上。这种区域历史经验被许多学者当做世界其他地区的变迁模型。西方的经验经常被过分简化的术语所概括,在这种变迁过程中,主要的中心战胜次要中心,国家从一个没有威信的官僚帝国和封建体系转变为现代的、充满活力的和有效力的中心。这种过程被假设为具有普适性。发展的方向被假定为从初始状态到依附于更大的领土;发展的形式则是从弱小的、不具有渗透力的中心到活跃的、具有主导力的中心;发展的内容是生成具有现代价值和行为方式的公民社会。确实,如一位著名学者所说的,亚洲和非洲的许多国家"还没有成为现代意义上的社会,因为它们没有有效力的中心"②。统治者面对的是"还没有形成社会的人口,但是这些人群构成了许多原生的社会"③。即使是在这两块大陆上,演化的进程看起来也十分清晰,一切都只是时间问题。

而当下所缺少的,则是权威和权力的关键组成部分。亨廷顿指出,在亚洲、非洲和拉丁美洲的许多国家和地区,"政府根本没有

---

① 参见 Robert A. Dahl, *Polyarchy: Participation and Opposition* (New Haven: Yale University Press, 1971); Huntington, *Political Order in Changing Societies*; Fernando Hernique Cardoso and Enzo Faletto, *Dependency and Development in Latin America* (Berkeley: University of California, 1979)。
② Shils, *Center and Periphery*, p. 44.
③ Ibid., p. 89.

能力治理"①。"政府应该意味着权力,"拉柏龙巴拉(LaPalombara)写道,"但是现在我们能做出的最没有争议的一个论断就是大部分新国家的政府所拥有的权力少得可怜。"②

如果第三世界的社会缺少权威,如果政府真的没有能力治理,那么发展这一学术领域就变得和爱丽丝梦游仙境相差不多了。我们用来分析宏观变迁的那些理论——现代与传统,中心与边缘——都是用来解释社会的权威力量对其指令的受众所产生的影响的。这种分析方法暗含着一种变迁范式,在这种范式中,变迁的最初博弈发生在互相联合的、制度上十分强大的精英与未分化的大众之间。但是制度和精英真的是他们看起来的那个样子吗?这些年来政治学学者们提出的问题倾向于关注这些制度和精英没有变成什么——即,目标领域的现代化或强中心——而不是他们实际上是什么样子。如果没有一个有权威的中心,如果仅仅凭着一个没有治理能力的政府,那么这些分析所描述的根本就是子虚乌有之境。第三世界采用了大量的西方制度形式和制度名称(如国家、议会、政党等等),这使得政治学家面临的挑战更加紧迫。认为在这些制度中存在着精英和价值的聚合,而且其输出的最终将是人们所期待的,这的确是一种很有吸引力的假设。同样,人们也希望能够假设一个国家,或者说任何一个国家都有其他的中心制度

---

① Samuel P. Hungtington, *Political Order in Changing Societies* (New Haven, CT: Yale University press, 1968), p. 2.
② Joseph LaPalombara, "Political Science and the Engineering of National Development," in Monte Palmer and Larry Sterns, eds. *Political Development in Changing Societies* (Lexington, M. A. : D. C. Heath, 1971), p. 53.

第七章 发展和变迁的政治研究:当前的发展状况

来维系,并且与之持有相同的价值理念,而这样的国家,是活跃和强有力的。

亨廷顿之所以能在这一领域保持持久的影响力,很大程度上就是因为他认为制度非常重要。① 他关注不同社会中的政治制度到底是什么,而不是它们还没有变成什么或它们被正式地设定应该成为什么。国家真实的政治能力、制度衰退和崩溃的可能性已经成为最受关注的中心话题。对于政治学家而言,政治制度已经回归到了政治学的中心,不再像勒纳的书中所描述的那样,仅仅是更广泛的中心的一部分和非政治事件的派生。

亨廷顿的分析在某些方面只停留在技术层面。其主要回答的问题是:哪些特定的机制能够应对不断增长的政治需求——在近乎普遍的政治社会化过程中产生的具有潜在扰动作用的需求,从而保持政治稳定性。亨廷顿认为这种有效的机制就是政治制度,尤其是政党这种适应性强的、复杂的、自治的和具有凝聚力的制度。然而他没有能够回答自20世纪50年代起就困扰着这一领域的政治哲学问题:什么是社会和政治秩序的原则——而不是机制?为什么有些社会能够产生出有效的建构性原则和制度,而有些却不能?建构新的秩序所涉及的变迁过程到底是什么?如果现代部门和中心并不是它们被认为应该成为的那种样子,那么我们如何来解释秩序和变迁呢?

在20世纪70年代和80年代对回应这些宏观层面问题的方法的选择在发展领域造成了一些令人吃惊的变化。首先,这一领域

---

① Huntington, *Political Order and Changing Societies*.

过去主要研究的是西方以外的地域——这是非西方的、非共产主义的区域,既不是第一世界,也不是第二世界,而是同质化的第三世界——而现在该领域的研究范围已经扩展到了其他地区,其中包括西方。其次,发展和变迁研究一直自视为一个比较与时俱进的学术分支,它关注"二战"后的现代化进程这样的主题,可现在却出乎意料地开始向历史回归。这里所说的历史并不仅仅是为"实在"的分析提供一个必要的背景,而是研究的主要对象之一。最后,过去发展和变迁研究几乎只关注国内层面的因素,将自身置于比较政治学的学术框架之下①,而现在新的分析框架已经包含了更多的国际层面的因素。

三种主要的研究潮流

从第三世界到第一世界(和第二世界)

对于第一种变化具有讽刺意味的是,发展领域的扩散性影响超出第三世界,到达欧洲和北美,然而对非西方社会的研究与其他区域的研究相比,遭遇到了太多的困难。研究资料的获得经常受到限制。政府的统计数据常常是随意捏造的,根本不可靠;其他的基本材料也都十分缺乏。而鉴于人口的异质化,统计取样也存在着问题。然而,社会科学学者被澎湃的第三世界国家独立运动所激发的灵感和激动之情也感染了研究其他区域的学者。比如,马

---

① Dankwart A. Rostow, "Modernization and Comparative Politcs: Prospects in Research and Theory," *Comparative Politics* 1(1968), pp. 37 - 51.

克·凯斯尔曼(Mark Kesselman)就运用亨廷顿的制度化这一概念,有效地对法国政治进行了阐释;罗纳德·英格尔哈特(Ronald Inglehart)也借用多伊奇的社会动员的概念丰富了自己对欧洲的研究。①

在某种意义上,欧洲就是发展这一研究领域的某些部分起步的地方。社会变迁与发展之间的紧密联系,正如罗伯特·尼斯比特(Robert A. Nisbet)所指出的,可以追溯到最早期欧洲的学术著作。② 而西方的发展概念也从19世纪末和20世纪初的理论中获取了特殊的力量。当涉及要阐释"发展""现代化"等概念在第三世界的具体内涵时,学者们的思路总是直接或间接地回到典型的西方范式上。此外,他们还基于自己对西方历史进程的理解来预测非西方国家和社会的演化路径。他们不仅对现代性的内容进行了假设,还假设这种过程的性质:发展或现代化将促使一个社会达到现代性。最有趣的是,西方的发展过程常常被整合到发展模型之中,可是关于美国和欧洲的这些"模型"与欧美的实际变迁过程几乎毫无符合之处。直到20世纪70年代,人们才开始对欧洲的经验进行更仔细的考察,以分辨出有哪些地方需要修正以适应那些第

---

① Mark Kesselman, "Over-institutionalization and Political Constraint: The Case of France," *Comparative Politics* 3 (1970), pp. 21 – 44; and Ronald Inglehart, "Cognitive Mobilization and European Identity," *Comparative Politics* 3(1970), pp. 45 – 70.

② Robert A. Nisbet, *Social Change and History: Aspects of the Western Theory of Development* (London: Oxford University Press, 1969).

三世界的变迁模型。①

还有一些学者开始质疑那些使用现代-传统隐喻或类似象征的学者们,质疑他们著作中充溢的盲目自信。在西方历史的实际进程中,中心的统一和国家的集权过程真的像假设的那样完全和平稳吗?边缘真的像人们过去所想的那样被动和逆来顺受吗?苏珊·伯杰(Suzanne Berger)在其专著中指出,即使是像法国那样高度集权的国家,其农民阶层也"难以完美地嵌入国家的政治生活中"②。所以在法国出现了"合作组织",这些组织管理农民的事务,而不需要将这些事务与国家政治联结起来。合作组织通过承担对于农民来说极为重要的职能帮助国家积聚了政治忠诚。进而,它们要守卫自己这一管理领域,屏蔽集权国家的控制,因此它们竭力阻挠"通过在政党和政府层面退出那些促使利益和价值结盟形成的议题来推动的政治系统变迁"③。

伯杰接下来将这种分析所依据的一些概念扩展到了法国以外的欧洲其他地区和农民以外的社会其他阶层。一些欧洲社会中,各个组成部分彼此之间千差万别。这种差异(或二元化)不是通过中心和国家的权威而达成的"趋同过程中的中间阶段"。"传统"的部分会"因为它们的政治和经济利益与现代部门的重合方式"而持

---

① 参见 Stein Rokkan, "Cities, States, and Nations: A Dimensional Model of the Study of Contrasts in Development," in S. N. Eisenstadt and Stein Rokkan (eds), *Building and States and Nations* (Beverly Hills, C. A.: Sage, 1973)。
② Suzanne Berger, *Peasants Against Politics: Rural Organization in Brittany 1911 - 1967* (Cambridge, M. A.: Harvard University Press, 1972), p. 2.
③ Suzanne Berger, *Peasants Against Politics: Rural Organization in Brittany 1911 - 1967* (Cambridge, M. A.: Harvard University Press, 1972), p. 168.

续存在下去。① 在这一点上,欧洲社会与非西方社会没有什么大的差别:"对发达国家和发展中国家的研究都支持传统或非正式部分的持续性,而不是消亡性。"②正如罗戈夫斯基(Ronald Rogowski)和沃瑟斯普林(Lois Wasserspring)所指出的,即使在先进的工业社会,"没有什么能够推动个人……去成为一个个的原子,仅仅由金钱和自身利益连结在一起"③。也许欧洲与第三世界的相似程度要高于人们过去的想象。

研究第三世界发展的著述对人们认识欧洲社会的建构原则产生了一定的影响,正在成长中的法团主义思潮就是其中的表现之一。在20世纪早些时候,法团主义这个词汇被用来形容欧洲的法西斯国家,"二战"后它一度被运用到伊比利亚文化及其分支上,尤其是在拉美政治中。法团主义的内涵在这样的环境中得到了丰富和发展,之后它才回归到了先进的西欧工业国家中,并以一种更为仁慈的形式表现出来。

对大多数学者来说,法团主义意味着一种与伯杰所说的合作组织很不一样的东西。对伯杰而言,合作组织是要"取得权力和权威来管辖自己的家产",力图脱离国家的轨道。④ 而在对伊比利亚半岛和拉美的文献及稍后对欧洲其他地区的研究中,法团主义的

---

① Suzanne Berger and Michael J. Piore, *Dualism and Discontinuity in Industrial Societies* (Cambridge, M. A.: Cambridge University Press, 1980), p. 87.
② Ibid., pp. 4 – 5.
③ Ronald Rogowski and Lois Wasserspring, "Does Political Development Exists? Corporatism in Old and New Societies," *Comparative Politics Series* 2(Beverly Hills, C. A.: Sage, 1971), p. 44.
④ Berger, *Peasants Against Politics*, p. 9.

组织是"由国家认可和授权(如果不是由国家创设)的"①。国家已经来到了政治舞台的中央。

研究战后西班牙、葡萄牙和拉丁美洲的学者们虽然重拾法团主义这个概念,但是这种使用是十分勉强的,因为纽伦堡审判后法团主义这个词已经是声名狼藉。法团主义尽管在学术语境中复活了,但仍带有污点,无论如何,在历史上法团主义都是与自由主义针锋相对的,它将群体——及其特殊的义务和权利——置于个体之上。它被认为排斥 20 世纪人类文明的重大成果——工业化和现代化。在当今这个充满了更多生气勃勃的"主义"的世界上,法团主义的存在是一种余毒未了的残存状态:"伊比利亚半岛和拉丁美洲的政治系统保留着一种陵墓式的外观。"②罗纳德·牛顿(Ronald C. Newton)指出:"在大西洋世界的经验中,法团主义国家是一种反时代精神的政体,金玉其外,败絮其中。"③法团主义这个词被与那些陷于 20 世纪不合时宜的制度和习惯的国家和社会联系起来。"法团主义及法团主义传统,"霍华德·J. 威亚

---

① Phillippe C. Schmitter, "Interest Intermediation and Regime Governability in Contemporary Western Europe and North America," in Susan Berger (ed), *Organizing Interests in Western Europe: Pluralism, Corporatism and the Transformation of Politics* (Cambridge: Cambridge University Press, 1981), p. 93.
② Howard J. Wiarda, "Transcending Corporatism?: The Portugese Cooperative System and the Revolution of 1974," *Institute of International Studies*, Essay Series 3 (University of South Carolina, 1976), p. 5.
③ Ronald C. Newton, "Natural Corporatism and the Passing of Populism in Spanish America," in Federick B. Pike and Thomas Stritch (eds.), *The New Coporatism: Social-Political Structures in the Iberian World* (South Bend, In: University of Notre Dame Press, 1974), p. 35.

尔达指出,"是伊比利亚-拉丁政治文化中天然的和内生的一部分。"①

到了20世纪70年代的中期和晚期,这样的观念开始逐渐消亡。法团主义不再是自由主义和民主的死对头,而开始在"自由法团主义和政党政府""自由民主政体中法团主义的发展",以及"法团主义、议会主义和社会民主政体"这样的标题中出现。人们再也不仅仅将其与伊比利亚和拉美文化联系起来,法团主义日益成为对欧洲其他地区、日本和世界其他地区的分析工具。② 法团主义不再被当做对工业化的威胁,而是成为先进的工业增长和转型的基础。③ 学者们越来越接受这样的观点,即"法团主义与自由主义和社会主义一样,在不同的国家间和同一个国家的不同时期具有不同的形式"④。巴西1964年政变后的新威权主义,萨拉查(Salazar)过去对葡萄牙的统治,葡萄牙在1974年政变后向社会主义的转

---

① Howard J. Wiarda, *Coporatism and Development: The Portuguese Experience* (Amherst: University of Massachusetts Press, 1977), p. 4.
② Gerhard Lehmbruch, "Liberal Corporatism and Party Government," in Philippe Schmitter and Gerhard Lehmbruch (eds.), *Trends Towards Corporatist Intermediation* (Beverly Hills, C. A.: Sage, 1979); Leo Panitch, "The Development of Corporatism in Liberal Democracies," in Philippe Schmitter and Gerhard Lehmbruch (eds.), *Trends Towards Corporatist Intermediation* (Beverly Hills, C. A.: Sage, 1979); Bob Jessop, "Corporatism, Parlimentarism, and Social Democracy," in Philippe Schmitter and Gerhard Lehmbruch (eds.), *Trends Towards Corporatist Intermediation* (Beverly Hills, C. A.: Sage, 1979).
③ 参见: T. J. Pempel, "Japanese Foreign Economic Policy: The Domestic Bases for International Behavior," in Peter J. Katzenstein (ed.), *Between Power and Plenty: Foreign Economic Policies of Advanced Industrial States* (Madison: University of Wisconsin Press, 1978)。
④ Wiarda, *Coporatism and Development*, p. 5.

型,以及日本将劳工排除在外的法团主义,还有许多其他的案例,都成为法团主义分析的对象。① 而这一概念的一个缺陷就是,如果没有适当的详细阐述和解析,它就又成了被用来解释几乎全部国家-社会关系的残余范畴。② 菲利普·C.施密特指出:"它变成了一种界定模糊的现象,如同庇护主义一样,法团主义被到处使用,因而也就没有哪一处它能起到独特的作用。"③

对政治学学者来说,法团主义的回归还带来了一个颇受欢迎的副产品,那就是政治学向中心地位的回归。发展研究领域从一开始就处于经济学主题和经济学家的阴影之下(尽管在经济学学科中,发展领域地位很低)。与此同时,从帕森斯到爱德华·希尔斯的秉承韦伯主义传统的社会学家,以及从巴灵顿·摩尔到沃勒斯坦的采用马克思主义模式的社会学家,一直主导着宏观层面的研究。法团主义被认为是经济变迁和社会结构的中心,这一主题显然清晰地处于政治学学者的研究领域内。

第一种组织是利益代表组织。法团主义的分析因此成为了更广泛的政治科学研究的一部分。它是政治学所熟悉的几种利益代表中的一类,而多元主义是其中最易辨别的一种。施密特在法团

---

① 参见:Alfred Stepan, *Authoritarian Brazil: Origins, Policies, and Future* (New Haven: Yale University Press, 1973); Schmitter, "Interest Intermediation and Regime Governability in Contemporary Western Europe and North America"; Wiarda, *Corporatism and Development*; T. J. Pempel and Keiichi Tsunekawa, "Coporatism Without Labor? The Japanese Anomaly," in Schmitter and Lehmbruch (eds.), *Trends Toward Corporatist Intermediation*。
② 参见:Nedelmann and Meier, "Theories of Contemporary Corporatism: Static or Dynamic?" and Pempel and Tsunekawa, "Coporatism Without Labor?"。
③ Schmitter, "Still the Century of Corporatism," p. 86.

主义的研究中发挥了重要作用,"限定这个概念,以使其仅仅指称一类特定的具体制度措施或是涉及可进行经验性观察的集团利益的代表(或误代表)的结构"①。

法团主义分析中的第二种处于政治科学学科范围内的组织就是国家。法团主义不是20世纪70年代和80年代唯一的将国家重新引入分析的概念,但它确实遵循亨廷顿的路径将政治制度和政治过程从泛泛的社会现象中解脱出来。如果用亨廷顿评估政治制度的能力的标准来衡量的话,那么没有什么概念能够比自主性更能吸引政治学的学者了。学界的注意力开始主要聚焦到自主和半自主的国家上来。②

法团主义要求国家扮演什么样的角色呢?在这个问题上学者们的观点依其感兴趣的区域不同而各有不同。研究西欧的学者们将法团主义同其反自由反民主的过去脱离出来。现在,法团主义,有时被"新""自由的""社会的"③等词语所修饰,成了一种政治-经济工具或是一种与议会制政府共存——更确切地说是整合到议会制政府之中——的结构。法团主义主要被用来解释工业领域的问题,它被看做一种在快节奏的、开放的国际经济中能够确保国家的

---

① Schmitter, "Still the Century of Corporatism," p. 87.
② 参见 Eric Nordlinger, *On the Autonomy of the Democratic States* (Cambridge, M. A.: Harvard University Press, 1981) and Nicos Poulantzas, *Political Power and Social Class* (London: NLB, 1975)。
③ Claus Offe, "The Attribution of Public Status to Interest Groups: Observation of the West German Case," in Suzanne Berger (ed.), *Organizing Interests in Western Europe: Pluralism, Corporatism, and the Transformation Politics* (Cambridge: Cambridge University Press, 1981).

生存甚至是经济增长的机制。① 法团主义对于工业民主的另一有利因素就是能够维持工业和政治关系的平稳,并促进在变化的国际经济形势中部门投资的适当调整。法团主义的政治结构使国家能够通过与彼此间利益冲突的自利的团体进行协商谈判,最终达成彼此协作的政策安排,从而促进国内的和平稳定,至少是短期的稳定。尤其是劳工阶层和资本阶层要参与到国家经济计划和政策的制定过程中。② 施密特指出:"这种成果的秩序和效能是令人印象深刻的。"③法团主义通过全国性的计划推动了工业调整,国家改变了"任由市场发挥作用的做法,将那些自身利益受到信马由缰的市场力量影响的群体整合到了公共政策的制定机构中"④。

而研究拉丁美洲的学者们对于法团主义则有不同的理解,他们认为法团主义是同政治威权主义交织在一起的。在他们的案例中,国家并不只是通过与利益集团协商来保持社会和平,也不是简单地对其授权或将其整合到政策制定机构以保证平稳的工业调整。拉美的政权组建甚至重新塑造利益团体,以完成维持统治稳固这一几乎不可能完成的任务,并在快速的经济增长中维护陈腐

---

① 不过也可以参见 John T. S. Keeler,"Corporatism and Official Union Hegemony: The Case of French Agricultural Syndicalism," in Berger, *Organizing Interests in Western Europe*。
② Leo Panitch, "Recent Theorization of Corporatism: Reflections on a Growth Industry," *British Journal of Sociology* 31(1980), p. 160.
③ Schmitter, "Interests, Intermediation and Regime Governability in Contemporary Western Europe and North America," p. 318.
④ Gudmond Hernes and Arnie Selvik, "Local Corporatism," *Organizing Interests in Western Europe: Pluralism, Corporatism, and the Transformation Politics* (Cambridge: Cambridge University Press, 1981), p. 104.

的精英统治体系,促进不同阶级间的和谐。在这些国家中"人民大众的利益和参与式政治的范围被缩减,人们的分配需求被忽视并被置于较低的优先级别,只有经济增长的最大化和迅速的工业化被优先考虑"①。在法团主义的结构中,国家并不像西欧国家那样,仅仅起到在功能团体之间就其志愿性的安排进行协调的作用。在拉丁美洲的法团主义中,这些团体就是国家所创造的,并被国家牢固掌控。社会和经济变迁所造成的紧张局势相应地要求政治上的实质性变化,以形成一种以官僚威权政体为特征的新的政治系统。

卢斯·科利尔(Ruth B. Collier)和大卫·科利尔(David Collier)试图在欧洲式的法团主义和拉美式的法团主义之间架起一座桥梁,他们的方法就是将这两种不同的类型看做一种事物中具有一定差异性的两部分,而不是两种截然不同、彼此对立的事物。② 他们的论点是,通过对国家对团体代表所采用的诱因和限制进行分类,就可以对不同社会的法团主义进行划分。然而,对拉丁美洲的研究文献中强调国家的威权主义性质。考虑到在这个领域中一些人已经开始抛弃传统-现代这样的两分式范例,所以在后文中我将再次提到这些研究拉美的文献,尤其是那些研究官僚威权主义的著作。

值得注意的是法团主义的复兴和在拉美官僚威权主义的发展

---

① Douglass H. Graham, "Mexican and Brazilian Economic Development: Legacies, Patterns, and Performance," Sylvia Ann Hewlett and Richard S. Weinert (eds.), *Brazil and Mexico: Patterns in Late Development* (Philadelphia: Institute for Human Issues, 1982), p. 14.
② Ruth B. Collier and David Collier, "Inducements Versus Constraints: 'Disaggregating Corporatism,'" *American Political Science Review* 73(1979), pp. 978–79.

对西欧以外的区域研究也具有很大的影响。例如,丹尼尔·希罗特(Daniel Chirot)就写过一篇题为"法团主义模式与社会主义"的学术评论。① 他的文章主要考察的是罗马尼亚的案例,他认为对于正在向工业化快速转型的社会主义国家,法团主义也会帮助其维护社会和政治稳定,就如同其在第三世界的作用一样。合作结构有助于解决由快速的经济和社会变迁所产生的问题,尽管执政的共产主义政党的理想是创造一个一元化的社会。

法团主义在东欧共产主义国家研究中的应用来自对社会主义政治其他方面进行的研究的推动,这些研究也同属于第三世界发展的领域。事实上,简·特里斯克(Jan F. Triska)和保罗·考克斯(Paul M. Cocks)注意到了"日益增长的、将共产主义研究进一步整合到更广泛的比较政治学框架中的需求"②。他们关注的焦点在政治发展上,还有其他一些学者也持相同的看法,他们的人数虽然不多但是处于稳定的增长中。③ 拉丁美洲的素材也对亚洲的社

---

① Daniel Chirot, "The Corporatist Model and Socialism," *Theory and Society Journal* 9(1980), pp. 363 – 81.
② Jan F. Triska and Paul M. Cocks (eds.), *Political Development in Eastern Europe* (New York: Praeger, 1977), p. xv.
③ 参见: Ken Jowitt, *Revolutionary Breakthroughs and National Development: The Case of Romania, 1944 – 1965* (Berkeley: University of California Press, 1971); Jan F. Triska and Paul M. Johnson, "Political Development and Political Change in Eastern Europe: A Comparative Study," *University of Denver Monograph Series in World Affairs 13* Book 2(1975); Walter D. Connor, "Revolution, Mondernization, and Communism: A Review Article," *Studies in Comparative Communism* 8(1975), pp. 389 – 96; David W. Paul, *A Cultural Limits of Revolutionary Politics: Change and Continuity in Socialist Czechoslovakia* (Boulder: East European Quarterly and Columbia University Press, 1979)。

会主义和非社会主义政权的研究产生了影响。1980年哥伦比亚大学东亚研究所召开了一次关于台湾地区的政治经济学研讨会，会议关注的中心就在于拉美式的威权主义与台湾地区的关联性。布鲁斯·康明斯（Bruce Cumings）发表了两篇学术评论，一篇是《朝鲜的法团主义》，另一篇研究的是东北亚四个工业国家和地区（日本、朝鲜、韩国和台湾地区）的政治经济关系。对于韩国和台湾地区，他认为我们应该抛弃新近流行的NICs（Newly Industrialized Countries，新兴工业化国家）的说法，因为这些国家和地区包含了太多与拉美的相似性。合适的称呼应该是BAIRs（Bureaucratic-Authoritarian Industrilizing Regimes，官僚威权主义工业化政体）。①

总的来说，许多关于发展的著述都在其所研究的区域之外产生了活跃的影响。对于关注世界边缘地区的区域研究来说，这种结果是出人意料的。很难想象对于非西方的边缘区域的研究，能够影响社会科学学者考察世界中心——社会主义集团，尤其是西欧——的方式。康明斯提到，当"法团主义"这个词出现在1968年出版的《社会科学国际百科全书》中时，它在人们眼中还仅仅是法西斯主义的代名词。② 可是从那以后，这个词汇就声望日隆，和欧洲的法西斯主义也脱离了干系。它已经从一个仅与伊比利亚文化传统和拉美社会相联系的狭隘概念，变成了一个解释一系列地区变迁动力的词语。那种与"意识形态的终结"和"后工业社会"紧密

---

① Bruce Cumings, "Corporatism in North Korea," Working paper presented at the Annual Meeting of the American Political Association (New York, 1981).
② Cumings, "Corporatism in North Korea," p. 11.

相连的静态概念逐渐衰落,这在西方为那些强调政治和社会变迁的理论和框架打开了一扇大门。正是这种对于变迁的强调使第三世界研究也能够对其他区域的研究产生显著的影响。

回归历史

另一个让欧洲主义者们对第三世界研究产生新的兴趣的因素就是对于欧洲历史的再思考,这种反思是深入理解发展的必然要求。在20世纪50年代和60年代,人们对于第三世界变迁的方向的观念都建立在一个隐含的假设之上,即欧洲和美国的发展和现代化过程才是发展的正常模式。从60年代开始,质疑这个假设的声音开始出现,这为本领域随后的重新定向铺平了道路。亨廷顿对用美国作为第三世界发展样本的做法进行了有力的批评①,而摩尔里程碑式的研究被看做考察国家-社会关系的宏观历史分析的范例。②

然而,直到20世纪70年代,学者们才开始广泛地对欧洲发展的历史过程进行重新考察。如默克尔(Perter H. Merkel)所说:"若要最大限度地利用历史学的知识(尤其是欧洲的历史),我们就必须弥合历史记载与发展理论之间的巨大裂缝。"③而在此之前,第三世界的研究者们普遍认为欧洲国家的凝聚力很强的中心和稳定

---

① Huntington, *Political Order in Changing Societies*.
② Barrington Moore, Jr., *Social Origins of Dictatorship and Democracy: Lord and Peasant in the Making of the Modern World* (Boston: Beacon Press, 1966).
③ Peter H. Merkel, "The Study of European Political Development," *World Politics* 29(1977), p.463.

的集权化过程同样会发生在第三世界,而这种观点居然一直没有得到有效的质疑。

那些在弥合发展理论和欧洲历史事实之间的裂缝方面最有影响力的著作已经被编纂成集。① 阿尔蒙德极力主张维持发展领域的连续性,即使让其陷入欧洲和历史学的研究也在所不惜。他以一种实事求是的态度写道:

> 我们这个学科的逻辑还很初级。西方的国家在某种意义上已经现代化,而几乎所有的非西方国家都没有实现现代化并致力于此。这些已经实现现代化的国家的历史经验,对于我们理解新国家的现代化努力所产生的问题和这些国家的现代化前景大有关联……我们希望在历史中找到对策,这种探索正以一种更加谨慎和实证的方式进行,其逻辑也很简单。既然我们所要解释的发展发生在历史过程中,那为何不选取一些历史场景,详细地考察其各方面的细节,然后看看我们对于发展的解释是不是与其相符呢?②

这本由查尔斯·蒂利(Charles Tilly)和雷蒙德·格鲁(Raymond Grew)所编辑的论文集更多地展现的是一种怀疑态度,

---

① 参见:Gabriel A. Almond, Scott C. Flanagan, and Robert J. Mundt, *Crisis, Choice, and Change : Historical Studies of Political Development* (Boston: Little Brown, 1973); Charles Tilly (ed), *The Formation of National States and Western Europe* (Princeton, N. J. : Princeton University Press, 1975); and Raymond Grew (ed.), *Crisis of Political Development in Europe and the United States* (Princeton, N. J. : Princeton University Press, 1978)。

② Gabriel A. Almond, "Approaches to Developmental Causation," in Almond et al. (eds.), *Crisis, Choice, and Change*, pp. 2,22.

怀疑是否能够在发展理论和实际历史情况之间、在西方的过去和第三世界的现在之间进退自如。对这两本书中的质疑态度具有讽刺意味的是,它们正是社会科学研究委员会(SSRC)的比较政治学委员会编辑的"政治发展研究"这一系列文集的最后两本。而正是这一系列当初对现在备受其自身质疑的观念大加褒赏。也许这种怀疑态度是源于两位编纂者的学术背景,蒂利是一位社会学家,而格鲁是一位历史学家;的确,在格鲁编纂的那一卷中,几乎所有的作者都是历史学家。SSRC 在 20 世纪 60 年代后期委托格鲁进行编辑工作不仅反映了其对历史重新产生兴趣,也是欲确认其研究模型的普适性,即所谓的危机途径。不管事实是否如此,格鲁和蒂利编辑的这一卷基本没有对之前文集的观点提供任何支持。

蒂利在两个重要的方面与阿尔蒙德、斯科特·弗拉纳根(Scott C. Flanagan)和罗伯特·蒙特(Robert J. Mundt)的著作有所不同。首先,蒂利和他的合作者们以这一卷文集为契机揭穿了"西方经验作为政治发展标尺的伪模型"①。这种对欧洲经验的重新审视对变迁性质的一些神圣预设提出了挑战。例如,关于变迁的两分式模型(如中心-边缘模型)就受到了严肃的质疑,因为学者们发现"1500 年及其后的欧洲国家并没有从一个高度组织化的中心扩展为一个组织程度较弱的边缘"②。其次,蒂利编辑的这本文集也对欧洲政治变迁与当今的第三世界国家的关联性提出了怀疑。文集

---

① Charles Tilly, "Reflections on the History of European State-Making," in Tilly (ed.), *The Formation of National States in Western Europe*.
② Charles Tilly, "Reflections on the History of European State-Making," in Tilly (ed.), *The Formation of National States in Western Europe*, p. 24.

中提出,第三世界国家充其量是在国家构建比较过程中吸取了一些大而化之的结论,做出了一些普遍性的概括。

阿尔蒙德、斯科特·弗拉纳根和罗伯特·蒙特的著作问世后,学者们并没有试图寻求一个能够同时解释欧洲历史和当代第三世界发展的普适的发展理论。人们越来越倾向于关注特定的历史驱动力——不管是某个国家本国的还是与国家命运紧密相联的世界历史因素——以解释造成不同类型的社会和政治变迁的根本原因。

然而与此同时,学者们也的确在过去的一些年中对一些很有前途的研究路径进行了探索,以找到这些原因。即使是欧洲以外的国家和地区,即使是这些国家和地区那些遥远和并不那么遥远的过去,现在也越来越成为政治学家研究范围的一部分;这个领域的视野被大大拓宽了。大卫·维塔尔(David Vital)对犹太复国运动的研究和裴宜理(Elizabeth J. Perry)对中国的研究都试图通过考察19世纪和20世纪初的历史事件来理解在战后具有深远影响的政治变迁。① 乔治·多明戈斯(Jorge I. Dominguez)则考察了历史上终结了西班牙在美洲统治的起义。在其著作的导论部分,他直言不讳地指出了现在的政治学界需要政治学观点与历史学的沟通与对话。②

---

① 参见:David Vital, *The Origins of Zionism* (Oxford: Clarendon Press, 1975), *Zionism: The Formative Years* (Oxford: Clarendon Press, 1982); Elizabeth J. Perry, *Rebels and Revolutionaries in North China 1845–1945* (Stanford: Stanford University Press, 1980)。

② Jorge I. Dominguez, *Insurrection or Loyalty: The Breakdown of the Spanish American Empire* (Cambridge, M. A.: Harvard University Press, 1980), pp. 1–2.

另一种研究路径直接来自对能够创造出普适的发展模型的质疑。正如阿尔蒙德和其他学者所指出的,20世纪50年代和60年代所产生的概念和进行的分类在本质上是西方式的。① 格鲁说道:"论证现代化是一种导向普世文明的新的'大传统'就意味着承认这一过程的根源在于西欧。"②学者们,尤其是第一世界的学者们,对此的回应是创造出了一种可选择的、本土化的变迁模型。这些模型,如威亚尔达所写,"代表了对社会科学中许多被奉为圭臬的假设和理解的挑战,甚至是对那种认为具有普遍的关于发展的社会科学的假设的挑战"③。威亚尔达引用的著作包括了梅塔(Vrajanda Raj Mehta)和克劳蒂奥·威利兹(Claudio Viliz)的研究成果。④ 还有戈兰·海登(Goran Hyden)研究坦桑尼亚的令人印象深刻的著作,以及其他许多著作。⑤

阿尔蒙德提到的从历史学中寻求的对策还产生了一个额外的后果,即在即使缺少一个普适理论的情况下,将欧洲和第三世界的变迁过程联系了起来。这个后果就是格申克龙(Alexander Gerschenkron)

---

① Almond, "Approaches to Developmental Causation," p. 2.
② Grew, *Crisis and Political Development in Europe and the United States*, p. 5.
③ Howard J. Wiarda, "Toward a Non-Ethnocentric Theory of Development: Alternative Conceptions From the Third World," Working paper presented to the American Political Science Association (1981), p. 2.
④ See Vrajanda Raj Mehta, *Beyond Marxism: Towards an Alternative Perspective* (New Delhi: Manohar, 1978); and Claudio Viliz, *The Centralist Tradition in Latin America* (Princeton, N. J.: Princeton Univeristy Press, 1980).
⑤ Goran Hyden, *Beyond Ujamaa in Tanzania: Underdevelopment and an Uncapture Peasantry* (Berkeley: University of California Press, 1980).

在其关于经济落后的著名文章中所提到的后发展这一概念的复兴。格申克龙的主要前提是历史过程不会简单地从一个国家复制到另一个国家——作为经济学家,他所感兴趣的过程是工业化——因为变迁发生的环境在不同的时间千差万别。后发展者如果想要实现工业化,就要采用"在已建立的工业化国家中很少存在甚至根本没有的制度工具"①。格鲁指出后发展这一概念是联结欧洲历史和第三世界变迁的最重要的概念:

> 大多数的欧洲国家都将其自身视为后发展国家;其中的许多都认为自己长久以来一直是别国的文化和经济殖民地(意大利、德国、波兰);几乎所有的这些国家都经历过效率优先还是公平优先、变革至上还是稳定至上的矛盾。比起东方古老的君主制国家和高压型国家,南欧的中央集权的共和国……其经历更类似于第三世界的国家。②

格申克龙的观点其实一直都没有完全过时。阿尔伯特·赫希曼(Albert O. Hirschman)就曾经极具想象力地运用这个概念来解释拉丁美洲的"后后"发工业化。③ 近些年来,学界对后发展这一概念的兴趣日益浓厚,人们的注意力仍然主要放在拉美地区。例如,詹姆斯·库尔斯(James R. Kurth)就对欧洲和拉美的案例进行了

---

① Alexander Gerschenkron, *Economic Backwardness in Historical Perspectives: A Book of Essays* (Cambridge, M. A.: Harvard University Press, 1962), p. 7.
② Grew, *Crisis of Political Development of Europe and the United States*, p. 35.
③ Albert O. Hirschman, "The Political Economy of Import-Substituting Industrialization in Latin America," *The Quarterly Journal of Economics* 82(1968), pp. 2 - 32.

类比分析。① 希尔维娅·休利特(Sylvia Ann Hewlett)和理查德·韦纳特(Richard S. Weinert)编辑的关于巴西和墨西哥的文集更关注后发展的政治内涵。② 在该书中,道格拉斯·贝内特(Douglass Bennett)和肯尼斯·夏普(Kenneth Sharpe)的文章最直接地倡导,在格申克龙的理论中要注意理解国家作为银行家和企业家的独特角色。③ 他们认为拉丁美洲的后后发展所遭遇的问题比欧洲的后发展国家所面临的问题要广泛得多,因此,国家就要采取与欧洲不同的应对方式。

在历史中寻求对策的视角所造成的最有趣的后果,就是在关于发展的文献中呈现出的对于制度变迁性质的广阔视角,虽然这种视角还远未成熟。关于制度变迁的标准视角的最经典的表述来自新古典经济学家。④ 制度就是建立起来的规则体系,人们依据这些规则彼此互动。制度的变迁,按照新古典主义的方程式,发生在边际上。也就是说当某个参数或环境发生变化时——人们拥有的能力的变化或股本由于人口数量和人力资源禀赋不同而发生的流动——相应的规则体系也要开始进行调适。

---

① James R. Kurth, "Industrial Change and Political Change: A European Perspective," in David Collier (ed.), *The New Authoritarianism in Latin America* (Princeton, N. J.: Princeton University Press, 1979).
② Sylvia Ann Hewlett and Richard S. Weinert, *Brazil and Mexico: Patterns in Late Development* (Philadelphia: Institute for the Study of Human Issues, 1982).
③ Douglass Bennett and Kenneth Sharpe, "The State as Banker and Entrepreneur: The Last Resort Character of the Mexican State's Economic Intervention 1917-1970," in Hewlett and Weinert (eds.), *Brazil and Mexico*.
④ 参见:Douglass C. North, *Structure and Change in Economic History* (New York: W. W. Norton, 1981); Lance E. Davis and Douglass C. North, *Institutional Change an American Economic Growth* (Cambridge: Cambridge University Press, 1971).

因此，制度变迁是渐进式的；随着不同的条件导致利益因素和成本因素的变化，人们的行为和互动规则也会发生改变。当人们认为新的制度安排所带来的利益将大于其所带来的成本时，他们就愿意改变规则。一个规则体系，或者说一种制度，包括了数不胜数的个体规则，这个系统作为一个政体是被成文的法律和不成文的道德准则所限定的，其改变也是缓慢的、边际式的。长期的制度结构和制度变迁，在诺斯看来，来自有组织的制度专门化所获得的利益及其所造成的成本之间的张力——如专门的政府部门的建立。① 然而，诺斯似乎并未与制度变迁的新古典主义视角分道扬镳，制度还是沿着一道平滑的曲线进行着边际的改变。

而正是这种观点在回归历史的思潮中被政治学学者所质疑，至少是通过一种含蓄的方式。在国际关系领域，对长波理论和长周期理论的新的关注正来自早期的经济思想方面的著作，比较有代表性的就是康德拉季耶夫(N. D. Kondratieff)和熊彼特的著作，还有更久远的西方文明的哲学传统。② 在国际关系领域还发展出了一些关于国际体制(也就是国际制度)变迁的很有趣的概念。斯蒂芬·克拉斯纳论证道，随着时间的流逝，一个政权面临的压力与新古典主义的想象正好相反，这些政权在建构规则体系的时候

---

① North, *Structure and Change in Economic History*, pp. 201 – 9.
② 参见：George Modelski, "The Long Cycle of Global Politics and the Nation-State," *Comparative Studies in Society and History* 20 (1978), pp. 214 – 35; N. D. Kondratieff, "The Long Waves in Economic Life," *The Review of Economic Statistics* 17(1935), pp. 105 – 15; Joseph Schumpeter, *Business Cycles* (New York: McGraw Hill, 1939); Nisbet, *Social Change in History*, pp. 211 ff.

可能根本不会对规则调适的需要做出回应。① 只有到了一定时间以后,当压力已经十分巨大的时候,才会发生一次突然的、大规模的变迁。这种变迁反映到图形上可不是边际变化的那种平滑曲线。

发展这一研究领域也以同克拉斯纳类似的方式从新古典主义的视角中脱离出来。在发展领域,最经常被用来描述突发的大规模变迁的词汇是"危机"。社会科学研究委员会的比较政治学委员会在1971年将这个词作为本领域的中心概念引入,发表在系列文集"政治发展研究"的第七卷上,尽管那里提到的危机含义略显得古怪。② 书中所说的危机不一定是"危急的、突然爆发的政治剧变";这里所指的危机意味着"现代的或发达的政治体系的功能性要求"③。事实上,悉尼·维巴(Sidney Verba)更倾向于用"问题领域"一词来替代"危机"。④ 在任何事件中,危机的含义也不过就是沿着帕森斯的范式变量的从传统到现代的运动。现在似乎还没有

---

① Stephen D. Krasner, "Regimes and the Limits of Realism: Regimes as Autonomous," *International Organization* 36(1982), pp. 497–510.
② Leonard Binder, "Crises of Political Development," in Binder, Pye, Coleman, Verba, Sidney, LaPalombra, Joseph, Weiner and Myron (eds.), *Crises and Sequences of Political Development* (Princeton, N. J.: Princeton University Press, 1971).
③ Leonard Binder, "Crises of Political Development," in Binder, Pye, Coleman, Verba, Sidney, LaPalombra, Joseph, Weiner and Myron (eds.), *Crises and Sequences of Political Development* (Princeton, N. J.: Princeton University Press, 1971). pp. 69,67.
④ Sidney Verba, "Sequences and Development," in Binder, Pye, Coleman, Verba, Sidney, LaPalombra, Joseph, Weiner and Myron (eds.), *Crises and Sequences of Political Development*.

关于新古典主义对制度变迁解释的争论。利奥波德·宾德(Leobard Binder)指出危机很可能成为一种周期性发作的现象,"可能由某种标准化回应范式的渐进安排来应对"①。

尽管危机这个概念的含义仍然很模糊②,但对它的使用方式使得其成为对新古典研究方法的有益补充。第三世界研究③,西欧研究④,欧洲和第三世界的对比研究⑤,都把关注的焦点放在了新制度安排的巩固上;而新的制度安排之所以能够得到巩固,正是为了应对建构压力所催生的历史性危机。没有任何一个这样的案例显示出制度变迁是一种连续曲线式的渐增的边际式改变。制度变迁更像是一种历史的映像,它是不连续的,其在特殊时刻灾难性的突发性使其极具爆发力。一些研究制度变迁的学者强调应对环境变化的精英行动。例如,阿尔弗雷德·斯蒂芬就写道:

---

① Binder, "Crises of Political Development," p. 69.
② Richard Sandbrock, "The Crisis in Political Development Theory," *Journal of Development Studies* 12(1975), pp. 163–85.
③ 参见:Alfred Stepan, *The State and Society: Peru in Comparative Perspective* (Princeton, N. J.: Princeton University Press, 1978); Joel S. Migdal, *Peasants, Politics, and Revolution: Pressures Towards Political and Social Change in the Third World* (Princeton, N. J.: Princeton University Press, 1974); Migdal, "Capitalist Penetration in the Nineteenth Century: Creating Conditions for New Patterns of Social Control," in Robert Wheeler and Scott Guggenheim (eds.), *Power and Protest in the Countryside: Studies of Rural Unrest* (Durham: N. C.: Duke University Press, 1982)。
④ 参见:Berger, *Peasants Against Politics*; Peter Gourevitch, "The Second Image Reversed: The International Sourced of Domestic Politics," *International Organization* 32 (1978), pp. 881–912; Peter J. Katzenstein, *Corporatism and Change* (Ithaca, N. Y.: Cornell University Press, 1984)。
⑤ Theda Skocpol, *States and Social Revolutions* (Cambridge: Cambridge University Press, 1979)。

　　　　法团主义主要是一种精英对危机的反应,控制着国家机构的精英意图重构国家与公民社会各部分的关系。这种通过"危机应对"来解释法团主义的存在的观点与将法团主义看做历史连续性的功能的观点是针锋相对的。①

而其他的学者对非精英对危机的应对更为感兴趣,尤其是农民阶级对他们周围环境的重大变化所做出的回应。② 不过至今没有学者能像新古典经济学一样就此总结出一套规范的理论或做出一组概括。新的契约是什么时候、怎么样出现的,从而创造出一套全新的规则,这至今还是个未解之谜。然而,学者们已经在将不同地区的制度变迁解释为一种内在固有的、因地制宜的进程,这表明我们在未来很有希望得到一种发展得更完善的理论。

加入国际视角

"国际关系和国内政治的传统差别已经消亡了吗?"在考察了研究国际因素对国内政治影响的文献之后,彼得·古雷维奇(Peter Gourevitch)在其评论文章的一开始提出了这个问题。③ 当然,对这些领域研究的日益兴盛,如果算得上是一种指标的话,那么答案

---

① Stepan, *The State and Society*, p. 47.
② 参见: James C. Scott, *The Moral Economy of the Peasants: Rebellion and Subsistence in Southeast Asia* (New Haven: Yale University Press, 1976); Joel S. Migdal, "Why Change? Toward a New Theory of Change Among Individuals in the Process of Modernization," *World Politics* 26(1974), pp. 189 – 206。
③ Gourevitch, "The Second Image Reversed: The International Sources of Domestic Politics," p. 881.

第七章 发展和变迁的政治研究：当前的发展状况

就是肯定的。与之前回顾的两个话题一样——发展研究在第三世界之外的研究区域的扩展和日益增长的历史的重要性——对于国际因素对国内变迁的影响的研究兴趣也标志着发展领域的重要变革。

古雷维奇提到了国际体系在两方面对国内体制的强有力影响：国家体系内的权力分配；国际经济中的经济活动和财富分配。"简单地说，政治发展就是由战争和贸易所塑造的。"① 尽管关于力量的分配已经出现了一些很有意思的材料②，但更令人感兴趣的还是国际经济对国内结构的影响和控制。

与发展领域的几乎其他所有流派都不同——事实上，几乎与所有社会科学都不同——依附理论不是打包输送到第三世界饥渴的学术消费者手中的美国产品。是拉丁美洲的学者，追随着经济学家劳尔·普雷维什的脚步创造了依附理论。20 世纪 70 年代之前，标准的发展理论著作严格地驻守在比较政治学的范围内：本国的、固有的因素是解释系统的政治变迁或缺乏变迁的核心因素。只有在 70 年代和 80 年代，依附理论的思想和话题才"悄然出现在北美社会科学的主流中"③，依附理论主要被用来研究拉丁美洲，对非洲和亚洲的应用则十分有限。④ 彼得·伊文斯对依附理论的出

---

① Gourevitch, "The Second Image Reversed," p. 883.
② 参见：Perry Anderson's *Lineages of the Absolutist State* (London: NLB, 1974); Skocpol, *States and Social Revolution*。
③ Richard R. Fagen, "A Funny Thing Happened on the Way to the Market: Thoughts on Extending Dependency Ideas," *International Organization* 32(1978), p. 287.
④ 很有趣的一点是：依附理论在美国首次引入了对于发展和变迁研究的主导方式的马克思主义和新马克思主义的挑战。关于依附理论的文献综述及其与美国的现代化研究的关系，参见 Richard Higgott, "Competing Theoretical Perspectives on Development and Underdevelopment: A Recent History," *Politics* 13(1978), pp. 26 – 41.

现进行了总结：

> （依附理论的）起点仍然是与外部世界的关系。一个依附性的国家，其发展"以另一个经济体的发展和扩张为先决条件"。一个典型的依附性国家，其在历史上对国际市场的参与会使其出口局限在一些初级产品上。从这些产品出口中得到的收入对依附性国家的积累过程是绝对的中流砥柱，而对中心国家而言，这些产品的进口只是其进口总量的一小部分，而且通常都可以从产地获得。然而，依附性国家的发展，要求其初级产品得到中心国家的持续接受。如此一来，中心的经济波动就会对边缘造成十分消极的后果，而边缘的经济危机对中心的积累却不会造成任何威胁。[1]

基于外国对依附国的生产机构的所有权而产生的依附是对基于贸易关系的依附的补充，也是造成这种依附的根本原因。当本地生产机构的关键性部门成为控制在其他地方的资本的必要组成部分的时候，依附国的积累就越发以"中心资本的发展和扩张"为先决条件，而不是"另一个国家的发展和扩张"。这种不对称是一直存在的。

> 依附最简单的定义就是积累的速率和方向是由外部条件决定的。[2]

---

[1] Peter Evans, *Dependent Development: The Alliance of Multinationals, State, and Local Capital in Brazil* (Princeton, N. J.: Princeton University Press, 1979), pp. 26-7.
[2] Peter Evans, op. cit..

依附理论的不足在于它可以作为剩余变量而被用于解释所有的一切,就像早期的发展模型中"传统"这个概念所扮演的角色一样。用国际不平等来解释所有贫困的真实原因的倾向会导致对外部压力与国内机制间的复杂联系的忽视。可以确定地说,关于依附的著述是极度不公正的,大部分都充满了带有偏见的论证。例如,安德鲁·弗兰克就超越了现有的对于二元社会的观念,将不发达的部分看做现代的产物("欠发展的发展")①和国际关系的产物。但是他过于将拉丁美洲的事件和不规则现象强塞到自己的框架内,过于歪曲世界各地的案例来适应其自身理论的需要。②

尽管如此,在依附这个启发性的概念基础上,已经形成了一套理论和研究体系。费尔南多·恩里克·卡多索(Fernando Enrique Cardoso)关于关联-依附发展的著作,就考虑到了巴西等国伴随着大量的外国投资而出现的显著的工业增长。③ 他认为,巴西 1964 年政变后的政治洗牌必须被理解为当时的经济现实的产物,也是这种经济现实与外国资本的关系的产物。伊文斯对同样的主题进行了颇具洞察力的分析,力图用三个因素来解释这一现象,即跨国公司、当地私营企业家和国有企业。④ 在一本多少有些令人困惑的

---

① Andre G. Frank, *Capitalism and Underdevelopment in Latin America* (New York: Monthly Review Press, 1967).
② Andre G. Frank, *Crisis: In the Third World* (New York: Holmes & Meier, 1981).
③ Fernando Enrique Cardoso, "Associated-Dependent Development: Theoretical Pratical Implications," in Alfred Stepen (ed.), *Authoritarian Brazil: Origins, Policies and Future* (New Haven: Yale University Press, 1973).
④ Evans, *Dependent Development*.

书中,卡多佐和恩佐·法莱图(Enzo Faletto)试图解决一个很困难的问题,即对拉美社会的不同内部结构进行整合分析,以论证其不仅仅是国际力量的手中玩物。他们强调,一个社会中的政治斗争,必须与占统治地位的政治-经济结构(既包括内部的又包括外部的)一起衡量。① 尽管依附理论的研究大部分都关注于第一世界和第三世界的关系,但也有一些学者已经开始研究一些社会主义国家在依附中所发挥的作用。②

也许依附理论最有价值的贡献就是它将社会和政治制度变迁的问题放到了世界资本主义的大背景下:"依附理论的框架,拒绝将统一的国家作为(单一)行动者并进而作为理论中概念建构的基础。"③60年代和70年代初期,许多这样的著作都没有考虑什么样的模型能够替代以国家为建构基础的模型。总的来看,学者们都假设存在着一种双边关系,一方面是美国或美国的跨国公司,而另一方面是拉美社会。

在20世纪70年代中期,世界体系概念的提出在将单一社会或国家看做构建国际社会的个体单位的观念之外提供了另一个可能性。范式转换,如一些人所称呼的,不仅得益于依附理论,也得益

---

① Cardoso and Faletto, *Dependency and Development in Latin America*.
② 例如,参见 Hendenrik-Jan A. Reitsma, "Development, Geography, Dependency Relations, and the Capitalist Scapegoat," *The Professional Geographer* 34 (1982), pp. 125 – 30。
③ James A. Caporaso, "Introductions to the Special Issues of International Organization on Dependence and Dependency in the Global System," *International Organization* 32 (1978), p. 2.

于国际关系领域的研究。由罗伯特·基欧汉（Robert O. Keohane）和约瑟夫·奈（Joseph S. Nye Jr.）编辑的一本重要的论文集标志着将国际关系单独看做独立国家之间的互动的观念——这种观念也被称为撞球模型和对世界事务的国家中心主义观念——开始发生转变。[1] 这种观念建筑于另一种被忽视的传统之上，即跨国关系的传统。在这种观念中，互动既可能是和平的，也可能会引起冲突，并导致一种在国家中心模型中不可能出现的单一跨国社会中的某种互相依赖。

在国际机制研究方面的新进展仅仅是范式转换的一种产物。莫德尔斯基（Modelski）特别运用了跨国研究的文献和"在历史中寻找对策"的方法来发展一种基于现代世界体系理念的国际关系的研究途径。[2] 在发展和变迁领域，世界体系的视角也是从其他学科借鉴而来的，例如埃里克·沃尔夫（Eric R. Wolf）研究19世纪资本主义对农民社会影响的人类学著作。[3] 不过更重要的是借鉴了社会学中发展繁荣的世界体系理论，尤其是沃勒斯坦的著作，当然

---

[1] Robert O. Keohane and Joseph S. Nye Jr., *Transnational Relations and World Politics* (Cambridge, M. A.: Harvard University Press, 1970).

[2] George Moldeski, *Transnational Corporations and World Order: Readings in International Political Economy* (San Francisco, W. H. Freeman, 1979) and his working paper presented at the annual meeting of the American Political Association, "Long Cycles of World Leadership" (New York, 1981).

[3] Eric R. Wolf, *Peasant Wars of the Twentieth Century* (New York: Harper & Row, 1969).

也有其他人的。① 他们的宏观社会学的观点基于依附理论的论点，即：假设一旦外部的"因素对社会产生冲击，由此产生的主要后果会通过内部结构过程发生，并保持社会的凝聚力，就像一个有界限系统一样"②。他们写道：

> 在学术传统上，社会一直是分析中的真正单元……而这是一种很天真的想法。世界上所有的经济体、国家和文化系统几乎都是欧洲的政治经济的历史产物……更进一步而言，现今大多数国家和社会的演进过程都被完全发生在其领土以外的经济、政治和文化事件所影响和左右。非洲、近东和拉丁美洲的经济发展很明显是支配性的世界市场和技术影响的结果。类似的，这些区域的政治事件（比如尼日利亚内战和安哥拉的独立）就是这种世界体系的产物。③

世界体系理论家超越了依附理论的框架，他们的进步就体现

---

① Immanuel Wallerstein, *The Modern World-System: Capitalist Agriculture and the Origins of the European World Economy in the Sixteenth Century* (New York: Academic Press, 1974) and *The Modern World System Ⅱ: Mercantilism and the Consolidation of the European World Economy, 1600 – 1750* (New York: Academic Press, 1974). 关于世界体系理论的其他著作有：Daniel Chirot, *Social Change in a Periphery Society: The Creation of a Balkan Colony* (New York: Academic Press, 1976), *Social Change in the Twentieth Century* (New York: Hardcourt Brace Jovanovish, 1977); John W. Meyer and Michael T. Hannan, *National Development in the World System: Educational, Economic, and Political Change, 1950 – 1970* (Chicago: The University of Chicago Press, 1979); Barbara H. Kaplan, *Social Change in the Capitalist World Economy* (Beverly Hills: Sage, 1978); Walter L. Goldfrank, *The World System of Capitalism: Past and Present* (Beverly Hills: Sage, 1979); Skocpol, *State and Social Revolution*。
② Meyer and Hannan, *National Development and the World System*, p. 3.
③ Meyer and Hannan, *National Development and the World System*, pp. 11 – 2.

在"体系"这一术语上。体系表示一种实体,而不是一个单一的社会,在其中有一套建立起来的规则来约束人类的彼此行为——这被一些人称为正在进行中的劳动分工。"世界"意味着这种实体所覆盖的领域已经超越了单个的社会或文化集团;"世界"不意味着这一体系必须覆盖全球每个角落。历史上大部分的世界体系都是世界性的帝国,比如罗马帝国。一个我们居住于其中的世界体系没有起到统一作用的政治结构,但可以通过市场交换(资本主义)的方式来维持其规则和劳动分工;它是一种世界性的经济体。这种现代的世界体系"繁荣而又活跃,扩张覆盖到了整个地球(因此也消灭了所有残留的袖珍系统和世界帝国),在自然资源的使用方面造成了一种技术上和生态上的'爆炸'"[1]。

世界体系有其开端和终结,在现在的世界体系之前的所有世界体系都已经终结了。任何社会的阶段性事件和关系必须与该体系的历史放在一起才能被更好地理解。世界体系理论的这一前提与许多政治学学者回归历史的思路恰好契合,这种契合可以产生一种对抗比较政治学中广泛存在的断层分析的思潮。

这种分析层面的问题几十年来一直让政治学家们感到苦恼,而世界体系理论的出现加剧了他们的这种苦恼——因为世界体系理论拒绝比较主义者们所经常使用的所有的分析层面。这样一来,政治家学们对这一理论只表现出了谨慎的兴趣就不令人感到惊奇了。沃勒斯坦的经济决定论和将国家置于二等地位的做法已

---

[1] Immanuel Wallerstein,"A World System Perspective of the Social Sciences," *British Journal of Sociology* 27(1976), p. 349.

经引起了政治学家的担忧。沃勒斯坦的理论忽视了在变迁过程中国内制度和文化的所有独立作用,这也引起了学者们的不安。然而,尽管有上述因素存在,还是有一些政治学家已经开始用世界体系而不是单一的国家或社会作为自己的出发点。① 在接下来的十年,关于分析层面的争论很可能会加剧,比较政治学与国际关系之间的差异也可能继续发生变化。世界体系这一领域已经成为一个迅速发展的行业,已经有了自己的期刊(Review)、沃勒斯坦领导下的研究所(费尔南德·布罗代尔中心)、一系列的年刊,以及其他许多机构。有了这种基础设施的支持,我们有理由期待一场范式之战,这将会给这一研究领域带来活力。

回到最初的原则

近十年来,发展和变迁这一领域经历着一场复兴运动,克服了毫无结果的定义之争所带来的惯性,之后又失去了将美国作为第一个新国家的模型的信心。学术界从过去那种认为第三世界的未来会重复西方历史进程的观念中解放了出来。本领域的新的活力是否也催生了一些新的建构性原则呢?近些年来回归历史、扩展新的研究地域和对国际政治的借鉴是否对早期理论家的假设和他们关于秩序的性质与变迁起因的二分式模型构成挑战呢?这些问题的答案看来是有条件的肯定:因为新的著作中的各家各派的理

---

① 例如,参见 Moldeski, "The Long Cycle of Global Politics and the Nation-States," and Aristide R. Zolberg, "Origins of the Modern System: A Missing Link," *World Politics* 33(1981), pp. 253 – 81。

论还不成熟,而现在的理论与过去的假设仍有重要的关联。

权威的问题一直是本领域的中心问题。依靠中心-边缘和其他类似两分法来理解政治变迁历程的学者们对权威的来源和方向进行了假设。他们假设权威存在于社会中心地位的精英及其掌控的高度一体化的机构中,并辐射向其他人——这些人通常都被视为是无差别的。依附理论和世界体系理论都以这个前提作为重要的原则,社会自身的整合性是解释权威的来源与方向的基础。他们认为权威最重要的活动都是跨国的活动。在世界体系的分析中,这种权威的流向产生于持续的推动世界范围劳动分工的不平等交易,强国在需要的时候会加强这种交易。秩序和变迁主要以该社会在更广泛的结构中所处的地位,而非一个社会中价值制度精英相结合的方式存在。价值、制度和精英反映了一种世界范式,并力图在其自身所处的小环境中落实这种范式,至少在具有能够不断地再生产世界劳动分工的条件时是如此。

具有讽刺意味的是,世界体系理论是被早期的对普雷维什和其他学者①术语的借鉴所激发的,但是它却使用了相同的中心-边缘的隐喻。而现在,中心,或如一些人所说的,核心,表示的是世界上通过国际市场而支配最优质的世界剩余的份额,这种支配受到强国机制的支持。边缘则包括了最弱小的政治实体,那里的人民被组织起来生产中心所需的产品。同早期的模型一样,这种具有国际化视野的理论大致上是用两分式的语汇来解释变迁(尽管沃

---

① United Nations, *The Economic Development of Latin America and Its Principle Problems* (New York: United Nations, 1950).

勒斯坦加入了一个中间阶段,半边缘)。这种国际模型处理边缘的方式与早期的概念基本上相同:边缘在强大的、完整的中心面前是被动的和易被形塑的。中心就是权威的集聚。

即使对那些已经认可跨国社会概念来取代单一社会概念的人,在每个个体社会中秩序和变迁的条件也仍然是在社会的中心创造的——因为现在每个国家的中心已经与世界的中心联系在了一起。不管是认可哪种范式的政治学家都对国家给予了特别的关注,认为国家是权威的来源。如查尔斯·安德森(Charles W. Anderson)所说,"人们倾向于将国家看做经济发展中的主要因素",并且我们还可以说在数不清的其他领域也是如此。[1] "当代许多关于发展的概念,"安德森继续说道,"似乎将国家看做无所不能的,只要它想做,就一定能把事情做好。"[2]

奇怪的是,这种国家中心的观点却与一种受到"公民、记者和学者们一致认可"的视角直接违背。[3] 这种视角认为权威的作用力是从社会指向国家的,而不是相反。埃里克·诺德林格(Eric Nordlinger)将这种观点称为社会中心的观点。它包括多元主义和马克思主义,这两种学说都将国家官员描绘为屈从于利益集团或嵌入公民社会的社会阶级的意愿,甚至受到他们的控制。也许我们可以将国家中心视角与社会中心视角的分歧归结为前者所描述的更多的是非西方国家的情况,而后者描述的是民主的、工业化的

---

[1] Charles W. Anderson, *Politics and Economic Change in Latin America: The Governing of Restless Nations* (Princeton: D. Van Nostrand, 1967), p. 3.
[2] Anderson, *Politics and Economic Change in Latin America*, p. 5.
[3] Nordlinger, *On the Autonomy of the Democratic State*, p. 1.

国家。即使这样,我们也要注意到现在研究西方的学者也开始转向国家中心的解释,强调国家的自主性,至少是相对自主性。

在研究第三世界的著作中,官僚威权主义的学说加强了安德森的观点:国家仍然是秩序和变迁的肇因理论的基础。这种结论难以被大部分实证的实地研究所证实。但是,在大多数的理论中,公民社会都被认为受到国家的控制与塑造。这就是那种强大的完整的中心形塑弱小分散的边缘的两分论的前提,这种前提似乎一直都很流行。

在官僚威权主义方面最有影响力的学者是吉列尔莫·奥唐奈(Guillermo O'Donnell)。① 他认为巴西和阿根廷的工业化使大众阶层更加活跃,从而导致社会其他部分更加僵化,最终导致了难以控制的冲突。这种紧张的局势与孱弱的政治制度结合在一起造成了危机,而"政变联盟"排除大众阶层建立官僚威权政权的做法又加剧了这种危机。这些新的军人统治政府采取"技术专家治国式的、官僚统治的方法来进行政策制定(相反的途径应该是政治化的,政策被社会不同部分的经济和政治需求所塑造,人们可以通过选举、立法机关、政党和工会等渠道表达自己的意见)"②。在官僚威权主义的研究中,国家所占据的地位显得比以往更加突出,对社会的压力和输入更加隔绝。③ 这样一来,这种理论就很容易地与我

---

① Guillermo O'Donnell, "Tensions in the Bureaucratic-Authoritarian State and the Question of Democracy," in David Collier (ed.), *The New Authoritarianism in Latin America* (Princeton, N.J.: Princeton University Press, 1979).
② Ibid., p.4.
③ O'Donnell, *op. cit.*.

们之前讨论过的法团主义的理论结合在了一起。在这两种学说中,国家都是"被强大的和相对自主的政府结构塑造出自己的特征,这种政府结构力图将一种基于有限的多元主义的利益代表系统强加到社会头上"①。

到底国家是否如此强大仍然是一个很受争议的问题。其中的一个疑问就是法团主义和官僚威权主义的理论所描述的是否就是变迁的肇因和秩序得以保障的原因。19世纪德国的哲学家,如费希特和黑格尔,将国家看做社会变革的指导者,上述两种理论和这些哲学家的看法具有相同的问题,即过于相信国家具有无尽的塑造社会的能力并以此为前提假设。过去和现在都有一些研究表明,这种国家中心的视角也许遮掩了变迁和秩序的重要因素。然而持这种观点的作者也不愿认可采用多元主义、马克思主义和其他诺德林格提到的社会中心视角的理论。② 他们的著作中所暗示的是对变迁的肇因和建构原则的性质要有新的认识,要拒绝那种将国家和中心当做唯一的权威来源的观点,也要抛弃比较政治学领域传统的社会中心的流派。

梅里利·格林德尔(Merilee S. Grindle)对墨西哥的公共政策做了引人入胜的研究,墨西哥正以其官僚威权主义和法团主义而闻名。国家出台一个新的农村发展政策的过程并不是那么顺利。政策制定的每一个步骤都会遭受到强大的阻碍,使得中央政策制

---

① James M. Malloy, "Authoritarinaism and Corporatism in Latin America: The Modal Patter," in James M. Malloy (ed.), *Authoritarianism and Corporatism in Latin America* (Pittsburgh: University of Pittsburgh Press, 1977), p. 4.
② Nordlinger, *On Autonomy of the Democratic State*.

定者的意愿难以实现。格林德尔记录下了一个社区工作者的话：

> 在墨西哥外出与农民接触可是件很危险的事情。它威胁到许多人。在一些偏远的地区，酋长被认为是一股难以降伏的力量，即使党也拿他们没办法。在一个州，这种地方势力的存在迫使州长要求 CONASUPO（一个政府机构）将我们的田野调查项目完全撤出他的州。①

可见，影响力和权威不独属于国家。这个结论与安德森在十年前得出的观点遥相呼应。在他对拉丁美洲的研究中，他发现"国家的实际影响力很有限，这并非是宪政安排的产物，如这个术语通常所使用的那样，而是由于国家可支配资源的有限性，由于国家在社会秩序中的角色和功能与其他机构的角色和功能的关系"②。另一本著作主要引用的是非洲的案例，但是描述了与安德森对拉丁美洲的研究相差无多的政治状况。杰拉德·黑格（Gerald A. Heeger）描述了"中心和边缘的精英之间脆弱的交易关系所造成的慢性孱弱的（政治）制度"③。他对于政治巩固的研究进行了严厉的批评：

> 错误地将政治精英的组织愿望当做现实，假设政府具有凝聚力，可这种凝聚力事实上根本就不存在……精英-大众范

---

① Merilee S. Grindle, *Bureaucrats, Politicians, and Peasants in Mexico: A Case Study in Public Policy* (Berkeley: University of California Press, 1977), p. 160.
② Anderson, *Politics and Economic Change in Latin America*, p. 5.
③ Gerald A. Heeger, *The Politics of Underdevelopment* (New York: St. Martin's Press, 1974).

式仅仅在解释中心和边缘的联系方面——魅力、政党等等——有些许成功之处。换言之,在假定存在这种联系的地方,它们被看做应该建立的关系,被赋予了比它们在现实中所拥有的更多的凝聚力。这种联系和它们可能的矛盾的多样性既没有被模糊也没有被忽视。①

有一篇文章研究了拉丁美洲的法团主义文献及其前提——国家具有形塑社会的能力。中心的自发形成的秩序对于变迁的两分式模型非常重要,林恩·哈默格伦(Linn A. Hammergren)认为,这种秩序在拉美基本上是缺失的,但是法团主义的著述坚持存在"处于中心的政治力量和合作组织的高层的趋同"②。哈默格伦还注意到:"地方传统上的领袖,酋长,尤其是在闭塞地区,发达地区的区域精英,国家参与微乎其微的国内集团与国外势力的经济联系,所有这些都意味着国家的中心对社会的渗透能力十分有限。"③

但是这些不应该让我们过于草率地抛弃国家。这些批评不一定要使得我们头脑发热地退回到社会中心视角,将国家视为社会不同集团和各个部分争斗角力的平台。按照安德森的说法,国家(的能力)是有限的,但绝对不是已经死亡的。国家仍拥有大量可支配资源,这些资源是从国际上以外国援助、外国直接投资和国际贷款等方式得到的,当然在有些时候,还包括外国出于政治目的的

---

① Gerald A. Heeger, *The Politics of Underdevelopment* (New York: St. Martin's Press, 1974), p. 49.
② Linn A. Hammergren, "Corporatism in Latin American Polities: A Reexamination of 'Unique' Tradition," *Comparative Politics* 9(1977), p. 443.
③ Ibid., p. 449.

军事支持。而在一国的内部，国家的资源动员能力，管制社会的能力，甚至是塑造社会的能力在特定的部门、地区和政治平台上是十分强大的。法团主义与官僚威权主义的理论家强调国家"清楚一切中介组织和行动者的网络"①的作用，是很正确的。

在许多案例中，政府被说成是根本没有治理能力②，这就是一种夸大之辞了，这种说法让人误以为第三世界仅仅包括原生态的社会，或根本就没有社会。事实上，那里的社会在权威的分配方面，与国家中心和社会中心的模型都难以很好地契合。另外，如果上文引述的学者是正确的话——蒂利关于欧洲的中心在历史上的局限性的论证和伯杰与皮奥里所论证的当代欧洲国家权威的界限——那么这些模型对我们理解第三世界以外的地区也是具有误导作用的。我们需要的是知道如何描述和评估权威的分配，以及如何理解导致这种分配的变迁。是什么造成了权威在不同社会中分配方式的不同？在哪些领域国家使用了其巨大的权力，能够凌驾于其他权威性机构之上？如果国家不是那样强有力的话，如果处于边缘部分的精英在某些时候也能够起主导作用的话，到底还有什么与变迁和秩序的两分式模型相适应呢？我们到哪里去寻求建构性原则呢？

安德森认为国家"并不是社会秩序的同义词，而是各类制度中能够建立人类组织生活的一种。政府对其他社会制度产生影响，

---

① Linn A. Hammergren, "Corporatism in Latin American Polities: A Reexamination of 'Unique' Tradition," *Comparative Politics* 9(1977), p. 456.
② Huntington, *Political Order and Changing Societies*.

但同时也受到它们的影响"①。分布在社会中的各种类型的社会组织都可能成为权威的来源。在许多国家,不同的组织成功地维持着与国家法规和中心规范相冲突的行为准则和生活方式。这些组织坚守着自己的道路,尽管国家拥有更多的资源和更大的决心,尽管国际准则要求国家积极地扮演推动社会变迁的角色。伯杰与皮奥里这样描述欧洲的情形:"社会的不同部分依照不同的规则和程序组织起来,不同的制度创造出不同的激励和反激励系统,个体对这些系统都会进行回应。"②

由各类社会组织组成的异质的集群并不遵守国家制定的规则,国家与它们处于冲突状态。国家是否能够并在多大程度上能够赢得与这些组织的冲突?答案是多样化的。这种多样化根源于世界历史力量发挥作用的不同方式。对于美国和欧洲的深入研究并不将国家看做"全能的上帝",而是在影响社会政策和重塑社会的能力方面各有不同。③ 社会秩序和变迁的特定类型是社会组织间关于博弈规则的争斗的结果,这些组织中就包括了一般来讲最有分量、但往往还不足以一举终结这种争斗的组织和国家。这种争斗的发展状况和进展方式不仅仅依赖于国内因素,也依赖于源自更大范围的世界体系的重要的历史和现实运动与联盟。

---

① Anderson, *Politics and Economic Change in Latin America*, p. 5.
② Berger and Piore, *Dualism and Discontinuity in Industrial Societies*, p. 2.
③ Stephen D. Krasner, *Defending the National Interests: Raw Materials Investments and U. S. Foreign Policy* (Princeton, NJ: Princeton University Press, 1978), p. 57; Peter J. Katzenstein, "Conclusion: Domestic Structures and Strategies of Foreign Economic Policy," in Katzenstein (ed.), *Between Power and Plenty: Foreign Economic Policies of Advanced Industial States* (Madison: University of Wisconsin Press, 1978).

第八章 国家研究

在20世纪中,比较政治学的核心问题并没有发生多大的改变。从韦伯和葛兰西到阿尔蒙德、维巴和斯考切波,他们关注的中心问题都是人们为什么会服从以及哪种结构、文化会促进服从和遵从主义的行为。[①] 政治学们用以分析、理解服从和遵守的关键因素通常包括:议会、官僚机构、政府的领导力、法庭和法律,以及警察和军队。这些都形成了复杂的、难以描述的现代国家的构成部分和重要特征。而对现代国家的研究是所有政治学家早晚都必须

---

① 例如,可参见:Max Weber, *Theory of Social and Economic Organization* (New York: The Free Press, 1964); Antonio Gramsci, *Selections from the Prison Notebooks*, (eds.) Quitin Hoare and Geoffrey N. Smith (New York: International Publishers, 1971); Gabriel A. and Sidney Verba, *The Civic Culture* (Princeton, N. J.: Princeton University Press, 1963); Theda Skocpol, *States and Social Revolutions: A Comparative Analysis of France, Russia and China* (New York: Cambridge University Press, 1979)。

逾越的一座高山。

在本章中，我要提出几个中心观点。第一，在接下来的部分中，我将论证，尽管国家受到了来自多个方向的攻击，但它仍然处于21世纪比较政治学研究的中心。第二，部分地由于韦伯对于国家研究的巨大影响，不同的视角——文化主义、理性主义和制度主义——都倾向于将国家隔离为一个研究主题，对其进行内部剖析，并希望通过对其组织特性的研究，理解其如何成功地从人民中获得服从和遵守。这种对国家隔离式的分析，我认为，导致了对其能力和权力的神秘化。第三，如果我们要发展出一种更有效的国家研究方式，我们就需要将其视为"有限国家"。要完成这个任务，意味着将基本被忽视的文化主义视角与更具有主导性的制度主义方法结合起来，还要将分析重点从作为独立组织的国家转向社会中的国家的过程导向观点。

关于现代国家的夸大之词与现实

国家在19世纪和20世纪成为比较政治学研究的中心并不令人感到惊奇。就在这个时期，尤其是在20世纪晚期对于国家权威的全球性和跨国性挑战已经十分明显，但是国家——不断扩展的宣示领土主权的组织——一直都是组织政治力量的主导形式。当然，在19世纪初，国家就已经成为"国际系统独一无二的建构性因素"[①]，

[①] Hendrik Spruyt, *The Sovereign State and its Competitors: An Analysis of System Change* (Princeton, N. J.: Princeton University Press, 1994), p. 3.

直到今天,依旧如此。① 国家的存续是实现现代性的伟大变革的重要组成部分,这种变革是马克思、韦伯和许多其他重要思想家的主要思考对象。

是什么使得一个国家可以称得上是现代国家? 现代国家既实现了启蒙运动的理想又满足了资本主义的需求,它的建立使其境内的人类生活具有了一致性和普遍性。令韦伯不满的,正是国家的这个方面。与大多数前现代的政治结构不同,国家的目标是在辽阔的(但仍然是有限的)领土上强制推行社会生活的一致性和彻底的服从:国家的领导人力图在最私人的社会互动领域也要得到人民的服从,从跟谁一起睡觉到人们埋葬死者的方式。对这种社会规范的服从不是新事物,但是单一的集权化的组织在辽阔的领土范围内强制实施这种规范的现象,在其出现的每一个地方都是前无古人的。人们还能够指出一些真实发生过的事例来证明这种微观规制已经被成功地实施了。令人惊奇的是,一些国家会从其人民的年收入中拿出两个月甚至三个月的收入来确保他们的子女能够以每周三十个小时的工作量在国家机关中上班。前现代的政治领袖可想象不到这么大胆的创新。

现在,不管人们觉得高税收和义务教育是否公正,一些国家以类似的方式完成这些任务的能力确实非常值得注意。就凭这个原

---

① Robert H. Jackson and Alan James (eds.), *States in a Changing World: A Contemporary Analysis* (Oxford: Clarendon Press, 1993), pp. 6-11.

因,国家也应该继续成为21世纪比较政治学研究的中心。其他的重要因素也表明对国家的详细考察将在几十年内继续成为主要研究课题,但是很可能大家的研究计划并不相同。在欧洲这个现代国家的诞生地,人们正在激烈地争论在长期存在的国家和新生事物欧盟之间的权力分配问题。在其他地区,过去通常称之为第三世界和社会主义阵营,在20世纪80年代末和90年代初,许多原有的国家同时分裂了,许多新的国家相继诞生。

国家消亡的名单中包括一些曾经十分稳定的国家,比如说苏联,还有一些脆弱的。过去十年是半个多世纪以来头一个一些国家从世界版图上消失的时期。而在同一时期内,又有一批新的国家被建立起来。这是三十五年前殖民时代终结之后新独立国家最频繁出现的时代。从吉尔吉斯斯坦到克罗地亚,从厄立特里亚到巴勒斯坦,新的国家已经无可置疑地在国际体系中占有了一席之地。新国家的领导人宣称维护国家的领土和主权完整,维护国家的自主和独立,这与之前所有国家的说辞没什么两样。他们也号召人民的服从,以管理哪怕是最琐碎的个人生活,这也和之前的国家一样。就在官员们宣称新生国家主权的不可侵犯性时,全球化的力量已经开始侵蚀的新生国家的权利,即使对那些建立完好的新国家也是如此。① 从国际货币基金组织和国家环境会议所颁布的正式的限制到来自大量资本流动增加的隐性的(或有些时候不

---

① David J. Elkins, *Beyond Sovereignty: Territory and Political Economy in the Twenty-First Century* (Toronto: University of Toronto Press, 1995).

那么隐性的)压力,这些新的力量都是对国家主权的当头一击。①这些 20 世纪晚期的变化迫使政治学家更近距离地考察国家。过去对国家的定义内容包括垄断暴力工具、塑造公共领域及彼此间一致行动同时又保持着广泛的自主性,而现在,我们要重新思考这些定义了。首先可以确认的一点是大多数国家都无法兑现自己当初许下的诺言,也不符合学者对其特征的归纳。关于国家(即使是那些最不稳定的国家)的宏大话语和人们基于学术理论对国家能力的期待模糊了公共制度和公共政策失败的事实。政治领导者的预设,甚至是政治科学理论的预设——国家能够强制实施一致的和普遍的法律,推动经济发展,帮助妇女和儿童,通过公共政策塑造人们在社会中的日常行为,还有其他许多许多——都无法解决实现遵守和服从的难题。政治领袖和学者们将什么样的国家应该

---

① 例如,可见:Joseph A. Camilleri and Jim Falk, *The End of Sovereignty?: The Politics of a Shrinking and Fragmenting World* (Brokefield, Vermont: Edward Edgar, 1992); Ivo D. Duchacek, Daniel Latouche and Garth Stevenson, *Perforated Sovereignties and International Relations: Transsovereign Contacts of Subnational Governments* (New York: Greenwood Press, 1988); Julie A. Erfani, *The Paradox of the Mexican State: Rereading Sovereignty From Independence to NAFTA* (Boulder: Lynne Rienner, 1995); Gidon Gottlieb, *Nations Against State: A New Approach to Ethnic Conflicts and the Decline of Sovereignty* (New York: International Publishers, 1971); Edmond J. Keller and Donald Rothchild, *Africa in the New International Order: Rethinking State Sovereignty and Regional Security* (Boulder: Lynne Rienner, 1996); Thom Kuehls, *Beyond Sovereign Territory: The Space of Ecopolitics* (Minneapolis: University of Chicago Press, 1986); Gene M. Lyons and Michael Mastanduno (eds.), *Beyond Westphalia? State Sovereignty and International Intervention* (Baltimore: John Hopkins University Press, 1995); Michael J. Shapiro and Hayward R. Alker, *Changing Boundaries: Global Flows, Territorial Identities* (Minneapolis: University of Minnesota Press, 1996)。

且能够对其统治的人民提出要求的标准设定得如此之高,以便缓解国家所取得的成果难以达到国家目标的压力。

这种国家成果与国家目标间的差距是比较政治学家在研究各种主题时所无法回避的问题,从经济自由化政策到对移民的管制到一定人口中的公民态度的流行。21世纪到来的时候,国家仍处于舞台的中央,但是国家越来越难以取得应该引起比较政治学学者兴趣的一致和服从。如果他们能够理解国家言行之间的差距,他们旧有的关于国家能够实现一致性,能够建立"铁笼"这种理想类型式的图景就要被新的理论所代替了,这种新的国家理论的出发点就是现实中国家的有限性。

二十年来,政治学家一直将国家作为一个与其他领域隔绝的研究主题。[①] 通过不同的角度和路径,他们对这个与众不同的现代组织进行了大量的研究,其中关于非西方世界的研究最为突出,这主要是由于"二战"后新独立的国家大多在亚洲和非洲。大部分的研究关注的是一些政治学家所说的发展型国家,尤其关注国家构建和国家能力。不过像克拉斯纳的《保卫国家利益》这样的著作也对欧洲和北美这方面的情况进行了研究。

我在接下来想要论证的是,这些探索和研究——将国家作为与其他领域隔绝的主题的研究,主要关注的是国家自身的结构,然

[①] 参见:Gabriel A. Almond and James S. Coleman, *The Politics of the Developing Areas*. (Princeton, N. J.: Princeton University Press, 1960); Max F. Millikan and W. W. Rostow, *A Proposal Key to an Effective Foreign Policy* (New York: Harper, 1957); Lerner, *The Passing of Traditional Society: Modernizing the Middle East*。

后才是国家如何适应世界上其他的结构——导致了对国家和国家能力的神秘化。在下面的部分中,我将回顾政治学家如何以各种视角来研究国家的结构。我还要指出文化主义和理性主义的研究方法在 20 世纪 70 年代末和 80 年代初出现之后如何对国家结构的研究仅产生了有限的影响。在二十年前最受青睐的是系统主导的结构性视角。但是,理论和现实的差距,强国家的形象与国家的实践实际上的多样性所产生的反差,已经使人们开始醒悟到此路不通。比较主义者越来越转向了"制度"的视角来研究国家,这种视角较少决定论的色彩,对不同的结果也更加开放。

我还要论证仅仅关注到结构、关注到与其他领域的研究隔绝的国家研究还是不够的。如果我们要理解国家内生的有限性,就必须发展出对**过程**的关注,这种关注要从国家间和社会间的关系网络开始。现代国家成败的关键,尤其是其取得服从的关键,是国家与其被统治者之间的关系。经济和信息系统的全球化对国家的影响,像欧盟一样的超国家组织对国家的挑战,种族和部落冲突对国家的分裂作用,所有这些都要受到国家与其人民的关系的深刻影响。

本文对过程的考察的出发点是现代国家与其境内人民的互动。通过带有不同色彩的有色眼镜,尤其是文化主义和制度主义的视角,我将回顾学者们是如何设想国家及国家与其人民的关系的。我论证的中心是这种关系的基础性的悖论要求我们对国家有不同的理解,即以国家的残缺和有限性为起点的理解。只有在现在大行其道的"制度"视角中加入文化主义的观点,21 世纪的国家研究才能解释我们在实际的案例中发现的国家的主权和能力有限的状况。

解释国家是如何构成的

文化主义的视角

比较政治学所经常使用的视角包括文化主义、理性主义和制度主义,其中文化主义的视角到现在为止对国家研究所发挥的影响最小。只有很少的政治学著作运用这种视角来研究国家建设和国家能力。如一位学者所说,"无论在哪方面'文化'都与'结构'没什么关联"①。另一位这样说道:"政治学与文化的系统研究过时了。"②马克·罗斯(Mark Ross)在对政治学与文化的调查中发现国家很少被提及。③ 在他提出的文化对比较政治学分析的五大贡献中,没有一种涉及国家的建设。确实,国家研究中最有趣的文化研究方法来自政治学学科之外。

虽然文化主义视角在之前的政治学研究中对国家的建构影响甚小,不过我还是想花一些时间在这种视角上,因为它具有帮助我们在21世纪开启一个新的研究议程的潜力。对于国家研究而言,三个与文化主义有关的论点十分重要。首先也往往是隐蔽的一点是,在一切条件都相同的情况下,组织(尤其是国家这样的复杂组

---

① Margaret S. Archer, "The Myth of Cultural Unity," *British Journal of Sociology* 36(September), p. 333.
② David D. Laitin, *Hegemony and Culture: Politics and Religious Change Among the Yoruba* (Chicago: University of Chicago Press, 1986), p. 171.
③ Marc Ross, in Mark Lichbach and Alan Zuckerman, ed., *Comparative Politics: Rationality, Culture, and Structure* (New York: Cambridge University Press, 1997).

织)天然地倾向于分裂,因为其组成部分受到来自各个方向力量的牵引。第二,文化可以塑造组织的凝聚力,有助于抵消这些分裂倾向。第三,与国家联系在一起的仪式代表了文化所能提供的大部分凝聚力,这些仪式本身经常被当做目的,而不是增强国家力量的一种手段。

在政治学之外,著名人类学家克利福德·格尔茨的著作是最有影响的。他在这方面的思想大部分来源于其对前殖民时期印度尼西亚巴厘岛的研究,还有一些观点涉及当代的问题。格尔茨的特别案例尼加拉,与现代国家最明显的差别就是,那里的统治者对于实际的政府管理漠不关心,也懒得去规制人民的日常行为,对领土和主权的完整也缺少兴趣。

他们的关注点"在于壮观的景象、典礼,巴厘文化中对统治迷恋的公共戏剧化:社会不平等和地位优越感。这里是一个剧场国家,国王和王子是主角,祭司是导演,农民是配角,是剧务,是观众"①。格尔茨的文化主义视角将国家研究放在首要位置——"权力是为营造宏大场面服务的,而不是宏大的场面为权力服务。"②所有与国家有关的精心准备的仪式——从就职典礼到新闻发布会——并不一定如人们经常所想的那样,是达到某种目的的手段。正如巴厘岛的例子所展示的那样,它们可能就是目的本身。③

按照这种观点,朝廷和首都"不仅仅是政治的核心、发动机,不

---

① Clifford Geertz, *Negara: The Theatre State in Nineteenth Century Bali* (Princeton, N. J.: Princeton University Press), p. 13.
② Geertz, *Negara*, p. 13.
③ Gaetano Mosca, *The Ruling Class* (New York: McGraw-Hill, 1939).

仅仅是国家的枢纽,它就是国家本身……它是统治性的政治理念的陈述——即,通过提供一种模范,一种范式,一种完美无缺的文明存在的形象,朝廷至少将其周围的世界变得接近于其自身的优越性"①。格尔茨并没有忽视利益和制度。他发现在理想或主导叙述——他称为"统治性的政治理念"——所产生的统一作用与"由十数个独立的、半独立的和略有独立特征的统治者组成的权力系统"所造成的分裂力量之间一直存在着一种紧张状态。②

格尔茨的观点含蓄地批评了那些简单地假设理性、结构和制度能够生成足够的国家凝聚力的学者,还有那些表面上宣扬"价值和规范",实际上仍然死守着政党制度研究不放的学者。格尔茨的假设正好相反:我们不能在不理解其制造原料的情况下就去研究建设国家的砖石。我们应该认识到复杂的组织会受到来自数不清的方向的作用力;只有一种统治性的理念,一种文化黏合剂,才能使其保持完整。一个世纪之前,葛塔诺·莫斯卡(Gaetano Mosca)就在其关于"政治方程式"——支撑统治的阶级法律和道德原则——的分析中提到了类似的观点。③ 一种对格尔茨关于统治者和被统治者的观点的评论对政治学学者起到了警醒的作用:主导叙述"作为政治秩序无可挑战的首要原则,使得任何等级制对统治者和被统治者而言都变得再自然不过"④。

---

① Geertz, *Negara: The Theatre State in Nineteenth Century Bali*, p. 13.
② Ibid., p. 19.
③ Gaetano Mosca, op. cit., pp. 70-2.
④ Sean Wilentz, *Rites of Power: Symbolism, Ritual and Politics Since the Middle Ages* (Philadelphia: University of Philadelphia Press, 1985), p. 4.

政治学家戴维·莱廷(David Laitin)对格尔茨的观点进行了一些修正并将其应用到了政治学中。他也试图将主导叙述这个概念细分为更具可操作性的亚单位,他将其称为共享的"关注点"。莱廷这样解读格尔茨:

> 社会系统不是刚性的。亚系统也拥有足以影响更广泛的社会系统的内部驱动力。外生的变迁对各种亚系统产生压力并最终也要对整个社会系统产生压力。因此社会系统是有适应性的;亚系统互相调整它们的价值,这样在社会上就出现了一种稳定的平衡,通过这种方式,社会系统就能够适应变迁。①

与格尔茨相比,莱廷认为社会系统中存在更多的不调和,在他看来,共同关注点不是简单的价值或偏好,而是代表着人民有关值得为什么而担忧的不同价值体系:"一个象征系统能够告诉人们什么值得捍卫,什么已经被广为接受因此对其进行改变的企图毫无意义。"②换句话说,文化黏合剂不一定意味着对一些主导叙述达成广泛的共识,而是对什么应该进入政治议程具有共同的理解,对何时及如何产生异议达成一致的意见。

即使在那些我们没有讨论到的前殖民时代的政治实体中,格尔茨的理论也能够得到验证。现代国家由大量的部门和机构组成,这些部门和机构具有不同的职能和利益。从不同的方向牵引他们的力量——地方的利益诉求、利益集团的杠杆作用、国际上的压力——都十分巨大。对文化的关注,不管是主导叙述还是简单

---

① Laitin, *Hegemony and Culture*, p. 175.
② Ibid..

的共同关注点,都将研究者导向信仰和共享的意义在防止体制混乱方面的作用。格尔茨对文化和国家的理解与社会学中一些更常见的文化视角的研究不同,这些视角将社会的分裂和统一当做应用文化的概念研究国家的间接途径,它们更关注的是文化和国家的互动,包括国家对文化的操纵(在这样的研究中国家经常被以结构的和制度的概念来描述)。① 格尔茨的研究超越了政治学中一般的文化视角,比如那本极具影响力的著作《公民文化》,这本书中国家的实际建构扮演着微不足道的角色,而该书关注的焦点是广泛共享的价值是如何影响政治的。格尔茨直接考察了国家的"具体社会制度"②,他为国家保持完整统一和塑造社会的能力设计了一种文化的解释。

汤普森似乎与格尔茨彼此独立地提出了剧场国家的概念,二人的最终结论也差不多,不过汤普森比格尔茨更强调那些国家建构的砖石。"政治和法律的重要组成部分之一,"汤普森写道,"永远是戏剧;一旦社会系统被'设定',它不用获得每日的认可就会自

---

① 参见:Edward Shils, *The Constitution of Society* (Chicago: University of Chicago Press, 1972); Michael Schudson, "Culture and Inegration of National Societies," *International Social Science Journal* 46(February 1994), pp. 63-82; Archer, "The Myth of Cultural Unity"; Gilbert M. Joseph and Daniel Nugent, "Popular Culture and State Formation," in Gilbert Joseph and Daniel Nugent (eds.), *Everyday Forms of State Formation: Revolution and the Negotiation of Rule in Modern Mexico* (Durham: Duke University Press, 1994); Helen Siu, "Recycling Rituals and Popular Culture in Contemporary China," in Perry Link, Richard Madsen and Paul G. Pickowiez (eds.), *Unofficial China: Popular Culture and Thought in the People's Republic* (Boulder: Westview Press, 1989).

② Geertz, *Negara*, p. 19.

动上演权威的展示。更重要的是这种展示永远都是剧场风格的。"① 为了说明是"文化"起到控制作用,他又写道:"不能说文化是非物质的,就认为其对分析没有实质意义。用文化霸权来定义控制不是要放弃分析,而恰恰是要为分析做准备,使分析能够分析到点子上:分析权力和权威的映像,分析大众的附属心态。"②

其他学者也注意到了剧场国家这一概念并试图将其运用到更现代的例子中。③ 甚至格尔茨也不讳言他相信强调剧场和主导叙述的研究方法也应该被用到现代的案例中。在另一篇文章中,他写道:"现在,人们容易对这场关于君主,关于其象征的讨论做出这样的反应,即这与赫伊津哈(Huizinga)所说的并不遥远的过去有关,那是五百年前,一切都比现在更清晰……壮观的景观也许不再流行。"他继续写道:"但是政治权威仍然要求一个自我定义和推进其主张的文化框架,也同样需要反对力量的存在。"④

文化对格尔茨而言不是狂热的崇拜和习俗,而是塑造人们经验的主导叙述。他和其他运用文化视角研究当代国家的学者的共同问题在于他们进行这种尝试的方式。格尔茨自己就写道:"一件大家都知道但是没人能想出如何展现的事就是一国的政治如何反

---

① E. P. Thompson, "Patrician Society, Plebian Culture," *Journal of Social History* 7 (Summer 1974), p. 389.
② Ibid., p. 387. 汤普森从葛兰西那里借用了"文化霸权"的概念。
③ 参见:Joseph W. Esherick and Jeffrey N. Wasserstrom, "Acting Out Democracy: Political Theatre in Modern China," *Journal of Asian Studies* 49(November, 1990), pp. 835 – 65。
④ Clifford Geertz, *Local Knowledge: Further Essays in Interpretive Anthropology* (New York: Basic Books, 1983), pp. 142 – 43.

映其文化的设计。"① 也许这就是为什么格尔茨的流派在20世纪70年代和80年代的学术界盛行一时,而现在却风光不再。② 我们知道文化是重要的,国家不仅仅是各种角色配置和彼此交换的结构;但我们不知道如何对其进行比较研究,文化仍是一个巨大的残余范畴,我们不知道如何解救它。

系统主导的结构主义视角

国家研究中的文化主义流派在政治学中仍处于边缘地位,而结构主义的视角却在20世纪70年代风靡整个比较政治学界。结构主义的盛行部分是由于国际关系领域现实主义(现在叫新现实主义)的重生。许多人也受到了"国家回归"运动和比较历史社会学的影响,该领域的关键人物都是横跨社会学和政治学两个学科的学者。③ 这种流派将国家看做完整的、具有凝聚力的单位,其行动可以通过考察其在自身所处的环境中(国内的或是国际的)的力量调整来理解。这是一种系统主导的视角,持这种视角的结构主义者认为国家是可互换的,如果不同的国家面临着相同的力量排

---

① Clifford Geertz, *The Interpretation of Cultures: Selected Essays* (New York: Basic Books, 1873), p. 310.
② 参见 Wilentz, *Rites of Power*。
③ 参见 Michael Mann, *The Sources of Social Power* (New York: Cambridge University Press, 1986); Barrington Moore, *Social Origins of Dictatorship and Democracy: Lord and Peasant in the Making of the Modern World* (Boston: Beacon Press, 1966); Skocpol, *States and Social Revolution*; Immanuel M. Wallerstein, *The Modern World System: Capitalist Agriculture and the Origins of the European World-Economy in the Sixteenth Century* (New York: Academic Press, 1974); Peter B. Evans, Dietrich Rueschemeyer and Theda Skocpol, *Bringing the State Back In* (Cambridge: Cambridge University Press, 1985)。

第八章 国家研究

列(系统要素),那么其对此的行动也是彼此相似的。这样研究者们就可以基于国家作为完整单位在其他力量结构中的利益来理解国家的行为。

在假设国家由于追求自身的利益而具有凝聚力的同时,埃里克·诺德林格和斯蒂芬·克拉斯纳等政治学家过于夸大了国家的自主性。[①] 确实,自主性已经成为了国家建设这个领域的术语,尤其是越来越多的研究都开始关注东亚的成功经验的情况下。[②] 而奇怪的是,我们在世纪之交可以发现,系统主导的结构主义流派迅速地消退了,现在变得几乎与对国家的文化主义解释一样稀少。如伊拉·卡茨内尔森(Ira Katznelson)所指出的,这个流派已经失去了活力、想象力和领导地位。[③]

系统主导的结构主义视角的最后的里程碑式的著作是杰克·古德斯通(Jack A. Goldstone)的《早期现代世界的革命和反叛》。[④]他所关心的不是国家建设和国家的崩溃。通过对各种历史力量的

[①] Eric A. Nordlinger, *On the Autonomy of the Democratic State* (Cambridge, M. A.: Harvard University Press, 1981); Stephen D. Krasner, *Defending the National Interest: Raw Materials, Investments and U. S. Foreign Policy* (Princeton, N. J.: Princeton University Press, 1978).

[②] Meredith Woo-Cummings, *Race to the Swift: State and Finance in Korean Industrialization* (New York: Columbia University Press, 1991); Stephen Haggard, *Pathways from the Periphery: The Politics of Growth in the Newly Industrializing Countries* (Ithaca, N. Y.: Cornell University Press, 1990).

[③] Ira Katznelson, "Structure and Configuration in Comparative Politics," in Lichbach and Zuckerman, *Comparative Politics*.

[④] Jack A. Goldstone, *Revolution and Rebellion in the Early Modern World* (Berkeley: University of California Press, 1991).

考察，古德斯通创立了一种解释力很强的理论，几个世纪中的许多国家都是其方程式中可以替换的部分。他的理论因其简单和普遍性而非常具有吸引力。

按照古德斯通的说法，当三种危机同时来袭时，国家就将分裂——国家财政的紧急状态，精英的严重分化，以及大众群体的潜在动员倾向。促使这些危机在不同的地点和时期同时发生的基础性的机构条件是什么呢？答案可以在人口统计学的范式中找到——资源占人口规模的比率的下降生成了这些对国家具有破坏作用的问题。而这种理论的吸引人之处也正是其缺陷所在。那种概括的、抽象的论证特点确实很吸引人。古德斯通为我们理解历史提供了一个宏大的叙事纲要。但是这种理论却很混沌。文化仅仅作为这三种危机的副产品出现。他认为，这些危机一旦发生，我们就能够观察到异端文化和宗教思想的激增。这种思想的实际内容是什么并不重要。不同的国家和社会所采用的不同的制度路径也不重要。他的理论把行为者的作用——国家和社会中的人影响历史进程的力量——拿掉了。最后，我们得到的不过是一种对于历史的过于武断的描述，其中不同的制度、互相对照的意义系统和群体与个体的主观能动性对历史的进展影响甚微。

理性主义视角

当系统主导的结构主义理论正光芒四射时，一些用理性选择理论进行研究的学者也将视线投向了国家。尽管这个主题并不是正在出现的理性选择范式的中心研究内容。在这方面最有影响力的著作是《热带非洲的市场和国家》。① 罗伯特·贝茨(Robert H. Bates)用一个基础性的悖论开启了他的研究:尽管非洲国家的统治者知道哪些经济政策是取得经济上的成功所必需的,但是他们却回避这些政策,反而选择那些对经济有害的政策。他坚持对非洲国家的研究要从这些领导人的利益入手。他们不稳固的政治地位促使他们选择一种置其国家经济于不顾的行为模式。通过对关键个体的行动和选择的考察,贝茨对国家进行了病理上的剖析。

在其接下来的著作《超越市场奇迹》中,贝茨开始强调制度的重要性,尤其是政治制度的重要性,这样就进一步扩展了其理性选择的分析。② 他借鉴了诺斯③和其他的学者的新制度经济学理论,认为政策制定者所处的特殊的制度环境创造了引导他们选择的激励结构。也就是说,政治家所秉持的偏好和在这种偏好下所要实现的理性目标不是简单随意的。他认为这种偏好对理性选择理论而言不能是外生的,而必须被内生化,即必须要具有理论上的解释力。贝茨的目标很清楚,就是要将"自主的"国家进行选择的根本原理引入到正在发展中的国家研究。或者,用他的话说,他的理论"为主导国家研究的宏观主题提供了微观基础"④。这些微观基础来源于利益——"政党谋求私利,利用自己的资源对野心勃勃的政

---

① Robert H. Bates, *Markets and States in Tropical Africa: The Political Basis of Agricultural Policies* (Berkeley: University of California Press, 1981).
② Robert H. Bates, *Beyond the Miracle of the Market: The Political Economy of Agrarian Development in Kenya* (Cambridge: Cambridge University Press, 1989).
③ Douglass C. North, *Structure and Change in Economic History* (New York: Norton, 1981).
④ Bates, *Beyond the Miracle of the Market*, p. 6.

治家和政治过程施压。"①在肯尼亚的例子中,贝茨的研究对象、占主导地位的社会阶级致力于积累而不是再分配,这解释了该国的政策选择和由此引发的比其邻国更迅速的经济增长。我们可以将肯尼亚这种成功的基础解释为其"政治制度的结构和这种结构为政治家创造的激励"②。他继续道:

> 人民清楚地知道他们的利益是什么。他们会尽力投资于制度创造,以影响经济和政治生活的结构,从而更好地捍卫自己的地位。他们的制度投资是为了合法地获取利益……制度影响到随后的行为。制度可能因为经济原因而被创造出来;也可能为增加某种特殊的经济利益集团的财富而被建立。不管出于什么原因,制度一旦被建立,就会产生出具有政治权力的职位和政治激励系统。制度决定了战略可能性并强制实施各种限制。③

理性主义流派与国家作为一个研究主题的回归很好地融合了一起。它使许多政治学家从对极端宏大的、经常是不可靠的宏观结构或主导叙述的过分关注,转向了更具可操作性的研究层面。如列维所指出的,理性选择理论运用其在投票和选举政治方面的经验,为更广泛的比较政治学问题提供了脚踏实地的、实证的研究

---

① Bates, *Beyond the Miracle of the Market*, p. 5.
② Ibid., p. 10.
③ Ibid., pp. 151-2.

方法。① 这种导向引起了对硬性证据的关注,而这在结构主义和文化主义的视角中常常遭到忽视。

理性主义流派清晰地界定出了领导人的目标,从而使研究者得以通过这些目标和统治者面临的特殊环境状况,对他们的行为及其政治后果进行推论。在这个意义上,同结构主义一样,我们可以将研究单位看做大体上一致的行动者,他们在理论上是可以互换的。理性主义视角使得国家的研究更为简练清晰,虽然其过于随意的简化论也可能损害到对国家的理解。贝茨比系统主导的结构主义更进了一步,把政治搬回到了国家分析中。贝茨通过将制度融入到分析中成功地将利益(肯尼亚的主导利益与其邻国不同)背景化,而同时又使用了普适的分析方法(所有政治家都使用相同的理性计算来处理多样化的利益)。列维写道:"随着比较和历史的理性选择不断地发展,最终变成了一种制度分析。"②

但是,同结构主义一样,文化再次扮演了派生性的角色。同结构主义者不同的是,理性主义者确曾试图解释不同的制度路径。但是贝茨试图将制度这一维度内生化的努力是有问题的。尽管他通过阶级形成的分析对肯尼亚社会结构的历史发展的讨论很是渊博,但是这种讨论与其自身的理论没有太大的干系。理性主义者还没有找到一种方法,将制度构造和肯尼亚与其他地方的特殊的主导利益排列一并融入其自身的理论。虽然理性行为者是变革的

---

① Margaret Levi, "A Model, a Method, and a Map: Rational Choice in Comparative and Historical Analysis," in Lichbach and Zuckerman (eds.), *Comparative Politics: Rationality, Culture, and Structure*.
② Ibid., p.149.

促进者(与系统主导的结构主义理论不同),但这种促进完全是功利的,是由外部力量所预示和决定的。

历史制度主义视角

如果说国家建设中的文化主义视角、系统主导的结构主义视角和理性主义视角在20世纪末全部消失,那确实是言过其实了。事实上,理性主义在政治学的许多子领域都发展繁荣,对国家的比较研究也不例外。然而,在考察当代关于国家的文献时,我们会有一种感觉,也就是比较政治学在国家研究中被默认为属于制度主义的方法。或者,说得更准确些,像卡茨内尔森(Katznelson)所说的,国家研究已经被历史制度主义所包围了。① 这种视角与文化主义视角、系统主导的结构主义视角和理性主义视角都有相近的地方,都吸收过这些视角的要素。同系统主导的结构主义视角一样,这种视角对国家的各部分如何被维系起来并给个体提供选择很感兴趣。但是,当其在20世纪80年代末和90年代出现的时候,制度主义的主要前提是人们今天做事的不同方式会对明天产生重大影响;不同的国家面对着相同的形势不会以类似的方式行动——这就与系统主导的结构主义的看法一样了。也就是说,制度构造决定、改变、确认了个人的动机。② 特殊的角色、关系和程序表明了国家的各部分如何互动以及这些部分如何与社会内外的集团相联系

---

① Katznelson, in Lichbach and Zuckerman, *Comparative Politics*.
② James G. March and Johan P. Olsen, *Rediscovering Institutions: The Organizational Basis of Politics* (New York: Free Press, 1989), p. 4.

的,这种角色、关系和程序对理解国家的行动十分关键。

　　文化在与制度有关的概念中扮演着重要的角色——无论如何,这些角色、关系和程序能够解释政治是如何运作的——大多数制度主义的政治学家较少强调符号和意义,更多强调的是这些关系的次序和对政治机构"在机构利益方面自主行动"的理解。① 类似的是,如我们所能看到的,理性是制度主义的关键,个体选择被置于社会形成的背景之中,而且在贝茨的政策制定者的例子中,个体选择要基于个体背后的利益来理解。确实,在国家研究方面出现了新的理性选择著作,如列维颇受好评的著作或芭芭拉·格迪斯(Barbara Geddes)②的书,我们可以看到,贝茨近期的著作已经将理性主义同诺斯的制度主义理论结合了起来。这些著作对另一种制度主义——历史制度主义具有重大的影响。

　　应用这种方法的早期著作是卡尔·波兰尼里程碑式的著作《大转型》③,这本书极大地影响了我和许多其他的学者。④ 这本书为那些对行为主义(主要是马克思主义)系统主导方法不满的学者,以及发展历史视角的学者提供了一个学术框架。行为主义者关注的是个体和群体的特征、态度和行为,行为主义倾向于对历史

---

① March and Olsen, *Rediscovering Institutions*, p. 4.
② Barbara Geddes, *Politician's Dilemma: Building State Capacity in Latin America* (Berkeley: University of California Press, 1994).
③ Karl Polyani, *The Great Transformation* (Boston: Beacon Press, 1957).
④ Kathleen Thelen and Sven Steinmo, "Historical Institutionalism in Comparative Politics," in Sven Steinmo, Kathleen Thelen and Frank Longstreth (eds), *Historical Institutionalsim in Comparative Analysis* (New York: Cambridge University Press, 1992).这些著作区分了理性选择的制度主义观点和历史制度主义观点。历史制度主义还有一个重要代表人物——格申克龙,这里不作讨论。

因素作最小化处理,并忽视多样化的组织形式的重要影响。而与此同时,马克思主义的决定论似乎否认制度多样性的重要性。

波兰尼著作的副标题,"我们时代的政治和经济起源",所暗示的不仅仅是波兰尼自己的抱负,更是一种更普遍的信念,即这种研究方法不会退化为一个个小规模的研究和解释。就在波兰尼阐述自己的理论时,法西斯主义这个恶魔已经把世界搅得天翻地覆。波兰尼解释,这种恐怖的政治形式是对其影响很大的物质利益的研究方法,并避免了马克思主义过于决定论的倾向。让我们来看一下波兰尼的精彩陈述:

> 是否曾经有过对客观形势需求做出反应的政治运动,并且这场运动还不是出于偶然的原因而产生的?答案是法西斯主义。法西斯主义的堕落本质是显而易见的。它提供了一种在许多国家都很相像的逃离制度困境的办法,然而,所有尝试这种方法的地方都陷入了至死方休的痼疾。这正是文明毁灭的方式。①

波兰尼所说的困境源于自由国家中资本主义需求(以制度化的方法通过自我规制的市场和对黄金准则的遵守表达出来)与民主的艰难共存。如同格尔茨、古德斯通和贝茨等学者,波兰尼首先强调的是国家的本质特征,是国家的组成结构和决策方式,然后才是结构运作所处的具体环境。一方面,对波兰尼而言,国家为资本主义和市场服务,而市场服从于多样需求和欲望的社会表达——

---

① Thelen and Steinmo,"Historical Institutionalism in Comparative Politics," p. 237.

如他自己所写的：“它至少意味着社会的运转附属于市场。”①市场这个"鬼磨坊"冷酷地支配着人类的生理、心理和道德特征，并使得人类在市场力量面前毫无藏身之地。

而由于国会中劳工集团所施加的压力，国家又成为了"家长式的管制主义"②的基础。相关的利益集团组织了一场反运动，"反对破坏社会结构的紊乱"③。这一系列存在于国家之内的矛盾，经济自由主义与社会保护之间的冲突，带来了困境。而法西斯主义的出现，就像是砍掉戈尔迪之结的亚历山大大帝，成为破解困境的一种方式。法西斯主义给出的解决方案就是既要变革市场也要消除民主。

波兰尼想要达成一个微妙的目标。他一度想展现出特别的力量组合如何既能够解释法西斯国家的出现（正如一种好的系统主导的结构主义视角可以做到的），同时又不排斥其他结果出现的可能性。波兰尼在"二战"那段黑暗的时期待在英国和美国完成了他的著作，而这两个国家都没有选择法西斯主义的道路。制度会适应其所嵌入的实际环境中——对波兰尼而言，这种环境就是一种以金本位货币制度和均势的国家体系为特征的世界经济。但是这不是一个能够无限重复的过程。不同的国家和社会会以不同的方式做出回应。

在战后，亨廷顿也强调同样的教训：不同的政治行为和多样的社会团体对国家的参与类型会产生截然不同的政治结果。他的注

---

① Thelen and Steinmo, "Historical Institutionalism in Comparative Politics," p. 237.
② Ibid., p. 125.
③ Ibid., p. 130.

意力随即放到了在去殖民化过程中激增的新生国家上,这些国家希望它们能够领导它们的社会迈向自己所承诺过的现代化和繁荣。但是亨廷顿观察到的却是政治衰退和不稳定,而这很可能正是政治发展导致的结果。①

亨廷顿没有使用"国家"这个词——当时这个词已经过时——但是国家还是不断地在他的分析中呈现出来。事实上,国家回归的潮流正应该归功于亨廷顿;他没有用一个词汇来确切地指称国家,他所描述的是在一定范围内(国家)的公共机构排列的行动和特征如何对社会产生了巨大的影响。他使得公共机构重返学术舞台的中央。他的理论还暗示,如果我们仅仅关注国家是如何发展它的制度的,那么我们的视野就无法更加深入。他的论点很简单:只有当政治制度化的程度超过政治参与的程度时,才能产生稳定的、为公益服务的政治。尽管由于其在美国外交政策上的保守观点,许多人贬低他的理论对美国外交政策的影响力,但是我要斗胆说一句,没有哪部著作能超越亨廷顿对比较政治学领域国家研究所产生的影响力。

亨廷顿的影响力已经超出了学术圈。一位埃塞俄比亚前高级官员曾对我说起过 1973 年反对海尔·塞拉西皇帝的军事政变。这位当时还是年轻人的官员作为政变方的一员,冲进了皇帝的助手处理国家事务的办公室,一位政府官员抬起头来向冲进来的政变者发问:"我们到底哪里做错了?"一位军官拿出了亨廷顿的书,

---

① Samuel P. Huntington, *Political Order in Changing Societies* (New Haven: Yale University Press, 1968).

第八章 国家研究

推给办公桌对面的政府官员,说道:"你应该好好读一下这本书。"不管这个故事是真是假,它可以使我们管窥到亨廷顿的著作是多么具有影响力。

20世纪90年代许多重要的著作都汲取了波兰尼和亨廷顿的观点。波兰尼关注环境压力和对这些压力的应对方式的多样性,他强调二者的平衡;亨廷顿则关注政治能力和自主性。他们的这些观点也成为当代国家研究著作的最重要特征,比如历史制度主义学者进行的跨国研究和一些学者对一国进行的深入研究。[①] 例如,彼得·埃文斯就试图剖析为什么一些国家能够成功地进行社会的工业化转型,而另一些在这方面的记录却如此糟糕。他的答案与制度安排的特殊性有关:"国家不是千篇一律的。它们在内部结构和国家与社会关系方面相差悬殊。不同的国家结构会造成不

---

① 参见:Ruth B. Collier and David Collier, *Shaping the Political Arena: Critical Junctures, the Labor Movement, and Regime Dynamics in Latin America* (Princeton, N. J.: Princeton University Press, 1991); Peter Evans, *Embedded Autonomy: States and Industrial Transformation* (Princeton, N. J.: Princeton University Press, 1995); Robert Jackman, *Power Without Force: The Political Capacities of Nation-States* (Ann Arbor: University of Michigan Press, 1993); John Waterbury, *Exposed to Innumerable Delusions: Public Enterprise and State Power in Egypt, India, Mexico and Turkey* (New York: Cambridge University Press, 1993); Catherine Boone, *Merchant Capital and the Roots of State Power in Senegal* (New York: Cambridge University Press, 1992); Frances Hagopian, *Traditional Politics and Regime Change in Brazil* (New York: Cambridge University Press, 1996); Atul Kohli, *Democracy and Discontent: India's Growing Crisis of Governability* (New York: Cambridge University Press, 1990); Vivienne Shue, *The Reach of the State: Sketches of the Chinese Body Politic* (Stanford: Stanford University Press, 1988); Robert Vitalis, *When Capitalists Collide: Business Conflict and the End of Empire in Egypt* (Berkeley: University of California Press, 1995)。

同的国家行为能力。"① 这种观点在承认国家的实际多样性方面已经是很大的进步。但是同那些运用文化主义、结构主义和理性主义视角的著作一样,他还是强调首先要将国家看做一种独立的结构,一个可以与其他研究相隔绝的实体。

有限国家:国家与社会的接合点

现代国家是最高的权威,凌驾于社会之上,要求广泛的服从和一致。但是社会团体对国家的参与,及由此所导致的互相转化,削弱了这些被广泛主张的最高权威。与其相反的是,国家与其他社会力量互动反而可能给国家造成损害,使其支离破碎、遍体鳞伤。要想理解这种社会力量是如何修正国家的航向的,我们需要首先建立一个 21 世纪研究议程的基础,这种研究应该是从过程而不是结构入手的,其关注的是有限国家。这样的研究安排能够使我们从强调国家完全主权的意识形态辨析和佶屈聱牙的学术理论——以韦伯关于国家的理性类型为起点,强调国家对暴力工具和合法性权威的垄断——中解脱出来。

国家意识形态创造出的主导叙述也适用于处理权力巩固和国家认同的集体表达这样的问题。但它们对研究实际国家的能力和有限性就没什么帮助了。韦伯及其追随者那样的理论造成了不同种类的问题。他们将国家理解为独立的组织,与其他社会力量之间有清晰的界限,这种理解导致了他们的研究集中在国家的结构和如何建构上。其影响就是将国家简化并高估了国家的能力。而

---

① Evans, *Embedded Autonomy: States and Industrial Transformation*, p.11.

另一种方法关注的是社会中的国家和国家与其他社会力量互动的过程,以及国家的有限性。米歇尔详细地阐述了这一点,他写道:

> 政治解释的静态方法将国家视为自主性的实体,其行动不受社会力量的削弱和控制……韦伯主义对国家的习惯性定义,即垄断合法性暴力的组织,不过是一种剩余描述,不能告诉我们这种无定形的组织的实际轮廓是如何描画的……国家似乎以一种无可争议的方式与社会分离开。①

21世纪的国家,在全球化风潮、超国家政治实体和分裂性的种族冲突的冲击下,已经难以维持其统一和万能的神话。随着新生国家的大量出现和原有的国家在分裂挑战面前的艰难挣扎,政治学家比以往更需要一些研究方法来解析国家与其境内各种力量的关系。他们需要运用这些方法研究重新界定社会边界的混乱过程,创建社会联盟的合纵连横。

这种要求过于苛刻了。这意味着放弃了结构主义的观点,这种观点将国家看做由宏大的历史叙述所决定,并认为国家是历史中凝聚而统一的"行动者"。② 创造新的研究方式需要改进在过去十年中大行其道的制度主义的国家分析工具,更加关注国家和社会的制度接合点,即使是在国家与社会的界限模糊得难以辨认的情况下。并且这涉及对国家文化理解的严肃关注,而这在政治学领域进展缓慢。

---

① Timothy Mitchell, "The Limits of the State: Beyond Statist Approaches and Their Critics," *American Political Science Review* 85(March 1991), p. 82.
② Mitchell, "The Limits of the State."

国家与其治下的人民的关系尤为复杂。这种关系，若没有其他原因的话，如上面所说的，要比现代国家通过规则和法律要求人民服从复杂得多。如果说在前现代的帝国中，统治者的目标不过是从农民身上获取财政收入的话，现代的官员则已经设计出了一整套法典——详细说明什么是个人能做的什么又是个人不能做的——这些法律数量之多简直汗牛充栋、无休无止。现代国家还建立起了中央集权的管理制来推行它们对广大人民的管制。当然，暴力压迫及暴力压迫的威胁，在大多数定义中，都是国家的中心含义和迫使人民服从的主要方式。关于这一点，马克思和韦伯都已经在一个世纪前清楚地表述过，而其他学者，如科弗，也经常重提。[1]

但是国家是不可能仅仅依靠法官和监狱来获得服从的。[2] 不管如何夸张，国家的官僚、警察和军队也不能站满街上的每一个角落来保证每个人都不闯红灯，都按规定在马路的一侧开车，都走人行横道来过马路，都不偷窃和吸毒，等等。如果这样，现代国家的

---

[1] Martha Minow, Michael Ryan and Austan Sarat (eds.), *Narrative Violence and the Law: The Essays of Robert Cover* (Ann Arbor: University of Michigan Press, 1993), pp. 211–14; see also Charles Tilly, "War Making and State Making as Organized Crime," in Peter Evans, Dietrich Rueschemeyer and Theda Skocpol (eds.), *Bringing the State Back In* (New York: Cambridge University Press, 1985).

[2] "政治生活以权力的运用为中心。与有物理的作用力不同的是权力是交互的。尽管所有国家都能实施体罚，其运用权力的能力都是政治能力的关键因素。就此而论，对武力的持久运用反映了权力的丧失，并且，由于武力暗示了统治者与规则之间关系的恶化，这种做法与政治是不相干的。" Robert Jackman, *Power Without Force: The Political Capacities of Nation-States* (Ann-Arbor: University of Michigan Press, 1993).

领导人会发现,这种庞大而难以执行的任务最终会压垮国家,即使拥有同样庞大的官僚组织。①

那么,如果不通过这种方式的话,国家如何保证其属民都服从命令呢?他们的回答在两个另外的层面上进行,一个层面经常被持制度主义视角并且带有一定理性主义色彩的学者所讨论,而研究另一个层面的人持有的是文化主义的视角。这两者都呈现一种过程导向的研究方法,其中国家和社会都处于一种互相转化的关系中。

历史制度主义者强调规则、程序和惯例。那些厚重的法典在规定了个人行为准则的同时,也间接地为人们提供了一个在日益错综复杂的世界中如何为自己导航的路线图。国家的法规保证了合约的可行性,保护人们饮用水的清洁,确立了接受贷款的条款,建立了现代教育体制,为人们提供了社会流动的机制,还有其他许多许多。在劳动分工日益精细的情况下,国家法律为那些人们知之甚少的产品和服务的质量提供了保证。不仅仅是在前现代时代,国家的职能就超越了保疆卫土,而且为人民提供了大量它们所创造的**生存战略**。②服从和一致,一直是人们为此所提供的交换条件,他们将国家视为其生活谜团中很重要的一部分。

历史制度主义者在国家研究中倾向于关注这种计算,他们的这种学术兴趣在结构中与理性主义视角相融。但是他们也在某些

---

① Huntington, *Political Order in Changing Societies*.
② Joel S. Migdal, *Strong Socieites and Weak States: State Society Relations and State Capabilities in the Third World* (Princeton, N. J.: Princeton University Press, 1988).

方面与理性选择理论有所区分。历史制度主义也同样强调人们进行这种理性思考时的具体环境。也就是说,使用这种研究方法的学者在任何情况下都更倾向于考察习惯而不是效用最大化。托马斯·科布勒(Thomas A. Koelble)是这样写的:

> 在进行决策时,个人所问的问题不是"我如何在这种情况下实现利益最大化?",而是"在我所处的位置和承担的责任下,什么才是比较合适的回应?"。在大部分的情况下,规则和程序(这就是制度)是清晰地确立起来的,个体所做的就是遵循管理。他们追随着前人已经走过多次的路径,做他们认为自己被期望做的事。①

历史制度主义者认为这些路径是通过群体参与塑造的,比如说劳工集团、商人集团、一些行业的资本家与国家不同部分的互动。事实上,这种参与的性质经常支撑着这些学者的分析。比如说埃文斯认为,国家与某些工业部门和工业企业的关系决定了其是否能够引致可持续的工业增长。② 埃文斯关注的是这种乐观的国家领导型发展的问题,而罗伯特·维塔利斯研究的则是国家行为较为阴暗的一面,寻租庇护的产生。③ 他的著作极具创造性,挑战了晚工业化(或者说失败的工业化)所处的宏大叙事——在他埃及的案例中——在"涵盖一切的国家与帝国主义的斗争中"④。他

---

① Thomas A. Koelble, "The New Institutionalism in Political Science and Sociology," *Comparative Politics* 27(January), p. 233.
② Evans, *Embedded Autonomy*.
③ Vitalis, *When Capitalist Collide*.
④ Ibid., p. 5.

用特定的商业集团与政府各部门间联盟的多样性来解释埃及(和其他国家)的路径。维塔利斯的著作最大的优点之一就是他有意识地超越了那种将国家作为单一的内部一致的行动者(或完全被其某一个机构所代表)的分析,而是认为国家的各个部分在运作过程中很不一致,有时甚至存在着冲突。

其他的著作也从各种不同的维度分析了国家与社会集团的参与。弗朗西斯·哈格皮安(Frances Hagopian)创新性的著作发现,巴西的军队领导人竟然要依赖于传统的寡头政治精英。[1] 这些军人在1964年接掌国家政权时宣称要遵循专家治国的原则,而不是依靠原来的政治家,但是最后还是要依靠那些他们当初鄙视的人。卢斯·科利尔和大卫·科利尔对拉丁美洲进行了研究,他们认为造成这种现象的关键是国家整合劳工阶层方式的多样化。[2] 而在凯瑟琳·布恩看来,塞内加尔这个国家中,主要政治人物的地位都是由其个人与国家支持者的庇从关系所决定的。[3] 她的目的是解释国家为何具有多方面的权力还会出现能力偏弱的状况。同维塔利斯一样,她的分析并未做出国家是单一行动者的假设。事实上,人们只要考虑到塞内加尔破裂的核心,就能够理解这个国家。她写道:

> 政权巩固这个政治过程不仅涉及创造新的权力结构和权力关系,还要将基于社会力量的现有结构与国家联系起来。

---

[1] Hagopian, *Traditional Politics and Regime Change in Brazil*.
[2] Collier and Collier, *Shaping the Political Arena*.
[3] Boone, *Merchant Capital and the Roots of State Power in Senegal*.

治理和剥削的模式由社会力量所塑造,这些社会力量既能够损害也能够强化国家的权威基础,在政府机构中和政府运行的过程中,社会的利益争夺也会塑造国家治理和剥削的模式。①

国家,或国家的组成部分,与社会中的个人和团体的互动经常被历史制度主义者所强调,这种互动不是一个静态的过程,而是一种互相转变的过程。对理性选择制度主义的批评之一就是它预设目标,战略和偏好都是给定的(并且经常是确定的),而不是随着时间的改变以有意义的方式变化的。② 我们还可以加上一点,统治者与被统治者的互动过程在理性选择制度主义者(比如说列维)看来是很符合其假设、有说服力的,但事实上这种过程中双方也都在变化。这种互相改变的性质限制了理性选择方法论的有用性。国家与社会的互动涉及社会联盟的产生,并且,对互动的双方而言,涉及将新的物质基础、新的理念和价值融入到它们的构成中。这种新的组成部分与理念的整合过程改变了初始行动者的偏好和行动基础。理性选择理论所假设固定不变的要素可能正是一个随时发生改变的因变量。那么,在暴力高压之外,人们为什么还要服从国家的统治和独裁?历史制度主义者,如我们所见的,通过规则和程序限定下的个人计算和个人行为在现有制度提供的可能性下的惯

---

① Catherine Boone, "States and Ruling Classes in Postcolonial Africa: The Enduring Contradictions of Power," in Joel S. Migdal, Atul Kohli and Vivienne Shue (eds.), *State Power and Social Forces* (New York: Cambridge University Press, 1994), p. 133.
② Thelen and Steinmo, "Historical Institutionalism in Comparative Politics," p. 9.

例化来回答这个问题。在他们看来,国家属民的行为是要寻求一种战略来确保其**生存**(而不是最大化)——或者说"满意",套用詹姆斯·马奇(James G. March)和约翰·奥尔森(Johan P. Olsen)的术语来说。① 制度创造了惯例,即使在暴力高压并不紧迫的情况下,这些惯例也足以保证人民的绝对服从。②

对国家为什么可以避免五步一岗十步一哨的解答更为复杂。要想完全理解这个问题,比较政治学家必须转向文化主义方法,并在这种流派之下发展出新的工具。答案建立在这样一个前提上,即在个体身上,如希尔斯所写的,存在着"一种知觉状态,在其中的个人意识到在其内心尚存在着一个自我,这种知觉状态包含着个人,并将超越个人"③。也就是说,人类不是成群奔跑的动物,人类会为自己创造制度。他们也具有作为群的一员的概念,并且知道这种群具有超越于他们个体存在之上的生命。这些群就是社会,社会在人类历史中具有不同的规模和形状——即,拥有不同的制度结构。④

不同的社会是如何形成各自的形态的呢?劳伦·贝兰特(Lauren Berlant)写道:"社会在一定地理/政治界限内的诞生将独立的个体转化为属民,融入到了集体承载的历史中。它的传统象征,它的隐喻,它的英雄、仪式和叙述,所有这些因素都造就了一种

---

① March and Olsen, *Rediscovering Institutions*.
② Ruth Lane, *The Art of Comparative Politics* (Boston: Allyn and Bacon, 1997), pp. 114-22.
③ Shils, *The Constitution of Society*, p. vii.
④ "有关个体如何联合的问题是毫无意义的。他们在联合中存在并从事活动。"John Dewey, *The Public and its Problems* (New York: Henry Holt, 1927).

集体意识的符号系统。"①这种共享的符号系统将一种秩序强加在人民的头上,塑造了他们的话语和行为。同格尔茨的剧场国家一样,贝兰特的属民被带入到盛大的仪式、宏大的故事和隐喻中,这使得他们与界限之外的人有了明显的区别。社会形成导致了,按照希尔斯的说法,某种程度的"权威和秩序",或者,用我们的术语,是少量的服从和一致。②

希尔斯认为,这种对于社会的理解,"不能被简化成市场般的利益平衡或暴力高压的产物"③。换言之,不管是国家遍设警力的做法还是个人经过利益计算,为达成生存战略所进行的交易,都无法完全解释服从和一致。对希尔斯而言,主要的解释应该是个人在社会中的内部化,他们的"集体自我意识"。在这种观点看来,人们服从是因为他们的个人认同无可避免地与更大的单位的存在联系在一起;他们的认同依赖于那些成文的和不成文的、维系更广大的群体的规则的可行性。④

因此服从于群体规则所支持的不仅是集体性,也包括个体的认同,因为这种认同要以群体的持续存在为基础;服从和一致是建立和维系一个人认同的完整组成部分。在社会上,任何数量的群

---

① Lauren Berlant, *The Anatomy of National Fantasy: Hawthorne, Utopia and Everyday Life* (Chicago: University of Chicago Press, 1991), p. 20.
② Shils, *The Constitution of Society*, p. vii.
③ Ibid., p. xii.
④ "认同……为个体成员组成群和集体提供了社会边界,在现实或所欲求的、存在的或想象的社群中,认同确立了相对于'他们'而言的'我们'。"Dahlia Moore and Baruch Kimmerling, "Individual Strategies of Adopting Collective Identities: The Israeli Case," *International Sociology* 10(December 1995).

体和组织都能够确保持续的服从——"家庭,宗族,邻里协会,市场共同体,还有其他的松散组织,都是为某种特定的目的而形成的。"①一个人的认同感就建立于其家庭(或其他群体)的延续性之上,所以个人会遵守能够使群体生存和发展兴旺的行为方式。在20世纪和之前的几个世纪中,正是国家对这种服从提出要求,在权威和秩序维持方面起到领导作用。

但是国家在这方面也造成了一些特别的问题。现代的一个关键性特征,如我所说过的,是国家领导人和官员的广泛主张——如果不是直接要求服从和一致的话,那么国家至少也要作为其他群体和组织的保护伞,在国家之下这些组织能够获得并确保它们的权威。是的,家庭能够对其成员行使权威,尤其是儿童和(常常是)妇女,商业机构能够为其雇员制定规则。但是,国家宣称,他们这样做必须是在国家设定的限制内。如果家庭的权威被用来虐待儿童,或者商业机构制定歧视性规则,那么国家就必须介入,即使要拆散一个家庭。从本质上说,国家显得凌驾于社会之上,并与社会的其他部分相距甚远。就算国家凌驾于社会之上的这种印象是不真实的,但至少如米歇尔所说,国家的领导人要求达到一种"鬼魅式"小国②,即显得好像是凌驾于社会之上,并且国家的触角无处不在,用约翰·布鲁伊利(John Breuilly)的话来说,存在着一种"对现

---

① Max Weber, *Max Weber on Law in Economy and Society*, Max Rheinstein (ed.), (Cambridge, M. A.: Harvard University Press, 1954), p. 342.
② Mitchell, "The Limits of the State," p. 91.

代世界很罕见的、国家与社会之间的差异"①。

但是,与私有-公有的标志在建立国家权威的特殊地位上同样重要的是,它也为国家官员获取服从带来了大量的问题。国家似乎与社会的其他部分相分离,这使得国家的领导人难以用暴力高压或"市场式的利益平衡"以外的手段来介入权威的基础层面。国家作为一种看似与社会及其个体相分离的实体,难以通过将个人认同与其自我意识中作为国家的**一部分**的感觉联系起来,形成一种集体的意识。这是现代国家的悖论,这种悖论在理论上和实践上都会导致我们形成有限国家这个概念。

政治领袖面临的挑战是如何与社会保持**距离**——国家作为一种最高权威和存在——而与此同时还能从人民的"集体自我意识"中获益,这种意识就是感觉到自己归属于一个更大的群体,而自己是这个群体不可或缺的一部分。② 或者,对问题作一种不同的表述,国家的领导人和国家机构试图找到一种方式改变被统治者作为互不相连的国家属民的状况,使其个人认同与国家的存在和持续联系在一起,从而具有一种新的身份。国家统治者还希望在建立这种联系的同时,国家机构,比如说法院,虽然处于持续的主体-客体关系中,但始终都是最高的权威和仲裁者。

面对这种国家似乎凌驾于社会之上却又似乎是社会的完整组成部分之一的悖论,国家官员们以许多方式进行应对,而无论哪种方式,其目标都在于转变社会。其中的一种方式就是走共产主义

---

① John Breuilly, *Nationalism and the State* (Chicago: University of Chicago Press, 1994), p. 390.
② North, *Structure and Change in Economic History*, pp. 201-9.

道路，将社会彻底废止。在这种情况下，个人的新身份就是国家工作人员，其角色不是为全部人口中的一小部分人（国家官员）服务，而是为所有人服务。人民的全部并不是社会，因为在这样的社会中，其各部分基本不具有权威，而且社会在人民的集体意识中也没有扮演积极的角色。至于那些由于某种阶级背景而被认为不适合这种新身份的人，他们可能会在一段过渡时期后被重新社会化，转变到新的身份，或者干脆就被全部消灭。这种新的个人认同（比如说"新的苏联男性和女性"）表明了一种完全围绕国家的集体自我意识；不存在一个单独的社会，具有自己的"权威和秩序维持"。通过直接的力量和震慑人心的剧场符号排列，共产主义领袖们力图实现一个极度雄心勃勃的目标：将国家变为唯一的权威性实体，也是人民的个人认同的唯一基础。

而更常见的转变社会的途径，如布鲁伊利所说，是通过民族主义的途径消除国家和社会的界限。① 在这种情况下，社会的转变是因为创造了一个自身的子集——**民族**，还有那些被定义为民族同胞的人的特殊身份。民族主义国家的领袖消除了那种国家凌驾于社会之上的印象，并培养出了另一种观点，即国家与社会的目标是彼此不分的，即使形式有所区别。

在这里综述庞大而且不断增多的关于民族主义的文献显然不合适。但是我们要了解的很重要的一点是民族主义被用来缩小国家-社会之间的鸿沟；国家在与关于国家的集体意识相联系的个人认同的形成的过程中获得了更多的服从和一致。另一方面，尽管

---

① Habermas, *Legitimation Crisis*, p. 390.

暴力高压和个人为了生存策略的理性计算可以使国家获得服从，但通过民族国家主权的表述，国家也能够获得服从。① 国家的权威如果能成为个人认同来源的延伸，那么就会得到人们心甘情愿的接受。而国家，就成为了民族的代表，在那些主要将自己认定为民族同胞的人看来，他们的福利与国家的福利是不可分割的。

这种视角在文化主义者关于民族主义的分析中得到了强烈的呈现。那些与安东尼·史密斯（Anthony D. Smith）和本尼迪克特·安德森相对立的学者更关注的是民族主义者的神话如何将个人与其他人和**民族国家**联结起来。② "民族主义关于国家的特殊神话，"史密斯写道，"可以被视为特别有力的和摄人的戏剧化叙述，这种戏剧式叙述将过去、现在和未来通过民族共同体的特征和角色联结起来。"③史密斯将现代性在民族国家创建过程中的影响最小化，而安德森则将民族国家视为与资本主义的现代崛起紧密相联。但是，安德森也强调同样的文化关联："即使是那些最小的民族国家的成员，究其一生也从未深入了解过他们的全部同胞，从未与所有人见过面，也不可能听说过每一个人，但是，他们每一个人都认为自己生活在一种共同生活的图景中。"④而这种共同生活是

---

① Paul C. Stern, "Why do People Sacrifice for Their Nations?" *Political Psychology* 16 (1985), pp. 217–35.
② 参见：Anthony D. Smith, "Myth of the 'Modern Nation' and the Myths of Nations," *Racial Studies* 11 (January 1988), pp. 1–26; Benedict Anderson, *Imagined Communities: Reflections on the Origin and Spread of Nationalism* (London: Verso, 1991)。
③ Smith, "Myth of the 'Modern Nation' and the Myths of Nations," p. 2.
④ Anderson, *Imagined Communities*, p. 6.

与国家相联系的:"民族梦想得到自由……自由的象征和标志就是主权国家。"①而吉伯奥(Berdun Guibernau)指出:"国家青睐民族主义,因为民族主义是一种增强其公民彼此关联的有效手段"②——并且,我们可以补充一点,民族主义也可以增加公民与国家自身的关系。

也许上述民主国家创建过程的操控痕迹过重。国家官员与社会集团的深度相互渗透和象征、叙述和隐喻对剧场式治理的同化既转化了统治者,也转化了被统治者。而由此形成的将个体认同塑造为集体的、基于国家的政治文化,可能会变成一套不被质疑的假设(一种文化霸权),对政府官员是如此,对社会上的其他人也是如此。国家官员对这种文化的有意识操控也许会为理性主义者解释这个现象提供一种视角。

不管共产主义国家消灭社会的努力还是民族主义国家消除国家-社会区分的宣传性效应,都将国家从其悖论的困境中解救了出来。任何一个地方,即使是在斯大林统治下的苏联,也不可能存在一个自身权威完全消失的社会。③ 同样,民族主义也不可能完全消灭国家和社会的界限。

当然,国家重塑社会的努力也取得了一些成功,如重新调整社会的边界以确定国家的边界(或国家希望具有的边界)。如迈克

---

① Anderson, *Imagined Communities*, p. 7.
② Berdun Guibernau and Maria Montserrat, *Nationalisms: The Nation-State and Nationalism in the Twentieth Century* (Cambridge, M.A.: Harvard University Press, 1996), p. 70.
③ Kenneth Jowitt, *New World Disorder: The Leninist Extinction* (Berkeley: University of California Press, 1992), p. 54.

尔・舒德森(Michael Schudson)所写的:"现代民族国家有意识地运用语言政策、正式的教育、公共仪式和大众传媒对公民起到整合作用并保证了他们的忠诚。"① 那些使用文化主义视角的学者指出了国家领导人如何使用仪式和其他手段来模糊国家和社会的区分,以及如何使个人成为国家福祉的利益相关者。仪式将个人与社会和其他个人联系起来②,并作为被推定的社会代表与国家相联系。③ 人类学家大卫・科泽(David Kertzer)将这种联系视为基本不理性的:"仪式首先为我们界定了一种政治现实,而我们的信仰随后通过集体表述被重新确认。"④ 我们可以补充的是这种非理性的维度也可以适用于国家官员;他们不断向别人灌输的文化不仅仅是用符号系统进行有效社会控制的渠道,其实他们自身也不断被这种灌输所暗示和改变。

简而言之,文化主义者——从格尔茨到那些研究民族主义的学者——向我们展示了一幅国家使用和代表主导叙述的图景。这种叙述依表达方式的不同而具有不同的功能。首先,它是国家各部分保持统一的基础,能够防止国家四分五裂。第二,它使公民之间及公民和国家之间具有了一种联系,推翻了其他叙述,从而消除了国家以外的自主性、权威性结构出现的可能性。第三,主导叙述

---

① Schudson, "Culture and the Integration of National Societies," p. 64.
② Emile Durkheim, *The Elementry Form of Religious Life* (New York: The Free Press, 1965); and David Ketzer, *Ritual, Politics and Power* (New Haven: Yale University Press, 1988), p. 10.
③ Wilentz, *Rites of Power*; Siu, "Recycling Rituals: Politics and Popular Culture in Contemporary China."
④ Ketzer, *Ritual, Politics and Power*, p. 95.

为社会控制中涉及的制度创设了限制和可能性。

然而,主导叙述的概念也需要进一步修改。主导叙述首先也将国家和国家结构看做一种独立的现象(而不是国家在社会中的视角),因此它倾向于夸大国家的力量甚至是这种力量的表象。正如科弗所论证过的,排除了其他叙述的主导叙述,其自身也是无法持续的。① 最多也就是在移情的时刻,这种一致性才会存在。但是它也会很快被其他相异的叙述所取代。也许在古代社会,这种不和谐可以通过流放、脱离国家或死亡来解决。但是现代社会不可能避免多种叙述的存在;现代社会无可争议的是多种文化融合的社会。

一些文化主义者注意到了这类多种叙述的产生过程。他们认为国家与社会的区分——国家与社会脱离同时保持最高权威的目标——所起到的作用恰恰与强化社会控制相反。它为反对意见和差异性打开了大门。尼古拉斯·德克斯(Nicholas B. Dirks)强有力地论证了这一点:"由于权威是仪式过程的中心,而仪式又经常是斗争的主要平台,其中既涉及对权威的主张,也包括反权威(或权威内部的)斗争……对权威的抵抗可以被视为发生在权威最不被期望的时间和场所。"②他补充道:"与此同时,那种代表,不管是以话语还是以行动的方式的代表,都使得仪式提出对秩序的主张,

---

① Minow, Ryan and Sarat, *Narrative, Violence and the Law: The Essays of Robert Cover*.
② Nicholas B. Dirks, "Rituals and Resistance: Subversions as a Social Fact," in Nicholas B. Dirks, Geoff Eley and Sherry B. Ortner (eds), *Reader in Contemporary Social Theory* (Princeton, N. J.: Princeton University Press, 1994), pp. 487 – 88.

而这种代表本身也成为斗争的对象。"①

德克斯还写到了印度。其他进行理论研究或研究其他国家的学者也会批评到涂尔干和希尔斯的著作中暗含的文化一致性观点。②在对墨西哥的研究中,吉尔伯特·约瑟夫(Gilbert M. Joseph)和丹尼尔·纳根特(Daniel Nugent)注意到:"国家的力量,尤其是资本主义国家的力量,在为附属群体开启解放斗争提供特殊支持方面十分重要,尤其是在 20 世纪。"③威廉·罗斯贝里(William Roseberry)将墨西哥的问题形容为"喋喋不休的国家与心猿意马的听众之间的糟糕关系"④。国家与社会之间似乎缺乏区分度,作为这种印象基础的一致性和普遍性成为了各种纷乱差异的替罪羊,"随着处于中心的国家的法律、谕令、项目和程序被运用到特别的领域,所有这些因素都被各自领域内不平等和统治的不同范式打上了烙印"⑤。

结　论

回到我早先的问题——什么使得现代国家变得现代?——现在我可以补充一点,即这不仅取决于国家对其治下的个人在税收、

---

① Dirks, "Rituals and Resistance," p. 502.
② Archer, "The Myth of Cultural Unity;" Schudson, "Culture and the Integration of National Societes;" and Siu, "Recycling Rituals: Politics and Popular Culture in Contemporary China."
③ Joseph and Nugent, "Popular Culture and State Formation," p. 13.
④ William Roseberry, "Hegemony and the Language of Contention," in Gilbert Joseph and Daniel Nugent (eds.), *Everday Forms of State Formation: Revolution and the Negotiation of the Rule in Modern Mexico* (Durham: Duke University Press, 1994), p. 365.
⑤ Roseberry, "Hegemony and the Language of Contention."

个人和社会行为等方面要求的强度,还首先取决于国家通过实践对集体意识提出的要求,即,对民族和国家认同性的要求。还有,用贝兰特的话来说,国家是人民集体共享的历史斗争的中心,"它的传统崇拜,它的隐喻,它的英雄、仪式和叙述"。在这样的过程中,国家领导人和国家机构成为重新划定社会边界和实际的或所欲求的政治边界这一过程的中心,这个过程既是排他的(将处于物质的或隐喻的边界外的因素隔离开),也是具有包容性的(产生强烈的自我意识)。简言之,通过符号和制度,国家已经成为社会再创造的核心。

但是即使国家能成功地迫使青年人每星期工作30个小时,它也不能够保证成功地按自己的意愿定义集体意识。国家控制之外的国际因素和社会的国内因素的共同作用会阻碍和修正国家对集体意识的规划。因为让人民按照命令者的命令行动的能力建立在权威之上,而这种权威源自集体意识,所以我们大可不必惊讶在集体意识的界定和介入方面存在着大量的论争。在国家内部和国家与社会其他力量之间也存在着大量斗争,这些斗争在不同的时间和场合中会造成不同的结果,这些都是政治学家的主要学术兴趣所在。有些时候,这些斗争还会导致社会和政治分裂,甚至是失去控制的大屠杀。在其他情况下,当没有主导叙述存在时,莱廷的共享"关注点"的概念表明了不同的文化黏合力是可以共存的。如果我们要理解国家和社会的持续存在和它们互相渗透的特殊方式,我们就必须对这几个点进行分析。

在当代世界,个人已经经历了许多关键的社会形态——民族、国家、种族和其他的亚国家集团、公民社会、全球经济,等等。所有这一切建立起了权威,或至少曾经进行过这样的努力,对人民的行为和意识提出了有力的要求。这样的要求彼此之间具有互补性,甚至能够加强共享的关注点,而在其他的情形下这些要求则彼此冲突。在创造公民和国家成员这样的范畴时,国家领导人事实上试图将其他的社会形态内部化,中和它们的影响或使它们的权威附属于国家的权威,或者干脆把它们都消灭掉。这些国家的努力并非全新的事物;它们已经持续了五百年,构成了国家创造主权的力量。

然而,国家的主权是排他的。虽然17世纪的威斯特伐利亚公约试图将欧洲大陆的主权国家系统化和制度化,但从那之后,国家一直都面临着两个方面的挑战。国外的力量和国内的力量与国家在垄断权威的行使权方面展开了激烈的竞争。结果就是产生了有限国家。

国家无力充分地改变社会以解决既与社会分离又要成为社会一部分的悖论。不仅如此,国家与社会的互动在社会中所产生的斗争和异议削弱了国家争取一致性的努力,同时也改变了国家。这种国家与社会互相转变的过程导致了彼此竞争的社会联盟,从而使得国家与社会之间的界限支离破碎、模糊不清。这些动态的制度安排正是一个想要进行国家研究的人所必须接触的。国家在其所要求的服从方面是分化的,也是有限的。我们必须抛弃那种将国家与其他领域隔离,把国家当做独立分析单位的做法。为此,我们必须发展出一系列方法融汇历史制度主义和文化主义的成果,这两个流派的研究至今还基本处于一种彼此完全隔绝的状态。

附录　社会中的国家与历史中的学者：
米格代尔教授访谈录①

张长东：北京大学政府管理学院　讲师
邵梓捷：北京大学政府管理学院　博士生

乔尔·S. 米格代尔教授是国家理论，尤其是国家-社会关系理论的代表性人物。他提出的"社会中的国家"理论突破了传统的国家观，重新界定了国家概念并打破了国家和社会的界限，将二者的互动纳入分析，提出了国家社会相互赋权（mutual empowerment）和相互形构（mutual transformation）的概念，对学界产生了重要影响。米格代尔教授是华盛顿大学政治系的罗伯特·F. 菲利浦（Robert F. Philip）讲座教授，同时兼任国际关系学院中东研究项目主任。米格代尔教授于1972年在哈佛大学获得博士学位，师从亨廷顿等人。毕业后，先后任教于（以色列）特拉维夫大学、哈佛大学，并于1982年受邀加入华盛顿大学，负责筹办国际关系学院。米格代尔教授有多本个人专著，其中三本已经翻译成中文：《农民、

---
① 原载《浙江社会科学》2015年5月号，收入本书时有文字调整。

政治与革命》《强社会与弱国家》,以及《社会中的国家》。除了在国家-社会关系理论上享有盛名,米格代尔教授还是一位著名的中东问题研究专家。

2014年11月8日,米格代尔教授访问北京大学并参加北京论坛,专门接受了我们的专访,双方谈论的话题涉及个人长达半个世纪的学术经历、理论观点变迁、理论与方法、美国和中东的关系、中美关系等话题,从中可以听到一位智者对他自己以及这个学科的发展的一些反思和洞察。现将访谈稿整理如下,以飨读者。

State in Society and Scholar in History:
An Interview with Joel S. Migdal

This is an interview with Professor Joel Migdal, on November 8, 2014, during his attendance of the Beijing Forum at Peking University. In the interview, Prof. Migdal reflects his half-century long personal academic experience, discusses the evolution and development of his theoretical thoughts, especially the "state-in-society" approach, and the ideas of domination, mutual transformation and mutual empowerment. Prof. Migdal also gives his comments on the popular theories and methods of today's political science, warning that we should be cautions for the method-driven trap. He also gives some suggestions to Chinese political scientists. Finally, he discusses the United States' foreign policies in Middle East based on his recent book, and discusses its implication for Sino-US relations. We hope that the readers can learn something by listening to a wise man's reflection of his own life long academic career and get some insights of the discipline.

问:感谢您抽空来做这个专访。我们今天的访谈从一个问题开始。在您这么长的学术经历中,哪位老师曾经对您产生过很大的影响?

米格代尔:学生时期,很多人对我来说都是非常重要的。其中一个是我的姐夫,他叫麦伦·格莱泽(Myron Glazer)。他是一位社会学教授,研究拉丁美洲的政治社会学。在我很年轻的时候,他雇佣我在一个以西摩·马丁·李普塞特(Seymour Martin Lipset)为首的研究项目里担任研究助理。就是在那里我真正进入了学术研究的世界并理解了什么是研究。我深深地被学术研究的过程所吸引,我发现自己真的非常喜欢学术研究。我上大学时有一个老师叫詹姆斯·罗森(James Roseanne),他在国际关系理论方面享有盛名,他对我也产生了重要影响。

后来我去了哈佛的研究生院,在那里我有幸和一些很有名的人物在一起。我成了塞缪尔·亨廷顿的学生并深受他的影响。亨廷顿探讨问题的方式(approach)、他对研究领域的思索、他组织自己思维的方式对我有很大的启示,我也非常喜欢他关于制度的想法。他是第一个用这种方法谈论制度的人,他深刻地影响了我。

当然也有其他人,马上出现在我脑海的人是朱迪思·芭尔

(Judith Baer)——后来她还担任了美国政治学协会主席。我研究生时上过她的课——这是我上过的最难的课了。这是关于政治理论的课，她给了我们几乎是不可能完成的阅读任务——每周两千到三千页。我之前从没接触过政治学理论，感觉自己快要死了。她是一个令人生畏的人，上她的课我都不敢发言。但无论如何，熬过去，学习所有政治学理论和阅读，你知道，我在那一个学期里阅读了两万多页政治学理论，整个过程有点像浴火重生，因此这也是一个很重要的经历。对我很有影响的人还有艾森斯塔特——他是我见过的最聪明的人，还有希尔斯等学者。

哈佛是一个特别的地方，这与华盛顿大学的研究学院不同。它会以它的方式跟你打招呼："欢迎来到哈佛，5、6年后见——那时你该完成学业了。"哈佛给你资源，给你地方，给你时间，给你世界上最好的图书馆，但是它不能给你很多的个人关注，你要全部靠你自己。并且实际上，我认为我在那种环境中做得很好，并不是所有人都能做到这一点。虽然这样的环境很艰苦，但是，就是那些人、那些经历将我训练成了一个政治学家。

问：您所提到的亨廷顿应该在中国是最为著名的政治学家了（都不需要用"之一"来形容），许多中国学者至今仍在热情地谈论亨廷顿。

米格代尔：在北京论坛开幕式中亨廷顿至少被提及了10次，并且他是唯一一位被提及的政治学家。这让我惊讶不已。表面看来，他在美国的声誉不是那么好。这与他的作品无关，只与政治有关。因为他对于外交政策以及一些其他问题都非常保守，所以很多人不愿意承认他的成就。他曾经跟我说过，他自己就像一个目睹一个一片混乱的小镇的牛仔:看到了很多犯罪活动和类似的事情,他不得不闯进来整顿小镇。他参与了政治学的不同研究领域的讨论:民主、政治参与、军民关系、国际关系的研究。这些都是政治科学的不同领域,他进入其中并且重新定义了这些领域。如果你今天在做军队和政府关系的话题,你就要感激他,虽然他的这一话题的书是写于70年前,但依旧是这个领域最重要的书籍。因此,他是影响力非常大的人。他也是一个内向的人,不容易和人谈得来。因此有时你怀疑他是不是真是个聪明人,他几乎不会与你争辩。但是你要知道,他的作品会证明一切,他的书比他的话多得多。

问:那么,作为他的学生,您的作品和他的作品又有什么不同呢?

米格代尔:嗯,我从他的作品中学到了很多。但我认为他在制度化方面的研究在某些地方存在一些问题。亨廷顿的理论讨论社会的政治秩序,如果制度化强于参与要求,你就可以拥有稳定。首先,我的研究跟他的不同点在于我不满足于解释稳定。他认为稳定本身就是目标,这一点我不同意。但是这不是主要问题,更关键的是我觉得他事实上并没有解释为什么制度化会在这样的环境而不是在其他环境中发生。他并没有对制度如何与人互动及制度为何出错的细微之处进行足够仔细的观察。我想起了今天上午北京论坛上的一个学者谈论政策改革遇到的官僚阻力。但我认为这并不是官僚阻力的问题,而是官僚处在怎样的一种环境中,谁对他(她)施加压力?他要去讨好谁?谁是那个人的拥护者?谁能够真正地给那个官僚制造麻烦?这些才是问题所在。跟那位学者一样,亨廷顿没有真正回答这些问题。而这正是我努力超越和追问的：制度何时、为何会被建立起来？这是我想攻克的地方。

问：与这个不同相关,我记得您以前说起过另外一个不同：您更专注于支配（domination）。我认为,与稳定相比,支配是一个更基础的概念,一个韦伯提出的概念。您可以稍微阐述一下吗？

米格代尔：好的,支配的问题我确实取自韦伯。他对我产生了非常大的影响,每次读他的书就会感叹："这家伙真聪明!"而且我对"服从"（compliance）这个问题很感兴趣：为什么人们会服从。亨廷顿的出发点是社会动员。他的问题是人们一旦流动起来,旧的规范行为的秩序就会失效。那是一个很有趣的问题,其他人（如卡尔·多伊奇）也问过。但我更感兴趣的是：人们为何服从,在什么样的情况下人们会服从什么样的人。尤其是在矛盾的环境下,人们决定服从谁。譬如说你从你的老师、你的父亲和你的老板那里得到不同的指令,你就要想想你该听谁的,该怎么办。这个问题来自韦伯和埃利亚斯的支配的观点。然而他们对宏观层面更加感兴趣,而我认为,认识宏观层面的最好途径在于对微观层面的认识,尤其是人们为什么要这么做;你这样做会面临什么样的压力。

问：谢谢您的解释。我们稍微回过头来一点,您在什么时候第一次认为您将从事政治学并将其作为终生的事业？

米格代尔：那是我大学本科第一年之后,我去了以色列。我看到了以色列人和巴勒斯坦人的冲突。在当时,他们不谈巴以冲突而是谈与更大地区范围的阿拉伯国家的冲突。我认为这真是太糟糕了。我立志要取得一个政治学的学位并解决巴以问题。但如你们现在所见,我的人生失败了。我没有实现我的目标,但是它让我开始学习政治学。我本科一开始的专业是化学,我一回到学校,就转专业去政治科学了。多年以后我姐姐发现了我写给父母的明信片,这写于在我从以色列上飞机回家之前,我告诉他们:"我的整个人生已经发生了重大改变,等我回家后再详谈。"我想我的父母读了明信片之后会奇怪"到底发生了什么事情"。但是确实发生了点事情。那就是我决定成为一名政治学家。那是1964年,那时我19岁,50年前的事儿了。

问:在这半个世纪以来您的想法是如何变化、如何演变的?

米格代尔:好的,当我上研究生时,我遇到了亨廷顿和其他教授。我渐渐开始放弃巴以问题,并开始着手于"压迫"问题,以及压迫人民中的政治关系。我开始对农民政治很感兴趣,并且我的博士论文以此为题。①

随后,我再一次去以色列并在那里(特拉维夫大学)教书,那也是我的第一份工作,我在那里教了3年书。在以色列的时候,我开始一个新的研究项目,我研究农民,所以我决定研究生活在军事占领下的西岸农民。我尝试运用自己的理论、已有的理论(如现代化理论)来解释。我当时正在教一个研究生的研讨课(seminar),这个班上有5个学生。我后来再也没有教过那门课("历史中的城市",其实我应该再去教这门课,因为我很喜欢这门课)。那个学期的某一天,我突然告诉自己,上帝,这些理论都是错的:现代化理论和国家理论,都是错的。所有的事情凑到一块儿了。我曾尝试用这些

---

① 米格代尔:《农民、政治与革命》,中央编译出版社,1996。此书即基于其博士论文修改而成。

理论解释我在被占领土上看到的一切，但是发现根本不适用，理论和我看到的事情之间的差距太大。我正在观察的军事政权看起来异常强大，但它所做的一切都很糟糕。它不能让人们做他们想做的事情。而且它正在被人们、被农民改变着，正如它改变农民一样。

第二件事是，我听过西摩·曼（不是特别出名的政治学家）的讲座。他来自纽约城市大学，讲的是美国政治。那时候有个向贫穷宣战的口号。他在讲座中谈到反贫困战争实际发生了些什么事情，我听着觉得很吃惊。那些在华盛顿计划好的事情一件都没有在那些遥远的（贫困）城市发生。这和我在巴勒斯坦的村庄看到的情况一模一样。所以我对于这里的第一感觉就是如何解释这些现象。这促使我开始写一本书，一本最终成为《强社会与弱国家》（1988年出版）的书，但是那个时候我做不到。我想说的是，这本书欺负了我，就像一个班级里的大孩子在打班上其他人那样。其实这本书就像一个恶霸，它经常打我，它让我无法自由地表达自己的想法，于是我把它丢在了一边。于是我写了一本关于巴勒斯坦的书来代替它，但是几年过后我又重新开始写这本书了。那时候我已经能够掌控它而不是被它欺负了。有时候你不能控制你写的东西。

也就是说我的想法在上世纪80年代得到了发展，在90年代后期，我到德国参加了一个研讨会。在那里的什么人说过什么话，我现在都记不清楚了，但我们在一起工作，并且我开始形成"社会中的国家"的想法。所以那是我思想的又一次成长。我记得在研讨会上发生的一件事情：有人说："你说的和诺贝特·埃利亚斯有关。"我说:"他又是谁?"我之前从来没听说过诺贝特·埃利亚斯。①他们说你一定要读他的书。所以我回到家开始阅读。他的作品令我很吃惊。它使我从纯粹的实证主义走了出来。在我发现他之后,我感到我周围的笼子消失了。我以前学的政治学是基于非常机械化的因果关系假设,亦即你必须解释 A 是如何影响 B 的。或者说要找出自变量和它怎样引起因变量的改变,二者间往往是线性关系。我被他所说的东西深深吸引,开始思考因果关系的不足,我们要思考研究和影响过程。之后我想,哦,这太棒了。所以,这在 21 世纪我研究的《社会中的国家》一书中有所体现。

还有一个我要说的故事。这是一个很长的个人故事。在 20 世纪 90 年代,我必须每周几天开车送我儿子去学校,我对我的妻子马尔西(Marcy)说:"不能这样,我到西雅图因为交通堵塞浪费了我半天的时间。"于是她说:"好吧,现在我们拥有一种叫笔记本电脑的东西。拿上你那该死的笔记本电脑,到咖啡馆去,去那儿工作吧。然后在那等着交通拥堵过去再回来。"我带着笔记本电脑来到了离他的学校近的地方。这是个美式购物中心。但是当我走进去时发现它不同于其他购物中心。美国大多数的商场都是一排一排的商店,中间是一个大的走廊,没有椅子。他们不希望你坐着,他们想要你一直转悠。你走进商店,消费,然后走出来。但这家商场完全不同。首先,到处都是椅子和桌子,一边有中文报纸、俄文报纸和各种报纸。这是一个人们取现成报纸并且可以坐着看的地

---

① 主要指诺贝特·埃利亚斯,《文明的进程:文明的社会发生和心理发生的研究》。中译本有:[德]诺贝特·埃利亚斯著,王佩莉、袁志英译:《文明的进程:文明的社会发生和心理发生的研究》,上海译文出版社,2009。

方;在另一边有棋盘,人们可以下棋。这是一个奇怪的地方,我想这不是一个普通的广场,但我还是坐下来并开始工作。我意识到购物中心发生了什么事情,人们都赶来汇聚在一个公共场所相互议论,那是你平常在美国看不到的场景。有年轻的妈妈们带着她们的孩子一起过来。有老人们每天在那里吃早餐,有趣的事情发生着。举个例子,年轻的男女会带着他们的男朋友和女朋友到那里,也会在那里与他们分手。我就想,为什么人们选择要在购物商场分手呢?然后,我意识到因为女人会安静地哭泣,但是不会出现更大的事件,她们不能尖叫和叫喊,因此喜欢选择在那里;女人把男人带到那里分手,因为男人不能在那里动粗,那不是一个动粗的地方。独立经营的女店主把她们的供应商带到那里,我认为他们不喜欢在他们的店里单独会见他们的供应商,因此把他们带到这个公共地方。在这个公共地方人们之间的许多联系正在创造着民主的基础。我想要了解这些。

我决定在作品中表现美国的公众社会是某些人并不在公共场所,有些人被排除在外。你看不到这些人,而我对"谁在公共场所,谁被公共排除在外"这个想法很感兴趣。我对如何为公众互动制定规则也有兴趣。如果人们在公共场所,那儿就存在规范:你如何进行互动的规则,即便在中国。甚至当我们要去一个寺庙时,也有针对人们如何走动的规则。是谁制定了这些规则呢?那些规则让谁受益又让谁受损?那些被规则排斥或因其而处于不利地位的人如何与这些规则作斗争?这是我最后一阶段的想法,也正是我最近正在着手考虑的问题,也就是公众如何被创造和公众排斥的概念。

对不起我的回答太长了。

问:说得很好,受益匪浅。您的书《社会中的国家》试图超越韦伯对国家的定义。您认为那也是咖啡馆的产物吗?

米格代尔:我还没搞清楚规则、公共空间、民主和国家之间的关系。因此,我不知道答案。但我要说,在我写完《强社会和弱国家》这本书之后,我开始发现其他一些人写的东西真正贴切地契合了那种情况。我们开了两次会,编辑出版了《国家权力与社会势力》(*State Power and Social Forces*)①这本书。我从参与写作这本书的人身上学到了很多东西,它对我来说很有启发。现在我不得不说,在这之前我从没考虑过这事,但是现在你问到了这个问题。这些小小的专题讨论会对我来说非常重要。我在德国提及过一次,但是这次是为《国家权力与社会势力》并且同样也是我所谈论的研讨会。而且我在《边界和属性》(*Boundaries and Belonging*)②这本书上也开一个研讨会,那个会也开阔了我的思维。所以我认为我很擅长从人们那里获取想法。你知道的,我去一个研讨会,去听他们交谈,并投入进去,由此我就可以获取他们的想法。所以我也不是很原创,我确实在"剽窃"。在我写论文的时候,我读过一篇文章,那是 5 页的篇幅,是由一个我从来没听说过名字的人所写。并且我确信我的论文充其量是剽窃了约翰·库克尔(John Cooker)的观点而已。当我说我"剽窃"时,我从我听到

---

① Joel S. Migdal, Atul Kohli, Vivienne Shue, eds., *State Power and Social Forces: Domination and Transformation in the Third World* (New York: Cambridge University Press, 1994). 中译本已由江苏人民出版社出版。
② Joel S. Migdal, ed. *Boundaries and Belonging* (Cambridge University Press, 2004).

的人们谈论关于我回到他文章的一个理念开始,我继续写,写得丝毫不像他说的那样,因为我占有并发展了它。我非常相信"剽窃"思想,我认为"剽窃"思想是十分重要的。我所有的学生都担心别人剽窃他们的思想,我说剽窃思想正是你该去做的。但是一旦你"窃取"了,它就会变成你的;你将它藏在心里,你改变它,你将它写成作品。

问:所以对于《国家权力与社会势力》这本书,当您开始组织研讨会并编辑这本书的时候,您是否考虑过用其他东西来取代《找回国家》(*Bringing the State Back in*)①这本影响深远的书?

米格代尔:是的,我们知道……我们四个人会面后,都畅想这个项目。事实上,开始时我请求华盛顿大学给我资金,我所做的反映了我所发现的。我带阿图尔·科利做了一场演讲,我带了许慧文做演讲,我带着凯瑟琳·布恩去做了一个演讲,我对他们说,"你们知道,我们正在做一些事情。我们清楚地认识到我们正在做一些与《找回国家》不同的事情,所以我们在普林斯顿会面,并计划创办两个研讨会。我们确实计划了这些,但是我们不知道这究竟会产生什么样的结果。我们没有提前设定的思维。比如《国家人类学》("The Anthropology of the State")这篇文章,②它就是从讨论组里整编出来的。除了普林斯顿研讨会外,我们还有两个研讨会,一个是在西雅图,另一个在得克萨斯州的奥斯丁。这本书非常好,一些很棒的人物都在这本书里,比如内奥米(Naomi Chazan),她很

---

① Peter B. Evans, Dietrich Rueschemeyer, and Theda Skocpol, eds. *Bringing the State Back in* (Cambridge University Press, 1985).
② Joel S. Migdal, *State in Society: Studying How States and Societies Transform and Constitute One Another* (New York: Cambridge University Press, 2001).

棒很出色。

就我本人而言,我初步提出了自己"社会中的国家"(state in society)的分析路径,强调必须平衡地看待国家和社会在发展中的作用:二者的作用并非单向而是双向的,既要看到国家对社会的影响,也不能忽视社会对国家的影响。二者处于一种相互转化(mutual transformation)的关系之中。在这个过程中,国家社会也可以相互赋权,这对发展中国家的政治发展很有借鉴意义。

问:包括我在内的一些人认为,在那本书之后就国家-社会关系理论而言再没有多大进步了,或者说这一理论在您那两本书(《国家权力与社会势力》《社会中的国家》)里达到了巅峰。您的看法是怎样的?

米格代尔:我觉得它已经很完美了(笑)。好吧,让我从两个层面回答这个问题。第一个层面,其实我确实有一个分裂的职业。所以如果中国人走到我跟前说"我读过你的书",我知道他们说的是什么。他们在谈论我关于国家和社会关系的作品。但是在其他场合,当他们走到我跟前说,"哦,我知道你是谁,我已经读过你的书了",他们谈论的是关于我所写的中东的书籍,并且他们现在甚至都不知道《国家权力与社会势力》这本书是我编的。他们知道我写了一本关于中东的书。所以……在20世纪90年代和21世纪前十年大部分时间,我在思考我的中东研究,这个地方是我的注意力所在。《社会中的国家》没有多少需要说的。有许多东西需要扩展,但我认为我做不到了,所以我开始研究中东和公共创造话题。

第二个层次,《社会中的国家》里的理论通过某些重要的方法得以扩展。我一直通过邮箱接收书籍;这是人老了后的一件好事,书籍是免费从那些说"我读了你的《社会中的国家》这本书"的人们那里获得的,而且我由此得到了很大的激励。这是我的书或论文,而他们对它做了一些有趣的事情;我想他们中的一些是我课程的学生,我真的想发展的事情之一是国家和社会的和谐关系,但我没有。譬如玛丽·爱丽丝·哈达德(Mary Alice Haddad)已经写了一本书①,我认为这很好。

所以我认为它的发展还需要一代新人的努力;它的实现者并不是我自己,我也不清楚未来能否得到发展。

问:您从事政治科学尤其是比较政治学领域的学习和研究将近50年时间了,见证了学科的发展。特别是在最近20年间,许多新的方法被运用到政治科学研究中。您怎么看待这些新的方法和他们对比较政治学研究的影响?

米格代尔:嗯,这些方法各有利弊。它们很好,因为我认为新方法论、实验研究和大数据工作等都能带来一些真正不同的视角,这样我们就能用这些不同的视角来看待世界,然后真正理解世界。我认为它们是真的有用。我鼓励我的学生来学习这些方法论并且在他们可以用到的地方运用它们。

但是,我发现它们有些地方很不好。不是关于这些方法,而是那些运用这些方法的人们。以下有两点要说:第一,政治科学是时尚的领域,而且当某种时尚抓住该领域时,它把其他一切东西都挤出去了。所以这些方法论者倾向于把他们自己看作是思想家而不

---

① Mary Alice Haddad, *Politics and Volunteering in Japan: A Global Perspective* (Cambridge; New York: Cambridge University Press, 2007).

是方法论者,任何东西都必须以这种方式来看,像大数据一样是很疯狂的。你一遍又一遍地复制,你把其他的东西推给别人做。对于我而言,我认为政治学应该是多样性的:多种方法论,多种思维方式,阐释的使用,统计推断,大数据……因为它们都将从不同的视角阐述什么是第一位的。我认为,政治学存在一个很大的问题,它被神学(方法论至上主义)引导。

第二点则是我在我的研讨班(seminar)上所提到的,人们被各种方法论洗脑了。如果某人被洗脑了,比如被宗教狂热信徒洗脑了,这时候需要干预,来消除那个人被毒害的思想。所以我在政治科学的研讨班上说,必须得消除他们被毒害的思想,因为他们已经被太多方法论洗脑了。我所说的意思并不是不让学生使用方法论,我让他们使用。问题是方法论引导他们提出的问题——而问题就变得不是那么有意思了,无法帮助我们更好地理解世界;而非问题本身引导他们需要采用的方法论。方法论驱动着一个学科,我认为这是相当不幸的。

问:下面我们来谈谈理论的发展。正如您所经历的,近 50 年来出现了很多不同的范式和理论,您如何评价这种现象?

米格代尔:我本人并不在政治学系工作(只是兼职)。我所在的国际关系学院侧重中东、非洲等区域研究,我觉得这很有趣。我是一个理论家,但我认为区域研究更有意思,因为不同的环境将造成很大的差异。任何建立太宽泛或太抽象理论的尝试都注定会失败,因为你必须要了解那个地方。我喜欢中层理论,那些理论采用了几个地方作为个案,而且真正去理解这些地方,并产生一个真正有趣的研究结果。但不要期待这些发现能放之四海而皆准,能被运用到其他地方。这是源自西方的傲慢,总是认为我们知道的东西是最伟大的东西,能运用在西方的理论当然能运用于中国、俄罗斯和非洲……这就是所谓的现代化理论,就是所谓的国家理论,也是所谓的我们所了解的世界体系理论。理论家认为基于西方经验和西方观念的普适理论,这些理论家认为这些普适理论就是解决方法。我们发现,每个有权力的人都认为只有他的经验才是文明的或者说是合适的方法。权力使人狂妄自大,认为自己是最好的。所以,我真正喜欢的理论是出自一个对某一特定区域非常了解并有特定经验的人做的关于那些地区的研究,当然这些区域应该是重要的区域。

问:也许您对中国政治学研究了解的不多,但是相对比较政治学理论,中国政治学是非常边缘化的——包括在美国的中国政治研究。在过去的几年里,虽然开始有更多的文章出现在顶级政治科学期刊上,但是大多数文章的理论都是来源于其他地方——只是把既有的理论进行检验,而不是新产生的理论和思想。您认为我们应该怎样做,才能促进中国政治学理论反哺比较政治学的理论?

米格代尔:要我说,有一些非西方的地区已经有突破了。在拉丁美洲发展了依附论和官僚威权主义等。还有南亚,民族主义的研究。除此之外所有其他地区都没能做到理论的创新。非洲……没有,中东……没有,中国,也没有。在东亚有一些此类理论,例如哈格德(Haggard,关于发展型国家的理论)[1],但是他们都是错的。然而,它们毕竟是基于东亚的经验。因此,我没法回答你提的如何

---

[1] 斯蒂芬·哈格德:《走出边缘——新兴工业化经济体成长的政治》,陈慧荣译,吉林出版集团,2009。

打破它（西方理论的支配地位）的问题，但是如果真有这么一个地方有潜力可以打破，那就是中国。因为在这里有基础设施，很好的教育基础设施，也就是各类期刊、教授、大学和正在进行中的研究，所有的东西都为了打破它。而且当我在北京论坛看论文和听大家的报告时，我就在问我自己，这些论文都怎么了？不是说这些论文出了什么问题，而是说这里都发生了些什么啊？我认为我看到了三点不同的东西。但我这些看法是基于很小很小的样本，所以我有可能是完全错误的。

第一，在这些论文中仍然有一种防御性，我指的是一种从古代中国遗留下来的东西，学者不得不赞美一切："这里发生了这些事情，它是美好的。"所以缺乏批判的眼光。这可能不是宣传，只是有点儿安坐在权力结构里（而缺乏反思和批判）。

第二则是模仿西方的思维方式研究中国，但我认为中国的情况和他们想讲的差别较大。

第三，一些学者尝试用中国传统来解释它所无力解释的东西。例如，北京论坛的主旨演讲者之一是一位哲学家（楼宇烈教授）。他的观点侧重和谐和人本主义。我认为这是一种非常明智的想法。但它是从哲学和古代文献中提取，想继续用来分析今天的中国，我觉得它似乎是不可行的。

问题：北京论坛的会议主题是关于"国家"为主体的国家治理——这也是中共中央去年11月份提出的一个核心概念，但是西方的治理主体基本是社会意义上的，我们很想知道，您怎么看其中的区别？

米格代尔：在中国，几乎所有注意力都集中在政府如何组织以及如何提供服务上。它完全是高度国家主导型的国家。它可能是地方层面的国家,可能是网络,谈论的是官僚机构,但是它都是关于国家的,它都是关于政府的。

跟其他国家一样,中国政府制定的政策不可能不经社会就能贯彻执行下来。因此,为了理解国家治理,你必须拆分国家和社会,提出并回答以下问题:不同的政府官员工作的社会环境是什么?他们在跟谁说话?谁在听他们讲?谁在给他们施加压力?他们能够控制谁、不能够控制谁?如果不区分不同国家的情况并开始寻找这些问题的答案,你是无法理解治理的。对我来说,必须将治理视为一个中断的过程,在这个过程中你必须看到国家所嵌入的社会环境。正是这个嵌入和特殊的环境,塑造了将要发生的事情。

问:您对中国政治学学者和学生的印象怎样?

米格代尔: 我认为更多的中国学者正在变得更具批判性思维。我对此抱有极大的希望。我现在开始有越来越多的中国学生,本科生和研究生,而且我认为他们非常非常聪明。他们(本科生)中的很多人来自富裕的家庭,他们有能力支付学费,大笔的钱。我不知道这会产生什么影响,我认为这也会产生某种影响。来自特权家庭的人们将带来不同的视角。你知道,我认为我为政治科学带来一个有趣的观点,因为我来自一个极为贫穷的家庭,并且我认为该视角帮助到了我。在我成长的过程中,我的父母是工厂工人,工会的成员。这影响了我,影响了我的世界观。我不知道来自中国特权家庭会怎么影响他们看问题。但是我对未来抱有很大希望。

问:我们来谈谈您关于美国在中东的外交政策的新书①吧。

米格代尔:这本新书对中国也十分重要,因为它问及美国一旦拥有世界影响力,会在世界上有一些什么样的行动。美国直到第二次世界大战后才拥有世界范围的影响力。在第二次世界大战期间,富兰克林·罗斯福总统得出结论,由于大萧条和第二次世界大战——人类经历过的两个最大的灾难,他不得不重新思考国际关系发生的方式。并且他的答案是只有美国有能力给世界建立一个新秩序,从而避免这种事情再次发生。但这恰好是他的天分所在,他说:"如果我们试图单打独斗,我们必将失败并且破产。我们不能单打独斗,我们必须建立一个由我们主导,其他国家在其中扮演重要角色的组织。"我的这一观念源自卡明斯(Bruce Cummings),想象一下如果我们具有美国持有51%控股权、非90%或100%的大型公司,但是其他权力机构持有的49%据说会放弃所有权。罗斯福所说的是美国将放弃独权措施,因为当你拥有持有49%少数股份的股东时,那也是很大的比例,这很重要,你必须听取其他国家的观点。

所以他建立了两套制度。一个是国际经济制度(他计划的国际贸易组织实际上当时没有形成)。另一个是国际安全体系,二战期间他就在杂志上发表了一篇文章,确实令人惊异。他说,我们会为世界创造4个警察,这4个警察之间关系紧张,但是能防止任何一方有希特勒或日本那样的所作所为。这4个警察就是美国、英

---

① Joel S. Migdal, *Shifting Sands: The United States in the Middle East* (Columbia University Press, 2014).

国、苏联和中国。这便是他对美国作为一个全球级玩家的想法——安全理事会的根基。他们后来把法国加上了。但那是联合国的安理会。之后组建了联合国组织,也是基于他的理念,基于全球的理念。

　　罗斯福在战争结束前就去世了,之后冷战爆发了。罗斯福之后,新任总统哈里·杜鲁门将罗斯福对美国在世界所起的作用做了修改。他指出在任意一个角落美国都将是一个玩家。美国以前有孤立主义倾向,但是杜鲁门说不对,我们要融入这个世界。但是并非全球性考虑,而是区域化考虑。在世界各个区域的事务,美国将参与其中。他说,我们必须找到避免破产的方法:换句话说,由我们自己来做这些,对我们来说负担太重了。在各个地区,我们都会是大人物。我们必须在每个地区找到一个战略伙伴,这就准备好了应对苏联,在东北亚、南亚、东南亚、中东、美洲……在任何地方我们都会找到战略伙伴,并且这个伙伴会承担一部分安全成本。我们会在理论上建立军事同盟。我看看它是怎么在中东产生的。但是你就简单看一下世界其他地方,像东北亚和东南亚这样的地方。我认为,杜鲁门和之后的美国总统对怎么做这件事已经有了模版,且这个模版来自欧洲。他们在其他地方想找一个类似英国的伙伴,而且他们在别的地方也想建立一个类似北约的军事同盟。这很有效。试图利用这些典型的战略合作伙伴如英国,还有在世界事务的其他方面的军事同盟如北约来代替。它在欧洲运转得很成功,但是该模版在其他地方还未实施,而且变化得很快。我看了看美国是如何运用刚性模式并且试图在一个地区使用它的,这个刚性模式并没有把产生的这些地域性变化考虑进去。所以这就是这本书。

问：那您怎么看美国对华的外交政策？

米格代尔：我认为，美国对华的政策必须是鼓励接触（engagement）。首先，两国间贸易规模很大。我们从未和俄罗斯或苏联有过如此大额贸易往来；因此这是在经济层面建立关系，而且中美需要寻找双方共同感兴趣且能共赢的领域，譬如在反对恐怖主义问题上达成一致。然后双方可以以这些共识作为处理紧张关系的基础，因为紧张关系是无法避免的。两个大国之间将会有紧张局势。定期联系（美国并不与苏联定期联系；他们主要是遏制苏联）。对于中国，美国应该是接触和渗透，中美两国互相渗透对方，并以合作为基础在冲突领域开展工作。那就是我的观点。

问：非常感谢您接受我们的采访，欢迎经常来中国！

译后记

《社会中的国家:国家与社会如何相互改变与相互构成》(*State in Society：Studying How States and Societies Transform and Constitute One Other*)一书是比较政治学的一本重要著作,也是比较政治学中最负盛名的剑桥大学出版社"比较政治学研究"丛书中三本最畅销著作之一。相信其中文版的出版也会受到广泛的欢迎。作者在他的《强社会与弱国家》一书中文版出版时对笔者这么说:"一想到有成千上万的中国学者和学生在读我的书,我就激动不已。"

本书作者米格代尔教授在哈佛大学取得博士学位,师从亨廷顿(Samuel Huntington)等人。求学时还受到包括艾森斯塔特(Samuel Eisenstadt)、希尔斯(Edward Shils)等大师的言传身教。毕业后,曾先后任教于特拉维夫大学和哈佛大学,并于1980年受邀任教于西雅图华盛顿大学,参与组建杰克逊国际关系学院。在担任该院的讲座教授并在政治学系兼职多年后,于2019年10月退休。他的第一本书《农民、政治和革命》已经在1996年由中央编译出版社翻译出版,《强社会与弱国家》也在2009年由江苏人民出版社出版。他还有几本研究中东的著作,退休前担任华盛顿大学杰克逊国际关系学院中东研究项目主任。随着本书和《国家权力和社会势力》中文版的面世,中国的读者将能接触到他的主要理论著作,相信对我国读者更全面地了解美国比较政治学的发展,尤其是国家-社会关系理论,会有很大的帮助。

本书是作者的论文集,收录了作者系统阐释其国家研究理论的文章和对政治发展文献的综述性文章,文章成文的跨度从20世纪70年代末至21世纪初。原书没有提供导言,而在第一章最后对各章进行了简要介绍。在此,我们简单介绍一下本书的内容。

国家是政治学最核心的概念之一,研究者甚众,而米格代尔无疑是其中的佼佼者。① 他发现大多数学者的国家定义都深受韦伯的影响,但过于拘泥于韦伯的理想型的国家概念。而这个理想型的国家,在米格代尔看来却是远远脱离了第三世界的实际,甚至在

---

① 米格代尔撰写了美国政治学会主编的1982、1992年版 *Political Science: State of the Discipline*(该书邀请各相关领域的代表性学者撰写相关章节,回顾该领域在过去十年的发展,具有较高的权威性)一书中"国家"一章,同时还撰写了影响力很大的剑桥大学出版社1997、2011年版 *Comparative Politics: Rationality, Structure and Culture* 一书(该书较前书而言更少"官方"色彩,但各章撰写者也是名家云集,代表了该领域的最高水平)"国家研究"章节。武有祥在一篇著名的国家理论论文里提出米格代尔社会中的国家理论是国家理论的四大流派之一[Vu, Tuong, "Studying the State through State Formation", *World Politics*, Vol 62(1), 2010, pp. 148 – 75.]。阿西莫格鲁和罗宾逊2019年的新著(Daron Acemoglu, James A. Robinson, *The Narrow Corridor: States, Societies, and the Fate of Liberty*. Penguin Press, 2019)很大程度上借鉴了他的国家-社会关系理论。

许多发达国家都没有完全实现。因而他提出了一个新的国家定义:"国家是一个权力的场域,其标志是使用暴力和威胁使用暴力,并为以下两个方面所形塑:(1) 一个领土内具有凝聚性和控制力的、代表生活于领土之上的民众的组织的观念;(2) 国家各个组成部分的实际实践。"① 而实践的一面则是较为复杂的,国家只是众多社会组织中的一个组织,或者一套组织。这套国家组织之间并不具有很强的凝聚性,上下级之间往往缺乏控制力和服从;一些国家组织还会和社会组织或团体结盟,对抗另外的结盟。因此,国家能力往往是很有限的。本书的第一章提出了作者对国家的定义,而第八章着重梳理了不同流派(文化主义、结构主义、理性选择、历史制度主义)的国家理论的发展脉络。他对其他学者的经典著作的梳理非常到位,而批评更是如古龙小说里的武林高手一样,一针见血。第三章则是他的《强社会与弱国家》一书的一个概要,从高层政治中的生存政治及各种策略手段,到基层政治中的相互妥协的三角,分析了第三世界国家往往国家能力弱小的原因。第五章则从国际层面和国内层面(组织和交易)回答了为何那么多弱国家能够存活下来而避免了分裂和消亡的结局。

概念的创新是基于方法论(广义方法论,这里主要指研究路径,Approach)的创新,本书是米格代尔教授"社会中的国家"研究路径的一个归纳和提升。作者呼唤一个动态的、过程取向的研究方法。这样的方法能够突破静态比较(comparative static)只能研究单向的、静态的因果关系的局限,更好地处理社会科学里面的内

---

① 见本书第 20 页。

生性问题,近年来也得到了历史制度主义学者的推崇。正是这么一个动态的、过程取向的研究方法使得研究国家与社会的相互形构(mutual transformation)成为可能。社会中心论者往往认为国家是社会或经济结构(经济结构、阶级结构)派生出来的,国家中心论者则强调国家的自主性和国家(改造经济、社会的)能力,都是片面的。区别于他自己早期的作品(1998年的《强社会弱国家》)中将国家和社会关系视为你进我退的零和博弈,米格代尔认识到了国家和社会是可以相互强化、实现正和博弈的(当然,这有时是以第三方为代价的)。

第六章"社会和政治变迁中的个体变迁"对现代化理论中的微观层面的研究,尤其是个体变迁的研究,进行了梳理和批评。这些文献是上个世纪五六十年代、最晚也是70年代的作品,中国的读者大多不太熟悉。如果能够按图索骥读一读,相信能够补补课。

第七章"发展和变迁的政治研究:当前的发展状况"是一篇关于政治发展研究的综述性文章。本章高屋建瓴、提纲挈领地对现代化理论以来的政治发展的研究进行了重新梳理,整理出了新的理论发展脉络,并以自己的洞见对各个理论提出了深刻的批评。其中提到的许多学者及其文献,中国读者非常熟悉,但是也有一部分陌生的作者和文献。比如,文中提到了一个和大部分中国读者心目中形象不太一样的阿尔蒙德(Gabriel A. Almond)——一个不再言必称结构功能主义而是强调历史的阿尔蒙德。本章对其师亨廷顿的批评也是针针见血。认真阅读这一章并按图索骥阅读其中的原著,将有助于系统地学习政治学发展史。

学术书的翻译是一件耗时费神而回报无多的工作,需要很强的责任心和深厚的学术积累。本书的两位译者在学习、工作之余将这本学术性很强的著作翻译出版,付出了很大的努力。其中,李杨翻译了扉页、鸣谢、第一至四章,郭一聪翻译了第五至八章。最后由张长东对全文进行了审校。在翻译著作市场良莠不齐,存在很多囫囵吞枣的译作的今日,希望读者看完本书后会说译者和校者做到了"信"和"达",而原作者对语言的运用非常优美,所以译作能达到原作的"雅"之十一已是幸甚。

最后,要感谢北京大学袁瑞军老师对翻译工作的支持和江苏人民出版社刘焱老师的耐心。

本书中文版面世后,受到了读者的广泛欢迎,也对国内学界产生了积极影响。此次再版,收录了米格代尔教授2014年秋访华时所做的访谈,披露了其学术心路历程,与读者共享。校者也对文字作了一些修订。

张长东

2012年9月于燕园

2020年5月修订